Grundwissen Recht

Horst Becker
Jürgen Heß

Ernst Klett Verlag

Grundwissen Recht

Verfasser:	Prof. Horst Becker (Kap. 5, 6, 7, 9, 10)
	Dr. Jürgen Heß (Kap. 1, 2, 3, 4, 8)
Mitwirkung:	Verlagsredaktion Politische Bildung,
	Hanne Beck, Verlagsredakteurin
Umschlag:	Siglinde Spanihel

ISBN 3-12-100900-1

1. Auflage 1 6 5 4 3 2 | 1991 90 89 88 87

Alle Drucke dieser Auflage können im Unterricht nebeneinander benutzt werden, sie sind untereinander unverändert. Die letzte Zahl bezeichnet das Jahr dieses Druckes.
© Ernst Klett Verlage GmbH u. Co. KG, Stuttgart 1985. Alle Rechte vorbehalten.
Satz und Druck: W. Röck, Weinsberg.

Inhaltsverzeichnis

Vorwort 7

1 Erste Orientierung über das Recht: Seine Wurzeln, seine Aufgabe, seine Gliederung 9
1. Wieso wirkt das Recht häufig so fremd? 9
2. Warum das Rechtsgefühl nicht ausreicht? 10
3. Recht – Ethik – Sitte – Brauch 11
4. Geschichtliche Wurzeln des Rechts 12
5. Die Quellen des Rechts 13
6. Überblick über die Rechtsordnung 15

2 Bürgerliches Recht 20
1. Bürgerliches Recht als Kernbestandteil des Privatrechts .. 20
   Die Gebiete des Privatrechts – Grundsätze und Aufbau des BGB
2. Die Rechtsfähigkeit der natürlichen Person 24
3. Die Handlungsfähigkeit (Geschäfts- und Deliktsfähigkeit) 25
4. Die Juristische Person 30
5. Die Willenserklärung 32
6. Der Vertrag: Abschluß, Vertragsarten und Grenzen der Vertragsfreiheit 35
7. Allgemeine Geschäftsbedingungen 39
8. Die Form der Rechtsgeschäfte 41
9. Die Stellvertretung 42
10. Der Kauf: Wichtigstes Beispiel eines gesetzlichen Schuldvertrages 46
11. Leistungsstörungen im Schuldverhältnis 50
12. Unerlaubte Handlung und Gefährdungshaftung 56
13. Grundelemente des Sachenrechts 60
    Befugnisse an einer Sache – Übertragung des Eigentums an beweglichen Sachen – Grundstücksübertragung – beschränkt dingliche Rechte
14. Grundzüge des Familienrechts 65
    Verlöbnis – Eheschließung – Ehescheidung – Eltern-Kind-Recht – Nichteheliche Kinder – Vormundschaft – Pflegschaft
15. Gesetzliche und gewillkürte Erbfolge 72

3 Handels- und Gesellschaftsrecht 77
1. Handelsrecht 77
   Sonderrechte des Kaufmanns – Kaufmannseigenschaft –
   Firma – Prokura – Handelsregister – Handelsgeschäfte
2. Gesellschaftsrecht 83
   Bedeutung und Begriff der Gesellschaft – Personengesell-
   schaften – Kapitalgesellschaften – Genossenschaften –
   Gesellschaftsgründung – BGB-Gesellschaft – Offene
   Handelsgesellschaft – Kommanditgesellschaft –
   Gesellschaft mit beschränkter Haftung –
   Aktiengesellschaft

4 Der Zivilprozeß 91
1. Prozeßrecht ist Rechtsdurchsetzungsrecht 91
2. Gang des Zivilprozesses 92
3. Verfahrensgrundsätze 96

5 Arbeitsrecht 100
1. Aufgaben und Formen arbeitsrechtlicher Regelungen 100
2. Das Arbeitsverhältnis: Einzelarbeitsvertrag und
   Kollektivvertragsrecht 106
3. Arbeitsschutzgesetz im Überblick 120
   Jugendarbeitsschutzgesetz – Arbeitszeitordnung und
   Bundesurlaubsgesetz – Frauen- und Mutterschutz –
   Ausbildungsvertragsrecht – Berufsbildungsgesetz
4. Mitbestimmung der Arbeitnehmer 128
5. Arbeitsgerichtsbarkeit 135

6 Strafrecht 138
1. Strafrecht – Sinn und Aufgabe 138
2. Sinn und Zweck der Strafe 141
3. Grundsätze eines „gerechten" Strafrechts 146
4. Das materielle Strafrecht – Übersicht über das
   Strafgesetzbuch 150
   Allgemeiner und besonderer Teil des StGB –
   Die Straftat – Tatvoraussetzungen und Tatfolgen
5. Das Strafprozeßrecht 160
   Grundsätze für den Strafprozeß – Der Ablauf des
   Strafverfahrens – Die Stellung der Beteiligten
   im Strafverfahren
6. Besonderheiten des Jugendstrafrechts 171
   Das Jugendgerichtsgesetz – das Jugendstrafverfahren –
   Rechtsfolgen und Jugendstrafvollzug

7 Staatsrecht 175
1. Aufgaben, Funktionen, Grundsätze des Staatsrechts 175
2. Grundsätze des Verfassungsrechts der
   Bundesrepublik Deutschland 179
3. Aufbau des Grundgesetzes im Überblick 182
4. Grundrechtsschutz und Rechtsstaatsgebot 184
5. Organisationsaufbau des Staates nach dem Grundgesetz . . 188
   Organisationsgrundsätze – Aufbau der Staatsorgane
6. Bundestagswahlen 194
   Wahlgrundsätze, Wahlverfahren
7. Die Gesetzgebung des Bundes 197

8 Verwaltungsrecht 201
1. Aufgaben und Arten der Verwaltung 201
2. Rechtliche Grundlagen der Verwaltung 207
3. Der Aufbau der Verwaltung und die für sie tätigen
   Personen 211
4. Das Verwaltungshandeln, insbesondere der
   Verwaltungsakt 218
5. Der Rechtsschutz in der Verwaltung 233
   Arten des Rechtsschutzes – Verwaltungsinterne
   Kontrolle – gerichtlicher Rechtsschutz

9 Das Recht der sozialen Sicherung 229
1. Überblick über die soziale Gesetzgebung 229
   Ursprünge der Sozialgesetzgebung – Das heutige System
   der Sozialgesetzgebung
2. Das Recht der Sozialversicherung 236
   Überblick – Die Rentenversicherung – Die gesetzliche
   Krankenversicherung – Die gesetzliche Unfall-
   versicherung – Die Arbeitslosenversicherung –
   Versorgungsanwartschaften – Sozialgerichtsbarkeit
3. Sozialfürsorgerechte – Konkretisierung sozialer
   Grundrechte 253
   Grundsätze und Überblick – Das Bundesausbildungs-
   förderungsgesetz – Das Jugendwohlfahrtsgesetz –
   Das Schwerbehindertengesetz – Das Wohngeldgesetz –
   Das Bundessozialhilfegesetz

10 Aufbau der Gerichtsbarkeit 262

Stichwortverzeichnis 268

Abkürzungen

Abb.	– Abbildung	JGG	– Jugendgerichtsgesetz
Abs.	– Abschnitt, bei Gesetzestexten Absatz	JWG	– Jugendwohlfahrtsgesetz
		Kap.	– Kapitel
AFG	– Arbeitsförderungsgesetz	KG	– Kommanditgesellschaft
AG	– Aktiengesellschaft	KüSchG	– Kündigungsschutzgesetz
AGBG	– Gesetz zur Regelung der Allgemeinen Geschäftsbedingungen	KV	– Krankenversicherung
		LG	– Landgericht
		LVA	– Landesversicherungsanstalt
AO	– Abgabenordnung		
ArbGG	– Arbeitsgerichtsgesetz	MitbestG	– Mitbestimmungsgesetz
AV	– Arbeitslosenversicherung	MuSchG	– Mutterschutzgesetz
AZO	– Arbeitszeitordnung	OHG	– Offene Handelsgesellschaft
BA	– Bundesanstalt für Arbeit		
BAFöG	– Bundesausbildungsförderungsgesetz	OLG	– Oberlandesgericht
		OWiG	– Ordnungswidrigkeitengesetz
BBiG	– Berufsbildungsgesetz		
BetrVG	– Betriebsverfassungsgesetz	RV	– Rentenversicherung
		RVO	– Reichsversicherungsordnung
BfA	– Bundesversicherungsanstalt für Angestellte		
		s.	– siehe
BGB	– Bürgerliches Gesetzbuch	S.	– Seite
BGH	– Bundesgerichtshof	SchwbG	– Schwerbehindertengesetz
BSHG	– Bundessozialhilfegesetz	SGB	– Sozialgesetzbuch
BUrlG	– Bundesurlaubsgesetz	sog.	– sogenannt
BVerG	– Bundesverfassungsgericht	StGB	– Strafgesetzbuch
d.h.	– das heißt	StPO	– Strafprozeßordnung
f.	– der (die) folgende	TVG	– Tarifvertragsgesetz
ff.	– die folgenden	u.a.	– unter anderem
GG	– Grundgesetz	UV	– Unfallversicherung
ggfs.	– gegebenenfalls	vgl.	– vergleiche
GVG	– Gerichtsverfassungsgesetz	VwGO	– Verwaltungsgerichtsordnung
HGB	– Handelsgesetzbuch	VwVfG	– Verwaltungsverfahrensgesetz
i.d.F.	– in der Fassung		
i.d.R.	– in der Regel	WoGG	– Wohngeldgesetz
JArbSchG	– Jugendarbeitsschutzgesetz	z.B.	– zum Beispiel
		ZPO	– Zivilprozeßordnung

Die im Buch zitierten gesetzlichen Bestimmungen entsprechen dem Stand vom Herbst 1984.

Vorwort

Immer mehr Lebensbereiche sind heute durch rechtliche Regelungen ausgestaltet. Schon die gesunde Ernährung des Kleinstkindes ist durch Rechtsvorschriften über die Trinkwasser- und Babynahrungszusammensetzung rechtlich geregelt. Schule, Ausbildung, Miete oder Kauf einer Wohnung, Partnerschaft und Familie, Erziehung der Kinder, Altersversorgung, ja selbst die Frage, ob jemand über seine Todesstunde mitentscheiden soll oder ob ihm die moderne Medizin diese Entscheidung aus der Hand nehmen darf, unterliegen rechtlichen Regelungen.

Ein GRUNDWISSEN kann sich inhaltlich nicht mit allen Bereichen des Rechts befassen; auch innerhalb der behandelten Rechtsgebiete mußte ausgewählt werden. *Ziel* dieses Buches ist es somit, in einer überschaubaren Beschränkung auf *zentrale Rechtsbereiche*

— allgemeingültige Grundinformationen zur Orientierung im Rechtsalltag bereitzustellen,
— Grundsätze rechtlicher Denkweisen erfahrbar und verständlich zu machen,
— damit die Fähigkeit aufzubauen, konkrete Rechtsvorschriften (Gesetzestexte) in rechtliche Gesamtzusammenhänge einzuordnen und so
— die weitverbreitete Scheu oder Ablehnung gegenüber dem Recht zu vermindern, d.h. Recht dem heranwachsenden Bürger verfügbarer zu machen.

Ziele des Buches

Deshalb ist das Buch in erster Linie nach *didaktischen* Gesichtspunkten und erst in zweiter Linie nach *rechtswissenschaftlichen* Vorstellungen gegliedert und gestaltet. Zum Einstieg in einzelne Kapitel und Abschnitte begegnen dem Leser zumeist kurze *Fallbeschreibungen* und/oder *Gesetzestexte*. An diesen anknüpfend wird in den Zusammenhang des jeweiligen Rechtsbereiches eingeführt. Aus der Darstellung des Gesamtzusammenhangs ergeben sich dann Fall-Lösungen als beispielhafte Anwendungen, an denen jeweils auch *Probleme* der Umsetzung

Aufbau des Buches

abstrakten Rechts in konkrete Rechtsanwendung aufgezeigt werden können. Zeichnerisch geordnete *Übersichten* und kurze *Zusammenfassungen* unterstützen das Erfassen und Behalten und ermöglichen auch ein rasches Nachschlagen oder Wiederholen bereits bearbeiteter Abschnitte. Manche Abbildungen enthalten auch Informationen, die ohne weitere Erläuterung den Buchtext ergänzen können. Juristische Fachbegriffe werden nur dort verwendet (und dann erklärt), wo davon ausgegangen werden muß, daß sie dem Leser auch im Rechts-Alltag begegnen, er also ihre Bedeutung kennen sollte. Abkürzungen sind im Abkürzungsverzeichnis nachzuschlagen.

Lese-Möglichkeiten

Die einzelnen Kapitel können – ähnlich wie in einem Handbuch – weitgehend unabhängig von anderen Buchteilen durchgearbeitet werden. Wo es hilfreich oder ggfs. erforderlich ist, Materialien oder Informationen aus anderen Teilen mitzubeachten, sind im Text *Verweise* angegeben: Innerhalb desselben Kapitels wird auf den entsprechenden Abschnitt dieses Kapitels verwiesen (z. B. „s. Abs. 3"), sonst sind das Kapitel und ggfs. der zugehörige Abschnitt angegeben (z. B. „Kap. 4, Abs. 2"). Besonders für die Arbeit in Lerngruppen ist zu empfehlen, zur konkreten Beurteilung der Fall-Lösungen nach Möglichkeit die betreffenden *Gesetzestexte* im Wortlaut nachzulesen. Hierzu sind am Ende jeden Kapitels Literaturhinweise über preiswerte Taschenbuchausgaben aufgeführt. Wird das GRUNDWISSEN als Basis für Themen in Leistungskursen verwendet, so empfiehlt es sich, außer dem Gesetzestext zumindest eines der zusätzlich angegebenen juristischen Lehr- oder Handbücher (aus öffentlichen Bibliotheken) zu beschaffen.

Dem schnellen Informationszugriff dient das Stichwortverzeichnis am Ende des Buches. Hier wird auf Buchseiten verwiesen, wo sich zum einzelnen Stichwort wesentliche Erklärungszusammenhänge finden. Zur raschen Einordnung der aufgefundenen Begriffe in den Textzusammenhang liest man deshalb auch die auf den Rand herausgezogenen Textstichwörter davor und danach. Damit erhält man sofort eine Orientierung und kann rascher entscheiden, wo man am besten mit der Lektüre beginnt.

1 Erste Orientierung über das Recht: Seine Wurzeln, seine Aufgabe, seine Gliederung

1. Wieso wirkt das Recht häufig so fremd?

Wer die Menschen seiner Umgebung nach ihren Erfahrungen mit dem Recht befragt, trifft auf unterschiedliche, insgesamt eher skeptische Meinungen. Zwar hält jedermann die Verwirklichung von *Gerechtigkeit* für eine wichtige Sache (wobei man zuerst an die Verteidigung eigener Rechtsstandpunkte denkt). Doch ist die Zuversicht, das Recht werde sich in jedem Falle durchsetzen, oft gering. Ein Blick ins *Gesetz* (soweit dieses überhaupt greifbar ist) verwirrt rechtsunkundige Bürger oft mehr, als daß er ihnen Klarheit verschafft. Muß man sich mit seinen Rechtsproblemen schließlich an Anwälte und Gerichte wenden, begegnet man einer Fachsprache, die den meisten nicht geläufig ist. Auch wirkt die Atmosphäre im Gerichtssaal auf den, der nicht oft mit solchen Verfahren zu tun hat, irgendwie fremdartig, bedrückend. Deshalb wird der Gang zum Gericht, wo man eigentlich nichts anderes als Genugtuung und Gerechtigkeit erwarten sollte, regelmäßig nur mit Unbehagen beschritten. Zudem entsteht mitunter der Verdacht, daß die gesellschaftliche Stellung (wenn auch unbewußt) bei Gericht eine Rolle spielt. Darf man bei alledem in das Recht Vertrauen haben?

Manche Einzelkritik an der Rechtswirklichkeit ist berechtigt. Es darf aber nicht übersehen werden, daß das Recht seinem Wesen nach nicht besser und nicht schlechter ist als die Menschen, die Recht schaffen und es anwenden. Während die Naturgesetze (etwa die Anziehungskraft der Erde) zeitlos, objektiv und vor allem exakt wirken, ist unsere Rechtsordnung das Ergebnis einer Entwicklung über zahllose Menschengenerationen hinweg. Im selben Maße, wie der Mensch durch Bewußtsein und Verstand eine Sonderstellung in der Natur einnahm, büßte er das den Tieren eigene *Ordnungssystem* des *Instinkts* ein, der das Zusammenleben der Tiere wie ein inneres Programm lenkt. Das Recht hat teilweise die Funktion des Instinkts übernommen, indem es das *gesellschaftliche Verhalten* des Menschen in ein sinnvolles Miteinander lenken will. Als ein von Menschen gemachtes und angewandtes Regelungssystem nimmt das Recht (und seine Verwirklichung) zwangsläufig an den Stärken und Schwächen des Menschen teil. Das Recht kann einerseits ein Schutz gegen die Willkür der Mächtigen sein, andererseits aber auch ein Instrument der Machtausübung durch die Herrschenden.

Recht ist ein soziales Ordnungssystem

Kritik setzt Kenntnis voraus Man sieht daran, daß das Recht schon aus diesen Gründen keine vollkommene Ordnung darstellt. Da dies manche Menschen aber erwarten, werden sie enttäuscht. Zudem wird das Recht in unserer Zeit immer schwerer überschaubar und zugänglich, da der wirtschaftliche und technische Fortschritt rasch neue Bereiche menschlichen Handelns eröffnet, zu deren Regelung sich eine Flut neuer Vorschriften über uns ergießt. Noch komplizierter als das Auffinden von Rechtsvorschriften erscheint häufig die *Anwendung* des Rechts. Verschiedene Vorschriften verkörpern oft sich widerstreitende *Wertvorstellungen* (z. B. Gemeinwohl gegen individuelle Freiheit). Welchem Wert oder Prinzip im Einzelfall der Vorzug gebührt, ist Gegenstand der eigentlichen juristischen Beurteilung. Bei all diesen Problemen ist die Begegnung mit dem Recht anfangs mühsam, je besser man sich jedoch in diesem System auskennt, um so mehr werden rechtliche Probleme spannend und interessant. Auch ist die Rechtsordnung nicht unantastbar. Sie bedarf vielmehr immer wieder kritischer Anstöße zur Erneuerung. Dazu kann aber nur beitragen, wer sich mit ihren Grundlagen beschäftigt hat.

2. Warum das Rechtsgefühl nicht ausreicht?

Anhand einiger alltäglicher Beispiele wollen wir überlegen, ob nicht schon unser Rechtsgefühl die richtige Lösung weiß:
(1) Der unentschlossene K. kauft ein Fahrrad mit der Vereinbarung, dieses innerhalb einer Woche wieder zurückgeben zu können. Gleich darauf stürzt der K. wegen einer Unachtsamkeit, das Fahrrad wird erheblich beschädigt.
(2) Bei der Bestellung des Schlafzimmers liest das Ehepaar E. in den Allgemeinen Geschäftsbedingungen des Möbelhändlers, daß etwaige Mängel nicht zur Rückgabe oder Minderung des Preises berechtigen, sondern den Händler nur zur Nachbesserung verpflichten.
(3) A. verspricht dem B. in einem Brief, ihm seine Stereo-Anlage zu schenken. Zwei Wochen später überlegt A. es sich anders.

Rechtsgefühl Ein Rechtsgefühl ist tatsächlich von großer Hilfe, wo es darum geht, sich in einfachen Fällen richtig zu verhalten. So wird dem K in Beispiel (1) klar sein, daß er das Fahrrad nicht mehr zurückgeben kann (juristisch: Ausschluß des Rücktrittsrechts wegen schuldhafter Verschlechterung, § 351 BGB), obwohl

er die maßgebliche Vorschrift noch nie gesehen hat (Bürgerliches Gesetzbuch, s. Kap. 2).
Daß dem rechtlichen Empfinden jedoch Grenzen gesetzt sind, zeigt Fall (2). Hier kann man nicht so leicht aus einem Rechtsgefühl heraus entscheiden, ob die Haftungsbeschränkung zulässig ist. Die Rechtsprechung hält sie für zulässig, allerdings nur solange die Nachbesserung Erfolg verspricht (s. Kap. 2, Abs. 10). Die durch Fall (3) aufgeworfene Frage, ob ein Schenkungsversprechen bindend ist, sei es in mündlicher, schriftlicher oder notarieller Form, läßt sich nicht mit dem Gefühl beantworten. Man muß die Vorschrift kennen: Schenkungsversprechen sind nur bei notarieller Beurkundung wirksam (hier § 518 Abs. I BGB). Die Beispiele zeigen, daß es bei der Beurteilung mancher Fälle darum geht, das Problem überhaupt erst zu erkennen. Dazu sind rechtliche Grundkenntnisse erforderlich. Man braucht sie aber auch, um besser verstehen zu können, was um uns herum vorgeht. Wer aufmerksam die Tageszeitung liest wird feststellen, daß ein großer Teil der Beiträge auch einen rechtlichen Hintergrund hat.

Recht im Alltag

3. Recht – Ethik – Sitte – Brauch

> Das Recht ist nicht das einzige *soziale Ordnungssystem*. Die Menschen sind auch eingebunden in Gewohnheiten und Verhaltensregeln, die außerhalb des erzwingbaren Rechts stehen. Wie grenzen sich diese Ordnungssysteme ab, wie sind sie verknüpft?
> (1) Viele meinen, es gehöre sich, daß man Freunden, Geschäftspartnern, Arbeitskollegen usw. um die Jahreswende ein gutes neues Jahr wünscht.
> (2) In einer vollbesetzten Straßenbahn erwartet ein älterer Fahrgast, daß ihm ein jüngerer seinen Sitzplatz anbietet.
> (3) A. fleht zu Gott, daß er seinen Nebenbuhler N. tödlich verunglücken lasse.
> (4) Ein sportlich ungeübter Spaziergänger stürzt sich in einen reißenden Fluß, als er ein Kind hineinfallen sieht.
> (5) Abwandlung zu (4): Das Kind fällt in einen Weiher, und der Spaziergänger ist ein geübter Sportschwimmer.

Entwicklungsgeschichtlich hängen *Ethik*, *Sitte* und *Recht* eng zusammen. Die Sitte, die sich aus religiösen Vorstellungen herausgebildet hat, war das Recht der Frühzeit. Heute sind diese Bereiche, trotz Überschneidungen, voneinander zu unterscheiden.

Ethik
Sitte

Brauch

In der Sitte begegnen uns gesellschaftliche Verhaltensanweisungen, deren Beachtung jedoch nicht rechtlich erzwungen werden kann. Eng mit der Sitte verwandt ist der *Brauch*, bei dem weniger ein sittlicher Befehl, als eine gute Gewohnheit im Vordergrund steht. Die Übergänge zwischen Sitte und Brauch sind fließend. Das Glückwunschritual im Fall (1) dürfte dem Brauch zuzurechnen sein, das Gebot der Rücksicht auf ältere Menschen ist eher dem Bereich der Sitte zuzuordnen (2).

Religion

Auch den Geboten der *Ethik* (= Lehre vom Guten) im allgemeinen und der *Religion* im besonderen fehlt die rechtliche Erzwingbarkeit. Sie wenden sich an eine innere Instanz des Menschen, an das Gewissen und an den Glauben. Die Haltung des A. (3) mag moralisch verwerflich sein; solange sie nicht gesellschaftlich schädlich wird, ist sie rechtlich ohne Belang. Allerdings muß man sehen, daß die Wertvorstellungen der Ethik weite Teile des Rechts prägen. Die Verbindung wird in den Fällen (4) und (5) deutlich. Der sein Leben riskierende Spaziergänger (4) handelt sicher ethisch wertvoll. Das Recht kann jedoch nicht zwingend verlangen, daß er sein Leben aufs Spiel setzt. Dagegen ist die Rettungshandlung im Fall (5) zumutbar, ihre Unterlassung wird bestraft (§ 330 Strafgesetzbuch; zu diesem Gesetz s. Kap. 6). Rechtliche Vorschriften sind also im Unterschied zu sittlichen oder religiösen Verhaltensanforderungen dadurch gekennzeichnet, daß ihre Beachtung durch *Zwang* durchgesetzt werden kann.

4. Geschichtliche Wurzeln des Rechts

Das Recht wird häufig als altertümlich und „verstaubt" empfunden. Mit beißender Ironie hat Goethe in seinem „Faust" die rückwärtsgewandte Natur des Rechts charakterisiert: „Es erben sich Gesetz und Rechte wie eine ew'ge Krankheit fort,...". Auch heute wird immer noch die Frage gestellt, ob das Recht sich nicht zu stark an den Lebensformen der Vergangenheit orientiert. So sind z. B. die immer häufigeren nichtehelichen Lebensgemeinschaften der förmlichen Ehe gegenüber rechtlich benachteiligt.

Trotz der vielbeklagten Gesetzesflut ist die Rechtsordnung in ihren wichtigsten Bestandteilen das Ergebnis einer jahrhundertealten Entwicklung. Viele Rechtsgrundsätze kann man nur verstehen, wenn man ihren geschichtlichen Hintergrund kennt.

Zu einer Zeit, als das antike römische Reich bereits ein gut durchdachtes und geschriebenes Recht hatte, um seine Weltmacht zu sichern, gab es im Bereich der *germanischen* Stammesverbände noch jenen Zustand „erlebten" (nicht gesetzten) Rechts, das eng mit Religion und Sitte verbunden ist. Die auf dieser Grundlage entstehenden *Volksrechte des Mittelalters* waren sich bei aller Unterschiedlichkeit in der Vorstellung einig, das Recht wohne dem menschlichen Gemüt inne und könne daher von jedermann stets erfahren werden. Dieses vielfach als naiv und bodenständig bezeichnete Recht hatte freilich den Vorzug, daß es für jedermann verständlich war. Man brauchte also keinen besonderen Stand von Rechtsgelehrten.

Römisches und germanisches Recht

Volksrechte

Die Rechtsentwicklung erhält durch einen erstaunlichen Vorgang im ausgehenden Mittelalter eine entscheidende Wende. In der Beschäftigung mit dem Altertum entdeckten die Rechtsgelehrten das systematische und abstrakt-logische Recht des alten, als Staat längst untergegangenen Roms. Daraufhin orientierte sich die Ausbildung immer mehr am römischen Recht. Das deutsche Recht wurde allmählich vom römischen durchdrungen (sog. *Rezeption:* Aufnahme des römischen Rechts). Bis auf den heutigen Tag spürt man Vor- und Nachteile dieses römischen Einflusses. Durch die dem römischen Recht eigentümliche Abstraktion (Loslösung von einem bestimmten Geschehen) können Rechtsgrundsätze besser herausgearbeitet werden, teilweise aber um den Preis der allgemeinen Verständlichkeit (aktuell ausgedrückt: Mangelnde Bürgernähe).

Rezeption

5. Die Quellen des Rechts

> (1) Der Fußballclub FC Holz hat jahrelang auf einem Wiesengelände der Gemeinde ungenehmigt (aber geduldet) gespielt. Als die Gemeinde das Gelände für einen anderen Zweck braucht, beruft sich der Club auf ein Gewohnheitsrecht.
> (2) Eine Universität erläßt eine Prüfungsordnung. Ist sie zu einer solchen Rechtsetzung befugt?

Die Rechtsvorschriften treten in unterschiedlichem Gewand auf. Die Unterscheidung zwischen Gewohnheitsrecht und gesetztem, d.h. geschriebenem Recht ist heute fast nur noch von geschichtlicher Bedeutung. *Gewohnheitsrecht* entsteht aufgrund längerer Übung, die von allen Beteiligten als eine verbindliche Regelung akzeptiert wird. Die feste Überzeugung der Menschen, daß ein bestimmtes Verhalten oder ein Zustand ‚rechtens' ist, ersetzt gewissermaßen ein geschriebenes Gesetz. Eine bloße Duldung eines Zustandes reicht nicht aus, daher kein Gewohnheitsrecht in Fall (1). Gewohnheitsrecht findet man u.a. noch im Nachbarrecht, im Handelsrecht und insbesondere im Verwaltungsrecht (s. Kap. 8). Auch durch eine ständige Rechtsprechung kann sich Gewohnheitsrecht bilden.

Gewohnheitsrecht

Im modernen Rechtsstaat, in dem auch die Regierung nur im Rahmen gesetzlicher Vorschriften handeln kann, sind nahezu alle Lebensbereiche von einem lückenlosen Netz geschriebenen Rechts durchdrungen. Hierzu gehören nicht nur Gesetze im förmlichen Sinne, sondern alle „gesetzten" Rechtssätze, die vom Staat oder einer öffentlichen Organisation herrühren. *Gesetze im förmlichen Sinne* werden von der gesetzgebenden Gewalt (Parlamente, auch Legislative genannt) des Bundes oder der Länder in einem verfassungsmäßigen Verfahren erlassen. Aber auch die vollziehende Gewalt (Regierung und Verwaltung: Exekutive) kann verbindliches Recht in Form der *Rechtsverordnung* (Gesetze im materiellen Sinne) schaffen. Allerdings können Regierung und Verwaltung solche Rechtsverordnungen nur aufgrund einer Ermächtigung durch ein formelles Gesetz erlassen.

förmliche Gesetze

Rechtsverordnung

Viel größer als allgemein angenommen ist der Kreis der öffentlichen Einrichtungen, die im Rahmen einer selbständigen Aufgabenerfüllung *Satzungen* (ebenfalls materielle Gesetze) erlassen können. Hierunter fallen nicht nur die Gemeinden und Landkreise, sondern u.a. eine Vielzahl von Kammern (z.B. Industrie- und Handelskammer, Ärztekammer) und die Universitäten (2).

Satzung

6. Überblick über die Rechtsordnung – Einteilung der Rechtsgebiete

> Das Gefüge der Rechtsordnung, namentlich die Abgrenzung der verschiedenen Rechtsgebiete ist anfangs nicht leicht zu verstehen. Ein einziger alltäglicher Fall kann in verschiedene Rechtsgebiete hineinwirken und ganz unterschiedliche Betrachtungen erforderlich machen. Ein kleiner Augenblick der Unachtsamkeit im Straßenverkehr macht dies deutlich:
> A. übersieht als Lenker seines Fahrzeuges ein Stoppschild und stößt daher auf der Kreuzung mit dem Pkw des vorfahrtsberechtigten B. zusammen. Dieser wird verletzt, sein Fahrzeug erheblich beschädigt. Die Polizei nimmt den Unfall auf und legt ihn der Staatsanwaltschaft vor. B. befragt sogleich seinen Rechtsanwalt, wie er seinen Schaden ersetzt bekomme.

Spricht man vom Recht, so denkt man meistens zuerst an das *Strafrecht*. In Anbetracht des klaren Verkehrsverstoßes sowie der erheblichen Folgen muß A. mit einer Bestrafung rechnen. Daher zeigt die Polizei in den Fällen, wo eine strafbare Handlung naheliegt (hier zumindest fahrlässige Körperverletzung des B.), den *Beschuldigten* bei der Staatsanwaltschaft an. Ziel des damit in Gang gesetzten Verfahrens ist die Beantwortung der Frage, ob dem A tatsächlich ein *strafbares Handeln* nachgewiesen werden kann, ob er dafür auch die persönliche Verantwortung trägt und welches schließlich die angemessene Reaktion der Rechtsgemeinschaft auf dieses Geschehen sein soll. Man sieht dabei deutlich, daß zwischen dem Ablauf des Verfahrens und seinem inhaltlichen Ziel zu unterscheiden ist. Im sogenannten *materiellen (inhaltlichen) Strafrecht* sind die gesetzlichen Voraussetzungen einer Straftat und deren Folgen geregelt. Sein wichtigstes Gesetz ist das *Strafgesetzbuch* (StGB). Für den Überblick sei zunächst nur auf einen wesentlichen Gestaltungsgrundsatz hingewiesen. Der Gesetzgeber konnte nicht alle nur denkbaren unerlaubten Handlungen erfassen; es wäre auch nicht zweckmäßig, jedes zu mißbilligende Verhalten zu bestrafen. Im StGB sind vielmehr Handlungen von besonderer *Sozialschädlichkeit* in abstrakter Form beschrieben und mit Strafe bedroht (Unrechtstypisierung). Dabei steht der Schutz wichtiger *Rechtsgüter* (Leben, Gesundheit, Vermögen usw.) im Vordergrund. Im Bereich des

Strafrecht

Strafgesetzbuch

Strafprozeß-
ordnung

formellen Rechts hat *die Strafprozeßordnung* (StPO) sowie das *Gerichtsverfassungsgesetz* (GVG) die Aufgabe, einen korrekten und objektiven Verfahrensgang zu gewährleisten. Dies gilt sowohl für das Ermittlungsverfahren der Staatsanwaltschaft sowie für den sich bei hinreichendem Tatverdacht daran anschließenden Strafprozeß (s. Kap. 6).

In dem Beispielsfall wird die Staatsanwaltschaft gegen A. bei dem zuständigen Gericht *Anklage* wegen fahrlässiger Körperverletzung erheben. Erweist sich die Anklage als berechtigt, wird das Gericht den A. *verurteilen*.

Es liegt auf der Hand, daß dem Unfallgeschädigten B. mit einer Bestrafung des A. noch nicht geholfen ist.

Bürgerliches
Recht

Sein Anspruch auf Schadensersatz und Schmerzensgeld betrifft ein Rechtsverhältnis, das im *Bürgerlichen Recht (Zivilrecht)* geregelt ist. Während der staatliche Strafanspruch unabhängig vom Willen der Unfallbeteiligten verwirklicht wird, ist es im Bürgerlichen Recht in das Belieben der Parteien gestellt, ob sie ihre Ansprüche geltend machen. Zwischen ihnen besteht keine Über- und Unterordnung, sie stehen sich gleichberechtigt gegenüber. Ebenso wie im Strafrecht gibt es natürlich auch in diesem Bereich materiellrechtliche Vorschriften und formelle Verfahrensregeln. Oberbegriff der Rechtsgebiete, bei denen die Beteiligten ihre Rechtsverhältnisse auf der Ebene der Gleichordnung gestalten oder Rechte daraus geltend machen, ist das *Privatrecht*. Sein wich-

Privatrecht

Bürgerliches
Gesetzbuch

tigster Teil ist das bereits erwähnte Bürgerliche Recht, das im *Bürgerlichen Gesetzbuch* (BGB) und seinen Nebengesetzen geregelt ist. Dies ist vor allem der Bereich, in dem der einzelne seine persönlichen und wirtschaftlichen Interessen wahrnimmt, insbesondere durch vertragliche Vereinbarungen (z.B. Kauf, Miete) aber auch – wie im Beispiel – durch das Einfordern von gesetzlich geregelten Schadensersatzansprüchen. Kommt es bei einem solchen privaten Rechtsverhältnis zum Streit, kann der geltend gemachte Anspruch in einem *Zivilprozeß* gerichtlich festgestellt und nötigenfalls anschließend in einem *Vollstreckungsverfahren* durchgesetzt wer-

Zivilprozeß-
ordnung

den. Die Regeln, nach denen dies geschieht, finden sich hauptsächlich in der *Zivilprozeßordnung* (ZPO).

Auf den Gang des Zivilverfahrens haben die Parteien einen viel größeren Einfluß, als die Beteiligten im Strafprozeß. Zivil- und Strafverfahren werden deshalb völlig unabhängig voneinander durchgeführt. Will der A. (oder seine Versicherung) im Beispielsfall nichts bezahlen, kann B. seine Ansprüche (Schadensersatz und Schmerzensgeld) mit einer gerichtlichen *Klage* geltend machen. Auch hier wird das Gericht (unabhängig von dem Strafprozeß) über den Unfall und seine Folgen Beweis erheben. Wenn das Gericht – wie zu vermuten – von einem alleinigen Verschulden des A. ausgeht, wird es ihn sowohl zur Zahlung des gesamten Schadens als auch eines angemessenen Schmerzensgeldes *verurteilen* (zu Privatrecht und Zivilprozeß s. Kap. 2, 3 u. 4).

Neben den strafrechtlichen und zivilrechtlichen kann der Unfall auch noch *öffentlich-rechtliche* Konsequenzen haben, wie folgende Fallergänzung veranschaulicht:

Öffentliches Recht

Da A. innerhalb kurzer Zeit mehrere Unfälle verursacht hat, ordnet die für Führerscheine zuständige *Verwaltungsbehörde* eine amtsärztliche Untersuchung an. Dabei stellt sich eine das Reaktionsvermögen erheblich beeinträchtigende Krankheit heraus. Die Verwaltungsbehörde hält A. daher für ungeeignet zum Führen von Kraftfahrzeugen und entzieht ihm die Fahrerlaubnis. A. will sich dagegen wehren. Hier geht es offensichtlich darum, daß A. als Fahrer (unabhängig von der Frage des Verschuldens) für den Straßenverkehr ein hohes Risiko bedeutet und daher im Interesse aller Straßenverkehrsteilnehmer „aus dem Verkehr" genommen werden muß. Es sind also die Belange der *Allgemeinheit* und das *Gemeinwohl*, für die das öffentliche Recht in erster Linie sorgen muß. Der Begriff des öffentlichen Rechts wird freilich nicht immer einheitlich verwandt und muß daher näher erläutert werden. Im Sprachgebrauch wird das öffentliche Recht im allgemeinen als dritter Sektor neben die Gebiete des Zivilrechts und des Strafrechts gestellt. Dies ist begrifflich nicht ganz richtig, da öffentliches Recht im weiteren Sinn immer dann vorliegt, wenn Rechtsbeziehungen zwischen übergeordneten und untergeordneten Rechtssubjekten bestehen. So gesehen sind auch das Strafrecht und alle Verfahrensgesetze öffentliches Recht, da der Staat dort hoheitlich handelt und Zwang ausübt. Im Rahmen dieser Darstellung ist das öffentliche Recht im engeren Sinne gemeint, wozu neben den zentralen Gebieten des Staats- und Verwaltungsrechts (Kap. 7 und 8), auch *Völkerrecht, Europarecht und Kirchenrecht* gehören. Systematisch gehören auch das *Sozialrecht* und das *Steuerrecht* dazu, die jedoch meist als selbständige Bereiche behandelt werden (große Sonderverwaltungen).

Staatsrecht Das *Staatsrecht* regelt die Organisation des Staates, die grundlegenden Fragen der rechtlichen Beziehungen des Bürgers zum Staat sowie den Aufbau der staatlichen Organe. In seinem Mittelpunkt steht das Verfassungsrecht gewissermaßen als Fundament der staatlichen Ordnung. Das *Verwaltungsrecht* enthält demgegenüber nähere Vorschriften, nach denen die Verwaltungsbehörden staatliche Interessen planend, gestaltend, leistend oder ordnend wahrnehmen.

Verwaltungsrecht

Zahlreich sind die verfahrensrechtlichen Gesetze im

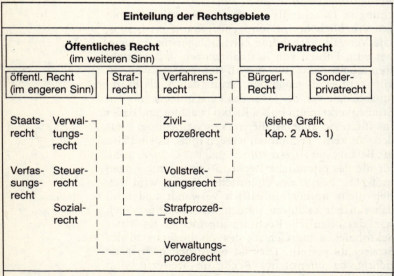

öffentlichen Recht; für den Bürger am wichtigsten dürfte die *Verwaltungsgerichtsordnung* (VwGO) sein, die den Weg zum Verwaltungsgericht und den Verwaltungsprozeß regelt.

Verwaltungsgerichtsordnung

Im Falle des A. vollzieht die Verwaltungsbehörde die Bestimmungen des Straßenverkehrsgesetzes, wonach demjenigen, der sich als ungeeignet zum Führen von Kraftfahrzeugen erwiesen hat, die Fahrerlaubnis entzogen werden muß. Die Maßnahme kann A. zunächst bei der Verwaltung selbst und erforderlichenfalls beim *Verwaltungsgericht anfechten*.

Literaturhinweise
Baumann, J.: Einführung in die Rechtswissenschaft. 7. Aufl. 1984
Baur, F.: Einführung in das Recht der Bundesrepublik Deutschland. 4. Aufl. 1984
Bockelmann, P.: Einführung in das Recht. 1975
Haase, R., Keller, R.: Grundlagen und Grundformen des Rechts. 7. Aufl. 1986
Model, O./Creifels, C.: Staatsbürger-Taschenbuch. 22. Aufl. 1985
Rehbinder, M.: Einführung in die Rechtswissenschaft. 5. Aufl. 1983
Weber-Fas, R.: Jurisprudenz. 1978

2 Bürgerliches Recht

1. Bürgerliches Recht als Kernbestandteil des Privatrechts

> Als Kernbestandteil des Privatrechts bildet das Bürgerliche Recht die Grundlage, auf der die einzelnen Bürger sowie die privaten (nicht staatlichen) Personenverbände ihre persönlichen und wirtschaftlichen Verhältnisse gestalten.
> Zum System des Privatrechts und zu den Grundideen des Bürgerlichen Rechts stellen sich folgende Fragen:
> – Welche Gesetze sind privatrechtlicher Natur?
> – Für wen gelten sie?
> – Hat der Begriff „Bürgerlich" eine gesellschaftspolitische Bedeutung?
> – Wieso gibt es für bestimmte Berufsgruppen teilweise besondere Regelungen?
> – Wie haben sich die Leitgedanken des BGB, das am 1. 1. 1900 in Kraft getreten ist, im Lauf der Zeiten verändert?

Die Gebiete des Privatrechts

Im Sprachgebrauch wird häufig zwischen den Begriffen *Privatrecht* und Bürgerliches Recht (Zivilrecht) nicht unterschieden. Die Bezeichnung Privatrecht ist jedoch die umfassendere. Man versteht darunter den Teil der Rechtsordnung, der die Rechtsbeziehungen der Bürger untereinander nach den Prinzipien der Gleichberechtigung und der Selbstbestimmung *(Privatautonomie)* regelt. Innerhalb des Privatrechts werden üblicherweise den Vorschriften des Bürgerlichen Rechts, die für alle Personen gelten, sogenannte *Sondergebiete* des Privatrechts gegenübergestellt, die nur für bestimmte Berufsgruppen oder besondere Lebensbereiche Anwendung finden (siehe Grafik über die Gebiete des Privatrechts).

Bürgerliches Recht

Das *Bürgerliche Recht* ist in seinen wesentlichen Teilen in dem *Bürgerlichen Gesetzbuch* (BGB) zusammengefaßt und wird lediglich durch eine Reihe von kleineren Gesetzen ergänzt, von denen hier insbesondere das *Ehegesetz* (EheG) das *Abzahlungsgesetz* (AbzG) und das Gesetz zur Regelung der *Allgemeinen Geschäftsbedingungen* (AGBG) zu nennen sind. Zu den Sondergebieten des Privatrechts zählen u. a. das Arbeitsrecht (das allerdings auch zahlreiche öffentlich-rechtliche Elemente hat) und

Die Gebiete des Privatrechts		
Bürgerliches Recht	**Handels- und Wirtschaftsrecht**	**Arbeitsrecht** (z. T. mit öffentl.-rechtl. Elementen)
Bürgerliches Gesetzbuch mit Einführungsgesetz; Nebengesetze des BGB u. a.: Ehegesetz, Abzahlungsgesetz, Wohnungseigentumsgesetz, Gesetz zur Regelung der Allgemeinen Geschäftsbedingungen	Handelsgesetzbuch, Wechselgesetz, Scheckgesetz, Aktiengesetz, Patentgesetz, Börsengesetz, Gesetz gegen unlauteren Wettbewerb, Gesetz gegen Wettbewerbsbeschränkungen	Individuelles und kollektives Arbeitsrecht: Regelungen zum kleineren Teil im BGB, zum größeren Teil in Spezialgesetzen, z. B. Betriebsverfassungsgesetz, Kündigungsschutzgesetz, Tarifvertragsgesetz, Mutterschutzgesetz

die Gesetze des speziellen Wirtschaftsverkehrs, also z. B. das *Handelsrecht,* das *Gesellschaftsrecht* sowie das *Wettbewerbs-,* das *Urheber-* und das *Verlagsrecht.* Die besonderen wirtschaftlichen Bedingungen dieser Gebiete machen spezielle Regelungen erforderlich. Das Sonderprivatrecht schließt das Bürgerliche Recht nicht aus, sondern ergänzt es, wo die allgemeinen Vorschriften für den besonderen Regelungsbereich nicht ausreichen. Verdeutlicht sei dies am Verhältnis des BGB zum Handelsgesetzbuch (HGB). Nach § 766 BGB ist die Bürgschaftserklärung (Einstehen für fremde Schuld) einer Privatperson nur in schriftlicher Form wirksam. Es soll der Geschäftsunkundige vor einem übereilten Entschluß geschützt werden. Beim Kaufmann, der ständig mit wirtschaftlich bedeutsamen Problemen zu tun hat, ist solche Vorsicht nicht geboten. Er kann daher nach § 350 HGB mündlich bürgen.

Ein mögliches (begriffliches) Mißverständnis ist durch das oben Gesagte ausgeräumt: Gerade weil es für alle Personen gilt, ist das Bürgerliche Recht nicht das „Standesrecht" einer bürgerlichen Gesellschaftsklasse. Es hat jedoch insofern auch eine gesellschaftspolitische Bedeutung, als in ihm die *Leitlinien* einer *freizügigen Wirtschaftsordnung* und eines an der *Eigenverantwortlichkeit* orientierten Persönlichkeitsbildes sichtbar werden.

bürgerliche Gesellschaftsordnung

Einem zweiten Mißverständnis muß noch vorgebeugt werden. Bürgerliches Recht bedeutet nicht, daß dem Staat und anderen öffentlichen Einrichtungen die Teilnahme am Zivilrechtsverkehr verwehrt wäre. Wo die öffentliche Hand nicht hoheitlich handelt (s. dazu Kap. 8, Abs. 1), kann sie sich wie ein Privatmann betätigen (Kauf von Büroartikeln für die Verwaltung usw.).

Grundsätze des BGB

Das Bürgerliche Gesetzbuch ist nicht nur äußerlich das Fundament des Privatrechts, auf dem sich die Neben- und Sondergebiete aufbauen, es enthält auch die wichtigsten Grundsätze der Privatrechtsordnung. Wie jedes Gesetz ist auch das BGB geprägt von der Zeit, in der es entstand. Die Väter des BGB waren überwiegend Vertreter einer am Ende des letzten Jahrhunderts vorherrschenden *wirtschaftsliberalen*

liberale Grundzüge

Auffassung, d.h. sie glaubten, die persönlichen und wirtschaftlichen Interessen der Menschen könnten sich dann am besten entfalten, wenn diese möglichst frei von staatlichem Zwang und Kontrolle miteinander Verträge abschließen können. Dieser Grundsatz der *Privatautonomie* (Selbstbestimmung der rechtlichen Beziehungen) erfährt seine deutlichste Ausprägung in der *Vertragsfreiheit* (freie Wahl des Vertragspartners, grundsätzlich freie Bestimmung des Vertragsinhalts), der *Eigentumsfreiheit* (der Eigentümer kann mit seiner Sache beliebig verfahren) und der *Testierfreiheit* (der Mensch bestimmt selbst, an wen nach seinem Tod sein Vermögen fallen soll).

So wichtig die Privatautonomie für ein freiheitliches Menschenbild bis heute ist, hat man jedoch im Laufe unseres Jahrhunderts erkannt, daß ein völlig „freies Spiel der Kräfte" zu sozialen Ungerechtigkeiten führen kann. Der Gedanke des *sozialen Ausgleichs*

soziale Bestandteile

(Schutz des wirtschaftlich oder gesellschaftlich Schwächeren) hat daher viele Korrekturen innerhalb des BGB oder zusätzliche Nebengesetze (z.B. Schutz des Käufers bei Abzahlungsgeschäften im Abzahlungsgesetz) notwendig gemacht.

Aufbau des BGB

Aufbau und Gliederung des 2385 Paragraphen umfassenden BGB sind rechtstechnisch kunstvoll, aber für den nichtgeschulten Benutzer schwer zu verstehen. Seine Schöpfer haben im Bestreben, den Umfang des Gesetzes zu beschränken, die allgemeinen Regeln–

vergleichbar der mathematischen Methode des ‚Vor die Klammer Ziehen'– den besonderen Bestimmungen vorangestellt. So wird die Frage, wie Verträge geschlossen werden, in den Paragraphen 145–157 generell behandelt (vor die Klammer gezogen), erst danach finden sich einzelne Vertragsarten wie z. B. der Kaufvertrag in Paragraph 433 ff. Die dadurch erforderliche abstrakte Formulierung (die allgemeine Norm muß für die verschiedensten Regelungsbereiche anwendbar sein) erschwert dem Laien den Umgang mit dem Gesetz. Diesem Mangel an Allgemeinverständlichkeit steht als Vorteil eine systematische und gedankliche Klarheit des Gesetzes gegenüber. Diesem Aufbau entsprechend trägt das erste der fünf Bücher des BGB die Bezeichnung *Allgemeiner Teil*. Seine Regeln gelten grundsätzlich für die anderen vier Bücher. Das *Schuldrecht* (in sich wiederum in allgemeine und besondere Vorschriften aufgeteilt) behandelt die Schuldverhältnisse zwischen Personen, das *Sachenrecht* die rechtlichen Beziehungen von Personen zu Sachen.

Allgemeiner Teil

Schuldrecht

Sachenrecht

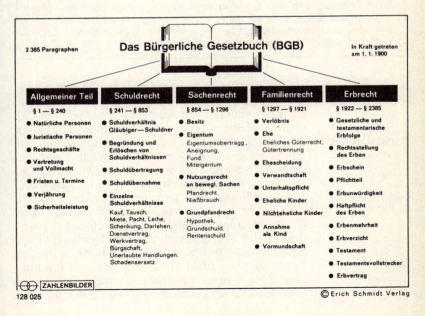

Familienrecht

Erbrecht

Die zwei letzten Bücher sind durch äußere Lebenssachverhalte gekennzeichnet. Das *Familienrecht* enthält hauptsächlich Normen über familiäre Beziehungen, das *Erbrecht* behandelt die vermögensrechtlichen Folgen des Todes eines Menschen. Eine Übersicht wie in diesem Grundwissen muß sich zwangsläufig auf die praktisch wichtigsten Bereiche beschränken und folgt nur teilweise dieser Gliederung.

2. Die Rechtsfähigkeit der natürlichen Person

> § 1 BGB: „Die Rechtsfähigkeit des Menschen beginnt mit der Vollendung der Geburt."
> Das BGB setzt also die Rechtsfähigkeit des Menschen voraus. Dies war nicht immer selbstverständlich. Der römische Sklave hatte keine Rechtsfähigkeit und selbst in unserem aufgeklärten Zeitalter gab es etwa unter dem Nationalsozialismus Versuche, die Rechtsfähigkeit bestimmter Personengruppen zu leugnen. Ganz andere Abgrenzungsprobleme ergeben sich heute, wie folgende Fälle zeigen:
> (1) Ein Tierschutzverein klagt gegen eine Forschungseinrichtung auf Unterlassung eines bestimmten Tierversuches, da dieser das Recht der Tiere auf schmerzfreie Behandlung verletze.
> (2) Der Vater setzt sein noch nicht geborenes Kind zu seinem Erben ein. Vor der Geburt des Kindes stirbt der Vater.
> (3) A. verbreitet über den unlängst verstorbenen V. beleidigende Behauptungen. Können sich die Angehörigen des V. dagegen wehren?

Rechtsfähigkeit

Da die Rechtsordnung menschliches Zusammenleben regelt, kann Anknüpfungspunkt aller rechtlichen Beziehungen nur der Mensch (einzeln oder in Gemeinschaft) sein. Begrifflich versteht man unter der *Rechtsfähigkeit* die Fähigkeit, Rechte und Pflichten zu haben. Tieren kommt eine solche Fähigkeit nicht zu, weshalb etwa der vielzitierte Hundeliebhaber seinen Vierbeiner nicht zum Erben berufen kann. Auch das Verbot der Tierquälerei ist kein ‚persönliches' Recht der Tiere, sondern ein objektives Gebot der Rechtsordnung zum Schutze des ethischen Empfindens der Menschen (1). Auf die Begabung, einen ‚vernünftigen' Willen zu bilden, kommt es bei der Rechtsfähigkeit nicht an. Ist ein Säugling Eigentümer eines Hauses geworden, so trägt er u.a. die Verkehrssicherungspflicht, muß also z.B. dafür sorgen, daß keine Dachziegel auf Passanten herabstürzen. Naturgemäß kann dies der Säugling nicht selbst erledigen, er erfüllt diese Pflicht durch seinen gesetzlichen Vertreter. Nach dem Wortlaut des Gesetzes ist das *ungeborene Kind* nicht rechtsfähig. In verschiedenen Vorschriften wird jedoch die Leibesfrucht, wenn es später zu einer Lebendgeburt kommt, einem Kind gleichgestellt. So wird das später geborene Kind (2) Erbe, auch wenn es beim Tode des Vaters als rechtsfähiger Mensch noch nicht bestand.

Mit dem *Tode endet* die Rechtsfähigkeit. Freilich wird aufgrund einer jüngeren Rechtsentwicklung ein Fortwirken des Persönlichkeitsrechts über den Tod hinaus zum Schutz vor ehrverletzenden Angriffen anerkannt (3). **Ende der Rechtsfähigkeit**

3. Die Handlungsfähigkeit (Geschäfts- und Deliktsfähigkeit)

Die Rechtsfähigkeit alleine nützt dem Menschen nichts, wenn er nicht durch Teilnahme am Geschäftsverkehr seine Bedürfnisse befriedigen könnte. Es leuchtet aber ein, daß diese rechtliche Gestaltungsmacht (Geschäftsfähigkeit) nur dem zukommt, der aufgrund seiner geistigen Entwicklung bzw. Gesundheit sinnvollen Gebrauch davon machen kann. Personengruppen, bei denen diese Voraussetzungen nicht oder nur eingeschränkt vorliegen, muß das Gesetz schützen. Auch bei der Haftung für Schäden aus unerlaubten Handlungen muß der Grad der Verantwortlichkeit (Deliktsfähigkeit) berücksichtigt werden.

(1) Der für sein Alter sehr großgewachsene sechsjährige Max schlachtet sein Sparschwein und kauft eine Schlumpfkassette. Die Eltern verlangen vom Verkäufer den Kaufpreis gegen Rückgabe der durch Max inzwischen beschädigten Kassette zurück.

(2) Die 16jährige Marion ist der häuslichen Gemeinschaft mit ihren Eltern überdrüssig. Ohne deren Wissen mietet sie daher ein Zimmer an.

(3) Der 14jährige Wolfgang kauft sich von seinem monatlichen Taschengeld einen Füllfederhalter, er bekommt zudem von seinem Onkel einen Stallhasen geschenkt.

(4) Der völlig betrunkene B. tauscht seine goldene Armbanduhr gegen eine Lichtorgel ein. Am nächsten Morgen bereut er dieses Geschäft.

(5) Drei Kinder (6, 8 und 14 Jahre) entfachen in der Nähe einer Holzhütte ein ‚Lagerfeuer'. Die Hütte gerät in Brand und wird vernichtet. Wer muß den Schaden bezahlen?

(6) Die 16jährige Susanne setzt in einem handschriftlichen Testament ihren Freund Hans zum Alleinerben ein.

**Handlungs-
fähigkeit**

Es gibt zwei grundsätzlich zu unterscheidende Formen, in denen der Mensch durch sein Handeln rechtliche Folgen bewirken kann. Dies ist zum einen der Bereich des *rechtsgeschäftlichen Handelns*. Hier ist die Willensbetätigung darauf gerichtet, eine rechtlich gewünschte Wirkung – man spricht von einem rechtsgeschäftlichen Erfolg – zu erzielen. Rechtlich bedeutsam ist aber eine Willensäußerung nur dann, wenn derjenige, der sie abgibt, *geschäftsfähig* ist. Davon zu unterscheiden sind Handlungen, die tatsächliche Auswirkungen haben, an die das Gesetz rechtliche Folgen knüpft. Die wichtigste Gruppe stellen hier die Handlungen dar, die das Gesetz anschaulich als unerlaubt bezeichnet. Für den angerichteten Schaden ist der Handelnde dann verantwortlich, wenn er *deliktsfähig* ist. In beiden Fällen geht es also darum, ob einem Menschen bestimmte Konsequenzen seines Tuns zugerechnet werden können. Oberbegriff der Geschäfts- und Deliktsfähigkeit ist die *Handlungsfähigkeit*.

**Geschäfts-
fähigkeit**

Die Vorschriften über die *Geschäftsfähigkeit* wollen Menschen, die dem Geschäftsverkehr nicht gewachsen sind, vor unvernünftigen Geschäften bewahren. Schutzbedürftig sind Kinder und Jugendliche, aber auch Erwachsene, die wegen Krankheit nicht in der Lage sind, einen vernünftigen Willen zu bilden. Da es umständlich und unsicher wäre, den Grad der Geschäftsfähigkeit bei jedem Menschen einzeln zu prüfen, unterscheidet das BGB drei Altersgruppen. Von der Geburt bis zum vollendeten 7. Lebensjahr

**geschäfts-
unfähig**

sind Kinder *geschäftsunfähig* (§ 104 (1) BGB). Der von Max getätigte Kauf (1) ist *völlig unwirksam*; der Verkäufer muß den Kaufpreis zurückzahlen, dies auch dann, wenn (wie im Beispielsfall) der Kaufgegenstand vom Kind beschädigt wurde. Dabei nützt es dem Verkäufer auch nichts, daß Max wie ein siebenjähriges Kind aussieht, da die objektive Altersgrenze allein entscheidend ist.

**beschränkt
geschäftsfähig**

Minderjährige vom 7. Geburtstag bis zum vollendeten 18. Lebensjahr sind *beschränkt geschäftsfähig*. Diese Altersgruppe kann durchaus schon sinnvoll am täglichen Geschäftsleben teilnehmen, erforderlich ist jedoch eine Kontrolle durch den gesetzlichen Vertreter. Die Willenserklärung eines beschränkt

Geschäftsfähigen bedarf daher der *Einwilligung* des gesetzlichen Vertreters (§ 107 BGB). Liegt eine solche Einwilligung nicht vor, ist die Erklärung des Minderjährigen zunächst *schwebend unwirksam.* Erfolgt die Einwilligung nachträglich *(Genehmigung),* so gilt die Erklärung als von Anfang an wirksam, wird sie vom gesetzlichen Vertreter verweigert, ist die Erklärung ebenso unwirksam wie die eines Geschäftsunfähigen. Die Anmietung eines Zimmers durch die 16jährige Marion ist danach zunächst schwebend unwirksam (2). Wenn sich die Eltern etwa zur Vermeidung eines Konflikts diesem Schritt beugen und den Mietabschluß genehmigen, ist das Geschäft voll wirksam.

Der gesetzliche Vertreter kann einer bestimmten Art von Rechtsgeschäften auch *generell* zustimmen. Wenn ein Minderjähriger, der wegen seiner Ausbildung in einer anderen Stadt wohnen muß, von seinen Eltern einen monatlichen Unterhaltsbetrag bekommt, so kann er damit alle Geschäfte wirksam vornehmen, die zum üblichen Leben eines Auszubildenden gehören, also Kauf von Lebensmittel, Kleidung usw., sicher auch den Theaterbesuch und die Buchung für einen Wochenendausflug.

Eine Reihe von Fällen, bei denen die Rechtsgeschäfte eines Minderjährigen keiner Zustimmung des gesetzlichen Vertreters bedürfen, hat das Gesetz ausdrücklich geregelt. Hierzu gehören die *Taschengeldgeschäfte* (§ 110 BGB) und Geschäfte, die für den Minderjährigen nur einen *rechtlichen Vorteil* bringen. In Beispielsfall (3) geht daher sowohl der Kauf des Füllfederhalters wie auch die Schenkung des Hasen in Ordnung (die Schenkung ist für den Beschenkten immer ein rechtlicher Vorteil, auf wirtschaftliche Gesichtspunkte – z.B. die von Wolfgang zukünftig aufzubringenden Futterkosten – kommt es nicht an). Wirksam sind schließlich auch Geschäfte, die ein Minderjähriger im Rahmen eines mit Zustimmung seines gesetzlichen Vertreters eingegangenen *Dienstverhältnisses* vornimmt.

Taschengeldgeschäfte rechtlicher Vorteil

dienstliche Geschäfte

Zum besseren Verständnis muß hier noch ein kleiner Vorgriff auf das Familienrecht angeschlossen werden. Bei dem im Gesetz genannten *gesetzlichen Vertreter* handelt es sich in der Regel um die *Eltern,*

gesetzlicher Vertreter

die die Vertretung gemeinsam wahrnehmen (siehe Abschnitt Familienrecht). Leben die Eltern nicht mehr, so muß ein *Vormund* bestellt werden.

Auch bei den Fällen einer erheblichen Einschränkung des vernünftigen Handelns Volljähriger stuft das Gesetz in Geschäftsunfähigkeit und beschränkte Geschäftsfähigkeit ab. Nichtig sind insbesondere die Willenserklärungen der durch eine dauerhafte Krankheit *geistig Gestörten* sowie der wegen *Geisteskrankheit entmündigten* Personen. Unwirksam sind auch die Erklärungen der Personen, die sich in einer vorübergehenden Störung der Geistestätigkeit befinden. Im Beispielfall (4) muß B. demnach nicht den Verlust seiner goldenen Uhr befürchten, da das Tauschgeschäft wegen seines Alkoholrausches rechtlich nicht wirksam war; er kann sie also zurückverlangen. Weniger streng beurteilt das Gesetz das beschränkte Einsichtsvermögen der wegen Verschwendung, Geistesschwäche oder Trunksucht *Entmündigten*. Sie sind als beschränkt Geschäftsfähige den Minderjährigen über sieben Jahre gleichgestellt.

Störungen der freien Willensbildung

Deliktsfähigkeit

Bei der *Deliktsfähigkeit* geht es um die Fähigkeit einer natürlichen Person, wegen einer unerlaubten Handlung, bei der ein Schaden entstanden ist, haftpflichtig (Pflicht zum Schadensersatz) gemacht werden zu können. Auch hier unterteilt das BGB in drei Gruppen, wobei die Altersgrenzen denen der abgestuften Geschäftsfähigkeit entsprechen. Personen unter 7 Jahren sind *deliktsunfähig*. Im Fall (5) kann daher das 6jährige Kind für den Brandschaden nicht verantwortlich gemacht werden. *Beschränkt deliktsfähig* sind Minderjährige vom 7. bis zur Vollendung des 18. Lebensjahres. Die Verantwortlichkeit hängt hier davon ab, ob der Minderjährige aufgrund seiner persönlichen Entwicklung die *Einsicht* in das Unerlaubte und Gefährliche seines Handelns hatte. Eine solche Einsichtsfähigkeit ist bei einem 14jährigen im vorliegenden Brandfall regelmäßig zu bejahen, bei einem 8jährigen ist dies eher zweifelhaft. Aber auch dann, wenn die erforderliche Einsicht nicht festgestellt wird, kann der beschränkt Deliktsfähige zur Schadenswiedergutmachung herangezogen werden, wenn dies nach den persönlichen Verhältnissen der

deliktsunfähig

beschränkt deliktsfähig

Beteiligten gerecht erscheint *(Billigkeitshaftung, z.B. vermögendes Kind schädigt eine mittellose Person)*. Ab dem 18. Geburtstag ist man voll deliktsfähig, soweit nicht eine Geisteskrankheit die freie Willensbetätigung ausschließt. Nicht verwechselt werden darf die zivilrechtliche Deliktsfähigkeit mit der Strafmündigkeit (siehe auch Kap. 6).

Weitere rechtlich bedeutsame Altersgrenzen gibt es an mehreren Stellen des Rechts. Minderjährige können schon mit 16 Jahren ein Testament errichten, allerdings nur vor einem Notar *(Testierfähigkeit)*. Das viel häufigere handschriftliche Testament setzt Geschäftsfähigkeit voraus. Susanne (Fall 6) hat daher Hans nicht wirksam zum Erben berufen.

Die *Ehefähigkeit* tritt grundsätzlich mit Vollendung des 18. Lebensjahres ein. Auf Antrag kann das Vormundschaftsgericht bei einem der beiden Ehewilli-

sonstige Altersgrenzen

Testierfähigkeit

Ehefähigkeit

Die Handlungsfähigkeit natürlicher Personen		
Geschäftsfähigkeit	*Deliktsfähigkeit*	sonstige Altersgrenzen
I. *Geschäftsunfähig:* 1. Minderjährige unter 7 Jahren 2. Dauerhaft geistig Gestörte 3. Wegen Geisteskrankheit entmündigte	I. *Deliktsunfähig* 1. Minderjährige unter 7 Jahren 2. Personen, deren freie Willensbetätigung krankheitsbedingt ausgeschlossen ist.	I. *Testierfähigkeit* 1. Notarielles Testament ab 16 Jahren 2. Handschriftliches Testament ab 18 Jahren
II. *Beschränkt geschäftsfähig:* 1. Minderjährige zwischen 7 und 18 Jahren 2. Wegen Geistesschwäche, Verschwendung, Trunksucht oder Rauschgiftsucht Entmündigte	II. *Beschränkt deliktsfähig:* 1. Minderjährige zwischen 7 und 18 Jahren 2. Taubstumme	II. *Ehefähigkeit* grundsätzlich ab 18 Jahren, auf Antrag ab 16 Jahren möglich
III. *Geschäftsfähig:* Volljährige (ab 18 Jahren)	III. *Deliktsfähig:* Volljährige (ab 18 Jahren)	III. *Religiöse Selbstbestimmung* Wahl der Religionsangehörigkeit ab 14 Jahren

gen eine Ausnahme zulassen, sofern der minderjährige Partner mindestens 16 Jahre alt ist.

Bestimmung der Religionszugehörigkeit Noch früher, nämlich bereits mit 14 Jahren, kann ein Kind selbständig seine *Religionszugehörigkeit* bestimmen.

4. Die juristische Person

> Viele Aufgaben unserer Gesellschaft sind so umfangreich und schwierig, daß sie nicht von einzelnen Personen alleine, sondern nur durch das Zusammenwirken von vielen Menschen und entsprechenden Mitteln erfüllt werden können. Es wäre unpraktisch, wenn die dabei erzeugten Rechtswirkungen jedem Mitglied solcher Vereinigungen einzeln zugerechnet werden müßten.
> (1) Wegen eines Bedienungsfehlers explodiert ein Tanklager der Chemie-AG. Das Haus des benachbarten N. wird dabei so beschädigt, daß es repariert werden muß.
> (2) Der Vorstand des Schützenvereins ‚Schwarzpulver e.V.' mietet von V. ein Vereinslokal. Wer ist Vertragspartner des V.?

Das Recht trägt der organisierten Zusammenfassung von Menschen und Gütern dadurch Rechnung, daß es verschiedenen Personenvereinigungen eine eigene Rechtsfähigkeit verleiht. Solche *juristische Personen* gibt es sowohl im öffentlichen Recht (Bundesrepublik, Bundesländer, Gemeinden) wie auch im Privatrecht. Hier sind es insbesondere die großen Gesellschaften des Wirtschaftsrechts (AG, GmbH), die heute eine wichtige Rolle spielen. Diese sind ebenso wie der ins Vereinsregister *eingetragene Verein* von **rechtliche Selb-** ihren Mitgliedern *rechtlich verselbständigt*, d.h. die **ständigkeit** Mitglieder und der Verein sind verschiedene Rechtspersönlichkeiten. In Fall (1) muß N. also nicht gegen jeden einzelnen Aktionär, auch nicht gegen die Gesamtheit der Aktionäre vorgehen, sondern kann den Schadensersatz von der Chemie-AG als solcher verlangen.

Die juristische Person kann auch am Geschäftsverkehr teilnehmen. Da sie als ein künstliches (juristisches) Gebilde selbst nicht handeln kann, handeln **Organe** ihre *Organe* für sie. Wenn in Fall (2) der Vereinspräsident den Mietvertrag für den Verein abschließt, wird der Verein selbst Vertragspartner.

Ein Vorteil der juristischen Person ist es schließlich

auch, daß ihr Fortbestand vom Wechsel einzelner Mitglieder weitgehend *unabhängig* ist (der Tod eines Mitgliedes löst z.B. den Schützenverein nicht auf).

Nur zur Vermeidung eines häufig auftauchenden Mißverständnisses sei klargestellt: Richter, Staatsanwälte, Rechtsanwälte und andere Personen mit juristischen Berufen sind keine juristischen Personen. Im Gegensatz zu natürlichen Menschen sind juristische Personen durch Gesetz oder Rechtsakt geschaffene künstliche Gebilde.

Nicht alle Personenzusammenschlüsse besitzen eine eigene Rechtspersönlichkeit (u. a. der nicht eingetragene Verein und die Offene Handelsgesellschaft (OHG). Zu den sich daraus ergebenden Konsequenzen insbesondere für die Haftung des einzelnen Mitglieds, siehe Kap. 3, Abs. 2, Gesellschaftsrecht.

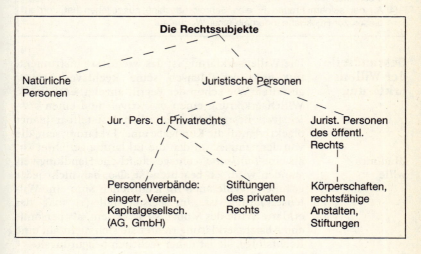

5. Die Willenserklärung: Wichtigster Bestandteil eines Rechtsgeschäfts

> Um die vielfältigen Bedürfnisse, die jeder Mensch hat, befriedigen zu können, sind Menschen aufeinander angewiesen. Dabei verfolgt jeder sein eigenes Interesse. Damit man sich dennoch auf andere, mit denen man arbeitet oder von denen man ein bestimmtes Handeln erwartet, verlassen kann, haben viele Handlungen einen rechtlich bindenden Charakter. Man spricht hierbei von „Rechtsgeschäften". Wichtigster Bestandteil solcher Rechtsgeschäfte ist eine (oder mehrere) Willenserklärung(en).
> (1) Der eifrige Student S. erklärt: „Ich will Bundeskanzler werden!"
> (2) Bei einer Versteigerung grüßt A. seinen Freund F. mit einem Handwinken. Der Auktionator hält dies entsprechend den dort üblichen Bedingungen für ein um DM 10,– höheres Gebot und erteilt den Zuschlag.
> (3) K. schreibt dem Buchhändler B., er solle ihm den neuesten Roman des Schriftstellers Walser zuschicken. Als er das Buch erhält, muß er feststellen, daß dies nicht der von ihm erwünschte Roman ist, da bereits ein weiterer erschienen ist.
> (4) A., der seinem Freund F. eine Schreibmaschine ausgeliehen hat, fordert diesen zur Rückgabe innerhalb einer Woche auf.

Bestandteile der Willenserklärung

Die Willenserklärung ist das wichtigste Instrument, mit dem der Mensch seine Rechtsverhältnisse gestaltet. Wie schon der Begriff anzeigt, enthält die Willenserklärung einen *objektiven* und einen *subjektiven* Bestandteil. Äußerlich feststellbar (daher objektiv) muß die Kundgabe einer Erklärung sein, die von demjenigen, an den die Erklärung gerichtet ist, als eine *bindende* rechtsgeschäftliche Handlung verstanden wird. Zu beachten ist also, daß nicht jeder geäußerte Wille auch im rechtlichen Sinn eine Willenserklärung ist. Im Beispielsfall (1) mag der erklärte Wille des S noch so stark sein, als persönliche Absichtserklärung richtet sie sich nicht auf eine Rechtsfolge, sie ist daher rechtlich bedeutungslos.

Bindungswille

Form der Erklärung

Die Erklärung kann in jeder erkennbaren *Form* vorgenommen werden. Neben der *mündlichen* oder *schriftlichen* Äußerung kann je nach den Gegebenheiten des Einzelfalles auch ein sogenanntes *„schlüssiges Verhalten"* ausreichen. Wer im Gasthaus aus dem aufgestellten Brotkorb ein Brötchen nimmt und verzehrt, erklärt damit schlüssig, daß er den entsprechenden Preis dafür bezahlen will. Davon zu unterscheiden ist das *pure Schweigen* etwa nach dem Empfang von unaufgefordert zugesandter Ware. Das Schweigen hat im Bürgerlichen Recht (im Unterschied zum Handelsrecht) grundsätzlich keinen Erklärungswert, d.h. mit ihm soll nichts ausgedrückt werden.

Hinter der geäußerten Willenserklärung muß die *subjektive* Absicht stehen, einen rechtsgeschäftlichen Zweck zu erreichen *(Erklärungsbewußtsein)*. Der dem F. zuwinkende A. (2) hatte nicht die Vorstellung, eine rechtlich bedeutsame Erklärung abzugeben, so daß eine Willenserklärung und damit ein rechtswirksames Gebot auf den ersten Blick nicht vorliegt. Hier stellt sich allerdings die (im Recht sehr häufige) Frage, ob nicht der äußere Anschein ausreicht. Dies wird man hier mindestens dann annehmen müssen, wenn dem A. bekannt war, wie bei dieser Versteigerung geboten wird.

Anfechtung einer Willenserklärung

Bindung

Die Willenserklärung kann ihren Zweck, rechtlich verbindliche Regelungen zu bewirken, nur erreichen, wenn die Beteiligten sich auf die Erklärung verlassen können. Es leuchtet daher ein, daß der Erklärende an sie *gebunden* ist. Aus dem rechtlichen Wollen wird ein Sollen. Kein Mensch könnte sich auf Abmachungen verlassen, wenn Willenserklärungen frei widerruflich wären. Nur unter bestimmten Voraussetzungen erlaubt es das Gesetz, daß der Erklärende durch eine *Anfechtung* seine Erklärung rückwirkend vernichtet.

Erklärungsirrtum

Wer etwa durch *Versprechen* oder *Verschreiben* eine andere Erklärung abgibt, als er sich vorstellt (das Datum einer schriftlichen Hotelbestellung wird versehentlich verdreht), kann die fehlerhafte Erklärung anfechten. Diese Möglichkeit besteht auch für A. (2), soweit man ihm aus den dargelegten Gründen den Schein einer rechtlich bedeutsamen Erklärung zurechnet, obwohl er überhaupt nicht rechtsgeschäftlich handeln wollte.

Inhaltsirrtum

Schwieriger sind die Fälle zu beurteilen, wo jemand über den *Inhalt* seiner Erklärung irrt. Ein typischer Fall eines solchen Inhaltsirrtums liegt dann vor, wenn der Erklärende mit seiner Erklärung einen ganz anderen Sinn verbindet, als sie aus der Sicht des Empfängers haben mußte; so in Fall (3), wo K. mit seiner Bezeichnung „neuester Roman" tatsächlich die vorletzte Veröffentlichung meint, weil er von der neuesten noch nichts wußte). Aber nicht jedes Abweichen des inneren Geschäftswillens von der äußeren Erklärung berechtigt zur Anfechtung. So sind grundsätzlich die Motive, die einem Geschäft zugrunde liegen, unbeachtlich. Wer einen Verlobungsring bestellt, bleibt an die Bestellung auch dann gebunden, wenn der Partner es sich noch anders überlegt und sich nicht verloben will.

Man wird einwenden, daß die Anfechtung gegenüber demjenigen, der sich auf die Erklärung verläßt, ungerecht sei. Das Gesetz schafft daher einen Ausgleich, indem der Anfechtende den sogenannten *Vertrauensschaden* ersetzen muß (der auf die Erklärung Vertrauende wird so gestellt, als sei die fehlerhafte Erklärung nicht abgegeben worden). Anfechtbar ist schließlich auch eine Erklärung, die durch *Täuschung* oder *Drohung* verursacht wurde (Hans Ängstlich verspricht dem Fritz Grob sein Auto zu verleihen, da dieser gedroht hat, andernfalls das Fahrzeug zu beschädigen). Da hier der Fehler nicht bei dem Erklärenden liegt, muß er auch keinen Schaden ersetzen.

Vertrauensschaden

Arten der Rechtsgeschäfte

Die ganz überwiegende Mehrzahl rechtmäßiger Handlungen im privatrechtlichen Bereich sind *Rechtsgeschäfte*. Sie bauen auf dem Begriff der Willenserklärung auf, sind aber regelmäßig aus mehreren Bestandteilen zusammengesetzt. Das allgemein bekannteste Rechtsgeschäft, *der Vertrag*, beruht auf mindestens *zwei oder mehreren* Willenserklärungen, die auf den gleichen rechtlichen Erfolg gerichtet sind (s. dazu Abs. 6, Vertrag). Nur in verhältnismäßig wenig Fällen entstehen auch ohne eine Willenserklärung durch rechtmäßige Handlungen tatsächlicher Art rechtliche Verpflichtungen. So begründet z.B. das Finden einer Sache Rechte und Pflichten gegenüber dem Eigentümer der verlorengegangenen Sache. Enthält ein Rechtsgeschäft nur eine Willenserklärung, so spricht man von *einseitigen* Rechtsgeschäften. Das Rückgabeverlangen des A. (4) bedeutet rechtlich eine Kündigung der unentgeltlichen Überlassung (Leihe). Es liegt auf der Hand, daß hier die Erklärung des Verleihers ausreichen muß, sonst könnte der Leihnehmer verhindern, daß er die geliehene Sache zurückgeben muß. Gleiches gilt für die

Vertrag

einseitiges Rechtsgeschäft

Kündigung eines Arbeitsverhältnisses. Einseitig ist auch die Errichtung eines Testamentes. Auch bei diesen einseitigen Rechtsgeschäften handelt es sich bei näherem Hinsehen um einen zusammengesetzten Tatbestand: Die Kündigung muß der anderen Seite zugehen, um wirksam zu werden, und das Testament bedarf einer bestimmten Form (s. Abs. 8).

6. Der Vertrag: Abschluß, Vertragsarten und Grenzen der Vertragsfreiheit

(1) A. hängt am Schwarzen Brett des Betriebes einen Zettel aus: „Verkaufe Stereo-Anlage für 500,– DM". Als er kurz darauf eine Notiz seines Kollegen B. mit dem Wortlaut: „Nehme Angebot an" vorfindet, hält er den Kaufpreis für zu niedrig und will dem B. das Gerät nicht zum genannten Preis überlassen. Kann B. Vertragserfüllung verlangen?
(2) Großhändler G. bietet dem Einzelhändler E. telegrafisch 100 Flaschen Wein für 400,– DM an. E. telegrafiert zurück: Lieferung sofort erwünscht bei Zahlungsziel 2 Monate.
(3) Ein Kanadier verkauft in Deutschland an einen Amerikaner seine Kamera für 50 Dollar, wobei der Kaufpreis überwiesen werden soll. Nach Eingang der Überweisung stellt sich heraus, daß beide Seiten jeweils die Währung ihres Heimatlandes gemeint haben.
(4) K. ist ein konservativer Kommunalpolitiker. Als er beim Buchhändler B., der fortschrittliche Politik vertritt, ein Buch kaufen will, wird ihm dies verweigert.
(5) Der Maschinenfabrikant F. verspricht dem bei der Metall AG angestellten Prokuristen P. eine Zuwendung von 10 000,– DM, wenn F. einen Großauftrag der Metall AG erhält.

Einigung der Vertragsparteien

Von allen Rechtsgeschäften spielt der Vertrag die größte Rolle. Einige grundsätzliche Fragen müssen daher näher betrachtet werden.
Wie Verträge zustande kommen, ist im ersten Buch des BGB geregelt. Dies hat – wie bereits beim Aufbau des BGB dargestellt – den Sinn, daß die Vorschriften über den Vertragsabschluß für alle Arten von Verträgen gelten. Das vom BGB vorgegebene Modell eines Vertragsabschlusses geht von einer ersten Willenserklärung, der *Angebotserklärung* sowie von der sich darauf beziehenden *Annahmeerklärung* aus. Dabei muß das Angebot hinsichtlich der Vertragsbedingungen so *bestimmt* oder mindestens *bestimmbar* sein, daß die Annahme durch ein einfaches ja zur Einigung

Angebot Annahme

führt. Bei mündlichen Verträgen wird man dieses Schema freilich nicht immer lupenrein feststellen können. Vielfach gibt es ein Hin- und Her-Verhandeln, bis die Partner einig sind. Praktisch bedeutsam ist der Ablauf von Angebot und Annahme dann, wenn die vertraglichen Erklärungen einem *abwesenden* Verhandlungspartner übermittelt werden müssen. Hier taucht zum einen die Frage auf, wie lange der Anbietende an sein Angebot *gebunden* ist. Um ihn bei einem erfolglosen Angebot möglichst bald in die Lage zu versetzen, einen anderen Vertragspartner suchen zu können, muß die Annahme innerhalb eines Zeitraumes erfolgen, in dem der Anbietende die Antwort unter regelmäßigen Umständen erwarten darf (Addition der Postlaufzeiten und einer geschäftsüblichen Überlegungsfrist). Zu beachten ist auch, daß bei einem „Angebot" gegenüber einer Mehrzahl von Personen der Anbieter noch keinem bestimmten Vertragspartner gegenüber gebunden sein will, denn es ist völlig ungewiß, wieviele Interessenten dem „Angebot" nähertreten wollen. Im Beispielsfall (1) kann A. seine Stereoanlage nur einmal veräußern. Wäre sein Anschlag am Schwarzen Brett als Angebot bindend, so würde er mit jeder weiteren Annahmeerklärung, die ihm zugeht, mangels Erfüllungsmöglichkeit vertragsbrüchig. In Wirklichkeit ist sein Anschlag noch keine Willenserklärung, sondern nur eine *Aufforderung* zur Abgabe eines Angebots seitens der Kauflustigen selbst. Die Notiz des B. ist also entgegen dem Wortlaut keine Annahme, sondern erst ein Angebot; ein Vertrag ist noch nicht geschlossen.

Nicht immer entspricht der Geschäftsverkehr dem Idealfall von zwei sich völlig deckenden und alle wesentlichen Punkte des Vertragsgegenstandes regelnden Erklärungen. Das offensichtliche oder versteckte *Auseinanderklaffen* von Angebot und Annahme verursacht manche Streitigkeit. Die Menschen haben unterschiedliche Ausdrucksmöglichkeiten, aber auch gleiche Worte können mehrere Bedeutungen haben. Willenserklärungen müssen daher über den buchstäblichen Ausdruck hinaus nach dem tatsächlich Gewollten *ausgelegt* werden. Dabei ist insbesondere zu berücksichtigen, wie ein

Auslegung

vernünftiger Mensch, an den eine Erklärung gerichtet wird, diese verstehen dürfte. Gerichte sind oft damit beschäftigt, den wirklichen Willen der Parteien zu erforschen. Können die Erklärungen durch Auslegung zur Deckung gebracht werden, ist der Vertrag wirksam zustande gekommen. Andernfalls liegt ein *Einigungsmangel* vor. Dieser kann darin liegen, daß die Annahme unter *Einschränkung* oder sonstiger *Abänderung* des Angebots erfolgt. Der Sache nach handelt es sich dabei um keine Annahme, sondern im Gegenteil um eine Ablehnung, die aber ihrerseits als neues Angebot zu verstehen ist. Das Weinangebot des G. (2) hat über Zahlungsbedingungen nichts ausgesagt, demnach bezog es sich in diesem Punkt auf den gesetzlichen Normalfall, nämlich sofortige Zahlung. Demgegenüber will E nicht sofort, sondern erst zwei Monate später bezahlen. Wegen dieser Abänderung ist ein Kaufvertrag nicht zustande gekommen. Auch in Fall (3) liegt ein wirksamer Vertrag nicht vor, hier haben die Parteien nicht gemerkt, daß sie sich wegen der unvollständigen Währungsangabe in einem wesentlichen Punkt (Kaufpreis) nicht geeinigt haben.

Einigungsmängel

Verträge können nach verschiedenen Gesichtspunkten eingeteilt werden. Hier sei nur auf die für das deutsche Zivilrecht außerordentlich bedeutsame Unterscheidung in Verpflichtungsverträge und Verfügungsverträge hingewiesen. Man muß sich dies anhand eines einfachen wirtschaftlichen Vorganges, z.B. der Veräußerung eines Fahrrads, klarmachen. Dieser wirtschaftlich einheitliche Vorgang zerfällt rechtlich in drei Verträge. Wenn sich der Verkäufer V. entschlossen hat, sein Fahrrad an den Käufer K. zu verkaufen, schließen beide zunächst einen Kaufvertrag, in dem sie sich über den Kaufgegenstand (Fahrrad) und den Kaufpreis einigen. Dies ist ein *Verpflichtungsvertrag*, in dem beide Parteien ihre gegenseitigen Pflichten festgelegt haben. Man kann den Verpflichtungsvertrag als eine Art Handlungsprogramm verstehen, der aber hinsichtlich der Rechtsverhältnisse am Fahrrad sowie am geschuldeten Geld noch nichts in Bewegung setzt. Die entsprechenden Verfügungen werden durch zwei *Verfügungsverträge* vorgenommen, zum einen überträgt

Verpflichtungs- und Verfügungsverträge

der V. dem K. das Eigentum an dem Fahrrad, zum anderen überträgt K. dem V. das Eigentum an einer Geldsumme in Höhe des Kaufpreises. Hinter dieser auf den ersten Blick ziemlich künstlich wirkenden Aufspaltung verbirgt sich das dem deutschen Recht eigentümliche *Abstraktionsprinzip*. Das Verfügungsgeschäft ist nämlich von dem Verpflichtungsgeschäft rechtlich unabhängig (abstrakt). Dies hat im Interesse der Rechtsklarheit den Vorzug, daß sich ein Fehler im Verpflichtungsgeschäft regelmäßig nicht auf das rechtlich selbständige Verfügungsgeschäft auswirkt.

Abstraktionsprinzip

Grenzen der Vertragsfreiheit

Für eine Gesellschaft, die ihren Menschen eine möglichst freie Entfaltung gewährleisten will, ist es geradezu kennzeichnend, daß der einzelne entscheiden kann, mit wem *(Abschlußfreiheit)* und welchem Inhalt *(Gestaltungsfreiheit)* er einen Vertrag abschließen will. Allerdings hat die *Vertragsfreiheit* Grenzen und Ausnahmen. Insbesondere muß sie gegen *Mißbrauch* geschützt werden. Eine Mißbrauchsgefahr liegt etwa bei der krassen Ausnutzung einer wirtschaftlichen Übermacht vor. Davon kann bei der Vertragsverweigerung des B. (4) noch keine Rede sein, da sich K. das gewünschte Buch auch in einer anderen Buchhandlung besorgen kann. B. muß daher nicht mit K. abschließen, wobei es auf seine unsachlichen Motive nicht ankommt. Anders liegen die Dinge bei Unternehmen mit *Monopolstellungen*. Diese dürfen bei Leistungen der täglichen Grundversorgung (Lebensmittel, Transport usw.) Verträge nicht aus sachlich ungerechtfertigten Gründen ablehnen (Schulbeispiel: Der einzige Bäcker am Ort muß auch an den mit ihm verfeindeten Nachbarn Brötchen verkaufen).

Abschlußzwang

Das Gesetz selbst schränkt die Vertragsfreiheit an verschiedenen Stellen ein. Neben einer ganzen Reihe von speziellen *gesetzlichen Verboten*, die einem wirksamen Abschluß entgegenstehen, ist die allgemeine Schranke der *Sittenwidrigkeit* zu beachten. Ein Sittenverstoß und damit Vertragsnichtigkeit liegt nach der Rechtsprechung dann vor, wenn der Vertrag dem ‚Rechts- und Anstandsgefühl aller billig und gerecht Denkenden' widerspricht. Die Probleme einer solchen Bewertung liegen auf der Hand; sie können bei einer gerichtlichen Auseinandersetzung nur durch eine sorgfältige Abwägung der Interessen im Einzelfall oder in Fallgruppen gelöst werden. Da die Schmiergeldvereinbarung (5) den wirtschaftlichen Wettbewerb erheblich stört und möglicherweise die Metall AG schädigt (wenn ein günstigeres Angebot unberücksichtigt bleibt), ist sie sittenwidrig.

Sittenwidrige Geschäfte

Die Gestaltungsfreiheit wird schließlich auch dadurch eingeschränkt, daß das Gesetz aus übergeordneten Gerechtigkeitsgründen bestimmte vertragliche Vorschriften *zwingend* festlegt. Bei den Verpflichtungsgeschäften ist das *nachgiebige* Recht die Regel, das zwingende die Ausnahme (so kann die Haftung für vorsätzliche Schadensverursachung nicht vertraglich ausgeschlossen werden). Bei den Verfügungsverträgen des Sachenrechts sind bestimmte *Vertragstypen* vorgeschrieben (bei der Übertragung eines Grundstückes muß die Einigung vor einem Notar erklärt werden, sogenannte Auflassung).

zwingendes, nachgiebiges Recht

7. Allgemeine Geschäftsbedingungen

Wer heute ein Haushaltsgerät kauft, die Eröffnung eines Bankkontos beantragt oder eine Urlaubsreise bucht, wird fast immer die vertragliche Einbeziehung sogenannter Allgemeiner Geschäftsbedingungen (AGB) hinnehmen müssen. Der Bürger spricht vom ‚Kleingedruckten' und meint damit jene Klauseln, die er häufig erst dann richtig liest, wenn bei der Abwicklung der Verträge Schwierigkeiten auftreten und ihm dann (zu spät) die Nachteile dieser Regelungen klarwerden. Zur Geltung und Kontrolle von Allgemeinen Geschäftsbedingungen folgende Beispiele:

(1) B. bestellt beim Spielwarengeschäft S. ein elektrisches Spielzeugauto. S. bestätigt den Auftrag zunächst ohne Hinweis auf seine AGB. Diese werden erst mit der Ware mitgeschickt. Sie enthalten die Klausel, daß bei mangelhafter Ware nur Nachbesserung verlangt werden kann. Da das Auto nicht funktioniert, will B. es zurückgeben.

(2) E. beauftragt die Heiß GmbH mit dem Einbau einer neuen Zentralheizung. Beim Vertragsabschluß liest er die AGB der GmbH nur flüchtig durch und übersieht, daß darin für die nächsten fünf Jahre ein jährlicher Wartungsauftrag enthalten ist.

Bei den Geschäften des *Massenverkehrs* (etwa den Bankgeschäften) wäre es sicher nicht möglich, alle Fragen der Vertragsabwicklung in jedem Einzelfall auszuhandeln und festzulegen. Auch die gesetzliche

Vorformulierte Vertragsbedingungen

Grundidee des Vertragsabschlusses geht dahin, daß sich die Parteien nur über die wichtigsten Pflichten einigen und sich in den Einzelfragen der Durchführung nach der gesetzlichen Regelung richten. Nun sind diese (überwiegend nachgiebigen) Vorschriften zum einen unvollkommen, da der Gesetzgeber nicht alle Probleme voraussehen kann. Zum anderen haben sich ganz *neue Geschäftstypen* entwickelt. Dies alles hat dazu geführt, daß die Wirtschaft zunehmend eigene Regelungen entwickelt hat, die die gesetzlichen Vorschriften weitgehend *verdrängen*. Dieses eigenständige ‚Recht der Wirtschaft' wirkt praktisch normativ (wie ein Gesetz), ist aber der Sache nach Bestandteil des Vertrages. Unter der Bezeichnung *Allgemeine Geschäftsbedingungen* werden *vorformulierte vertragsergänzende Klauseln* in den Vertrag einbezogen. Hierin steckt für den ‚einfachen' Verbraucher bereits ein Problem. In seiner Abneigung gegen dieses ‚juristische Klimbim', das früher oft seitenlange und schwer verständliche Ausführungen enthielt, ist er rasch bereit, sich diesen Bedingungen gleichsam resignierend zu unterwerfen. Hierbei gerät der Kunde häufig in eine benachteiligte Vertragssituation. Geholfen hat früher die Rechtsprechung, darauf aufbauend sorgt seit 1977 das *Gesetz zur Regelung der Allgemeinen Geschäftsbedingungen (AGBG)* für eine vernünftige Verwendung der AGB. Danach muß u.a. bei dem Vertragsschluß ein *Hinweis* auf die AGB erfolgen, entweder durch Beifügen eines Formulars oder durch Hinweis auf einen deutlich sichtbaren Aushang. Die AGB müssen so gestaltet sein, daß sie für den ‚Normalverbraucher' *lesbar* und *verständlich* sind (kein übertriebener Umfang und kein verklausuliertes Juristendeutsch). Vor allem ist ein Unterschieben der AGB nach Vertragsschluß unzulässig. B. hat daher in Fall (1) wegen des schadhaften Spielzeugs das im Gesetz vorgesehene Wandelungsrecht (Rückgängigmachung des Vertrags), da die AGB der S., nach denen nur Nachbesserung gewährt wird, erst nach Vertragsschluß eingeführt wurden.

Das AGBG strebt darüber hinaus durch eine *Inhaltskontrolle* an, daß Geschäftsrisiken und sonstige rechtliche Folgen nicht einseitig zu Lasten des Kun-

Allgemeine Geschäftsbedingungen

AGBG

Inhaltskontrolle

den geregelt werden. Klauseln, die eine dem Vertragszweck nicht entsprechende *Benachteiligung* des Kunden bedeuten würden, sind unwirksam. Dies gilt auch für *überraschende* Klauseln. Bei dem Abschluß eines Vertrages über den Einbau einer Heizung hat E. (Fall 2) sicher nicht damit gerechnet, daß er gleichzeitig eine mehrjährige (u. U. kostspielige) Wartung in Auftrag gibt. Diese überraschende Bestimmung ist nicht Vertragsbestandteil geworden.

8. Die Form des Rechtsgeschäftes

> Über die Beachtung bestimmter Formerfordernisse des rechtsgeschäftlichen Handelns bestehen bei vielen Menschen Unklarheiten.
> (1) Der wohlhabende R. trifft den weltbekannten Maler M. bei einer Ausstellung und erklärt, er möchte ein bestimmtes Bild, dessen Preis mit 50 000,– DM angegeben ist, haben. M. nickt mit dem Kopf. Später beruft sich R. darauf, er sei nicht gebunden, da ein so bedeutendes Geschäft nur schriftlich vorgenommen werden könne.
> (2) Der schwerkranke E. diktiert seiner Lieblingstochter T. ein Testament in die Schreibmaschine, wonach er die T. als Alleinerbin einsetzt. Anschließend unterschreibt er das Schriftstück. Nach dem Tod des E. will sein Sohn S. das Testament nicht gelten lassen.

Immer wieder taucht im Alltagsleben die Behauptung auf, ein Vertrag sei nur dann gültig, wenn er schriftlich abgeschlossen wurde. Dies ist nicht richtig. Willenserklärungen und Verträge sind grundsätzlich an *keine bestimmte Form* gebunden, wenn nicht das Gesetz dies besonders anordnet oder die Parteien eine solche vereinbaren. Soweit eine bestimmte Form gesetzlich angeordnet oder von den Parteien gewollt ist, geschieht dies zum Schutz vor übereiltem Handeln und vor allem zur Sicherung des Beweises über rechtserhebliche Vorgänge.

Formfreiheit

Bei Verpflichtungsgeschäften ist ein gesetzlicher Formzwang die Ausnahme. Die praktisch wichtigsten Fälle sind die *Schriftform* bei längerfristigen Mietverträgen (länger als ein Jahr) sowie die *notarielle Beurkundung* von Schenkungserklärungen und Grundstücksveräußerungsverträgen. Der wirtschaftliche Umfang eines Verpflichtungsgeschäftes ist dagegen für sich allein kein Grund für ein Formerfor-

Formerfordernisse

dernis. Hier heißt es also aufpassen: Der rasche Kaufentschluß des R. (1) mahnt zur Vorsicht; sein mündliches Angebot wurde durch schlüssiges Handeln des M. (Kopfnicken) angenommen. Er muß das Bild abnehmen und bezahlen.

Häufiger sind Formvorschriften bei Verfügungsgeschäften und insbesondere im Familien- und Erbrecht. Eine besondere Formstrenge ist bei letztwilligen Verfügungen (Testament, Erbvertrag) einleuchtend, da der Verstorbene nach seinem tatsächlichen Willen nicht mehr befragt werden kann. Wer ein Testament allein (ohne Notar) errichten will, muß den gesamten Text *handschriftlich* anfertigen. Die Unterschrift des E. (2) war daher nicht ausreichend. Zum Ärger der T. und zur Freude des S. ist das Testament nicht wirksam.

Folgen des Formverstoßes

Wie das letzte Beispiel zeigt, führt der Verstoß gegen einen Formzwang regelmäßig zur *Unwirksamkeit* des Geschäfts. Bei einigen Fällen der formnichtigen Verpflichtung ist jedoch durch eine spätere Erfüllung die *Heilung* des Formmangels möglich. Wer aufgrund eines mündlichen Schenkungsvertrages die Schenkung tatsächlich vollzieht, gibt zu erkennen, daß es ihm Ernst damit war. Der Schenkungsvertrag wird „geheilt" mit der Folge, daß das Geschenk nicht zurückgefordert werden kann.

9. Die Stellvertretung

Wer viele Geschäfte womöglich an verschiedenen Orten zu erledigen hat, muß sich der Hilfe anderer Personen bedienen, die im Rechtsverkehr ‚an seiner Stelle' handeln, insbesondere ihn bei der Abgabe von Willenserklärungen vertreten. Die grundlegende Norm der Stellvertretung lautet: § 164 BGB: „Eine Willenserklärung, die jemand innerhalb der ihm zustehenden Vertretungsmacht im Namen des Vertretenen abgibt, wirkt unmittelbar für und gegen den Vertretenen."

(1) Die alleinstehende F. ist schwer erkältet. Sie läßt durch den Briefträger B. beim nächsten Lebensmittelladen eine bestimmte Bestellung ausrichten. Weiterhin bittet sie den Nachbarn N., für sie in der Stadt einen preisgünstigen Elektroofen zu kaufen.

(2) Der Juwelier J. schreibt an verschiedene Kunden, daß sein Angestellter V. ihnen demnächst persönlich einige besonders wertvolle Schmuckstücke zum Kauf anbieten wird. Kurz darauf verbietet J. dem V. wegen einer

> falschen Abrechnung, ihn nach außen zu vertreten. Trotzdem verkauft V. ein teures Schmuckstück an einen dieser Kunden und verschwindet mit dem Geld.
> (3) Steuerberater S. schickt seinen Gehilfen G. auf die Elektronik-Ausstellung, um einen Kleincomputer zu kaufen, der nicht über 5000,– DM kosten darf. G. kauft aber vom Hersteller H. ein besonders leistungsfähiges Gerät für 10 000,– DM.

Formen der Stellvertretung

Der Begriff der Stellvertretung ist uns schon bei den Rechtshandlungen Minderjähriger und Juristischer Personen begegnet. In diesen Fällen ging es darum, daß das Gesetz bestimmt, wer für diese Personen verantwortlich handelt (oder wenigstens bei den Rechtsgeschäften der beschränkt Geschäftsfähigen zustimmen muß). Deshalb spricht man hier von einer *gesetzlichen Stellvertretung*.

gesetzliche Stellvertretung
Vertretungswirkung

Wir machen uns nochmals die *Wirkung* der gesetzlichen Stellvertretung klar: Rechtsgeschäfte, die etwa die Eltern im Namen ihres Kindes vornehmen, berechtigen und verpflichten das Kind unmittelbar selbst. Bekommt ein Kind zu seinem 6. Geburtstag von seinem Paten 100,– DM geschenkt und legen die Eltern dieses Geld im Namen ihres Kindes auf ein Sparbuch an, so schließen zwar die Eltern den Vertrag mit der Bank ab, Inhaber des Sparbuches wird aber das Kind selbst. Juristisch sagt man, die Erklärung des Vertreters wirkt unmittelbar auf den Vertretenen.

Eine noch größere Rolle als die gesetzliche Stellvertretung spielt im Rechtsleben die *rechtsgeschäftlich* erteilte (gewillkürte) Stellvertretung. Die Erteilung und Wirkung der Vertretungsmacht, auch *Vollmacht* genannt, ist in den §§ 164 ff. BGB geregelt. Im Unterschied zur gesetzlichen Vertretung ist es bei der Vollmacht in das Belieben einer Person gestellt, durch wen und in welchem Umfang sie sich bei der Vornahme von Rechtsgeschäften vertreten lassen will. So gesehen ist auch die Vollmachtserteilung ein Stück Privatautonomie (Selbstbestimmung), nämlich die rechtliche Möglichkeit, sich im Rechtsverkehr durch einen anderen Menschen (oder eine Juristische Person) vertreten zu lassen. Die Wirkung ist dieselbe wie oben bei der gesetzlichen Stellvertretung gezeigt: Der Vertreter gibt im Namen des Ver-

Vollmacht

tretenen eine eigene Willenserklärung ab, deren rechtliche Auswirkungen jedoch den Vertretenen treffen. So offenkundig der Vorteil der Vertretungsmöglichkeit ist (das Geschäftsleben wäre ohne diese Erleichterung gar nicht denkbar), darf aber ihr Risiko nicht übersehen werden, da die Tätigkeit des Vertreters mitunter vom Willen des Vertretenen abweichen kann.

Erklärungsbote

Vor Erörterung der damit verbundenen Fragen muß die Stellvertretung von der bloßen Übermittlung einer fremden Erklärung durch einen *Boten* abgegrenzt werden. Dieser gibt lediglich die Erklärung eines anderen weiter, ohne selbst einen Einfluß auf das Geschäft zu haben. So ist B. in Fall (1) gewissermaßen nur ein Sprachrohr der F.. Er muß sich zu der ihm aufgetragenen Bestellung keine eigenen Gedanken machen. Deshalb kann auch ein geschäftsunfähiges Kind eine Erklärung als Bote überbringen. Dagegen handelt N. bei dem Kauf des Ofens als Vertreter der F., denn hier muß N. selbst entscheiden, welches Gerät er wo am günstigsten für die F. kaufen kann.

Voraussetzung der gewillkürten Stellvertretung

Die rechtlichen Beziehungen zwischen den Beteiligten (Vollmachtgeber, Vertreter und Erklärungsempfänger) sind bei der Stellvertretung nicht ganz einfach zu klären. Grundsätzlich tritt die Vertretungswirkung nur ein, wenn (a) klar ist, daß der Vertreter für einen anderen handeln will, (b) der Vertretene dem Vertreter eine Vollmacht erteilt hat und (c) der Vertreter im Rahmen seiner Vollmacht handelt.

Offenkundigkeit der Stellvertretung

(a) Es versteht sich, daß jeder, der einen Vertrag abschließt, in der Regel wissen will, wer sein Vertragspartner ist. Das Handeln als Stellvertreter muß daher *offenkundig* sein, d.h. der Vertreter muß deutlich machen, daß er nicht für sich selbst, sondern für einen anderen handelt. Wenn der Hauseigentümer E. dem Malermeister M. den Auftrag erteilt, sein Haus anzustreichen, kann M. nachher nicht behaupten, er habe insgeheim den Vertrag für die Firma Kleksel abschließen wollen. Von der Offenkundigkeit der Stellvertretung wird nur da eine Ausnahme gemacht, wo es auf die Kenntnis der Person des Vertragspartners ersichtlich nicht ankommt. Wer für seinen Freund im Bahnhof eine Zugfahrkarte löst, muß seine Vertretungsabsicht nicht erklären, da es dem Schalterbeamten egal ist, wer diese Fahrkarte benutzt.

(b) Die *Erteilung* der Vollmacht geschieht durch eine einseitige Willenserklärung des Vollmachtgebers, die entweder gegenüber dem zu Bevollmächtigenden (Innenvollmacht) oder gegenüber dem Geschäftspartner bzw. der Öffentlichkeit (Außenvollmacht) ausgesprochen werden kann. Wichtig ist diese Unterscheidung wegen der Beseitigung der Vollmacht durch einen Widerruf. Die Außenvollmacht schafft für den Geschäftspartner einen Vertrauenstatbestand. Er darf sich auf die Vollmacht des Vertreters so lange verlassen, bis ihm selbst der Widerruf erklärt wird. Mit seinem Schreiben an die Kunden hat J. (2) eine Außenvollmacht für V. erteilt. Trotz des internen Widerrufs muß sich J. den späteren Verkauf des Schmuckstücks zurechnen lassen, da der Kunde diesen Widerruf nicht kannte.

Erteilung der Vollmacht

(c) Handelt jemand als Vertreter, ohne eine entsprechende Vollmacht zu haben (Vollmacht war nicht oder nur in engeren Grenzen erteilt), so ist das von

Fehlende Vertretungsmacht

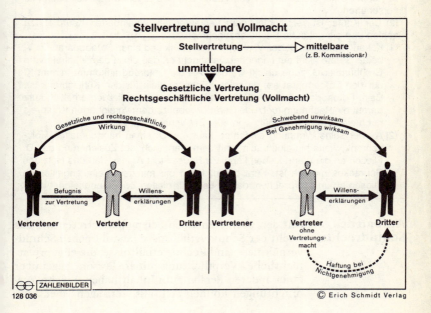

ihm abgeschlossene Rechtsgeschäft schwebend unwirksam. Derjenige, für den der ‚Vertreter' angeblich gehandelt hat, kann das Geschäft genehmigen. Da G. bei dem Kauf (3) des Kleincomputers nur die Vollmacht hatte, ein Gerät bis zu 5000,– DM zu kaufen, ist der Kauf des teureren Gerätes schwebend unwirksam. Genehmigt S. diesen Vertrag, weil ihm die bessere Maschine gefällt, so wird S. selbst Vertragspartner. Verweigert S. die Genehmigung, kann H. von dem seine Vollmacht überschreitenden G. den Kaufpreis verlangen.

10. Der Kauf: Wichtigstes Beispiel eines gesetzlichen Schuldvertrages

Es wäre heute nicht mehr vorstellbar, daß die Menschen wie in der Frühgeschichte (bei Naturvölkern auch jetzt noch) ihren Bedarf an Waren durch Tausch befriedigen. Erst durch Einführung des Geldes konnte ein Wirtschaftsverkehr in größerem Umfang entstehen. Dabei begegnet uns am häufigsten der Kauf als Austausch von Ware gegen Geld.
§ 433 BGB: „(1) Durch den Kaufvertrag wird der Verkäufer einer Sache verpflichtet, dem Käufer die Sache zu übergeben und das Eigentum an der Sache zu verschaffen . . .
(2) Der Käufer ist verpflichtet, dem Verkäufer den vereinbarten Kaufpreis zu zahlen und die gekaufte Sache abzunehmen."
(1) K. kauft im Geschäft des V. einen Kühlschrank und einen Fotoapparat. Da V. beide Geräte nicht auf Lager hat, verspricht er, daß diese dem K. direkt vom Großhändler G. zugeschickt werden. Als die Lieferung ankommt, nimmt K. nur den Fotoapparat ab, da seine Küche zu klein für den Kühlschrank ist. Beim Fotoapparat fehlt die Gebrauchsanweisung. Schließlich erhält K. kurz darauf die Rechnung für beide Geräte, wobei zu dem vereinbarten Kaufpreis noch eine Transportgebühr von 50,– DM verlangt wird.
(2) A., der seine Wohnung einrichtet, kauft bei D. einen handbemalten Holzschrank, weiterhin einen Leim, mit dem man auch laut Zusicherung des D. Fliesen an die Wand kleben kann. Zu Hause stellt A. fest, daß das Holz des Schrankes morsch ist. Kurz darauf fallen die mit dem Leim angeklebten Fliesen ab und zerbrechen, da der Leim für diesen Zweck ungeeignet war.

Aufbau des Schuldrechts Mit den oben stehenden Beispielen betreten wir das Recht der Schuldverhältnisse (Schuldrecht). Schuldverhältnisse sind Rechtsverhältnisse, die eine privatrechtliche Verpflichtung einer Person gegenüber einer anderen Person zum Inhalt haben. Solche Verpflichtungen können sich aus Verträgen, aber auch aus Vorgängen, die etwa zum Schadenersatz verpflichten, ergeben. Wie in der Übersicht (Abs. 1) dargestellt, ist das Schuldrecht dem System des BGB entsprechend in einen *allgemeinen* und einen *besonderen* Teil gegliedert. Würde man diesem Aufbau folgen, müßte man zunächst die für alle Schuldverhältnisse geltenden Rechte erörtern (Inhalt, Abwicklung und Beendigung von Schuldverhältnissen) und dann die speziellen Vorschriften über einzelne Verträge und gesetzliche Schuldverhältnisse darstellen (Kauf, Miete, Werkvertrag usw.). Aus Gründen der Anschaulichkeit wird hier ein anderer Weg eingeschlagen. Am Beispiel des Kaufes als dem im täglichen Leben häufigsten Vertragstyp soll zuerst ein konkretes Schuldverhältnis dargestellt werden. Anschließend sollen einige allgemeine Regeln des Schuldrechts erläutert werden.

In einem Kaufvertrag verpflichtet sich der Verkäufer zur Veräußerung eines Gegenstandes, der Käufer zur Zahlung einer Geldsumme. Es handelt sich daher um einen gegenseitigen *Austauschvertrag*. Gegenstand des Kaufvertrages können sowohl Sachen (bewegliche Sachen und Grundstücke) als auch Rechte (z.B. Patentrechte oder Aktien) sowie jedes andere verkehrsfähige Gut (etwa ein Lotterielos als bloße Gewinnchance) sein.

Kauf als Austauschvertrag

Wer eine Sache verkauft, erklärt sich bereit, dem Käufer das *Eigentum* an dieser Sache zu *verschaffen*. Erneut muß man sich hierbei klarmachen, daß diese Verpflichtung streng von der eigentlichen Übertragung des Eigentums (Erfüllung der Pflicht) zu unterscheiden ist. Mit dem Kaufvertrag *verspricht* der Verkäufer alle erforderlichen Anstrengungen vorzunehmen, damit der Käufer das Eigentum erhält. Der eigentliche Übergang des Eigentums auf den Käufer ist nicht mehr Bestandteil des Kaufvertrages, sondern vollzieht sich nach den Regeln des Sachenrechts (Abs. 13). Die Bedeutung dieser dem deutschen Recht eigentümlichen Trennung zeigt sich etwa daran, daß es durchaus zulässig ist, eine Sache zu verkaufen, die einem anderen gehört. Erst bei der Erfüllung des Kaufvertrages stellt sich die Frage, ob der Verkäufer dem Käufer das fremde Eigentum verschaffen kann. In Fall (1) hatte der V. zum Zeitpunkt

Hauptpflichten im Kaufvertrag

47

des Kaufvertrages die gewünschten Geräte nicht vorrätig, er mußte sie selbst noch von G. erwerben. Trotzdem konnte er seine Eigentumsverschaffungspflicht erfüllen, da G. bereit war, den Kühlschrank und den Fotoapparat an K. zu liefern. Auf der Gegenseite verpflichtet der Kauf den Käufer in erster Linie zur Bezahlung des vereinbarten *Kaufpreises*. Auch hier gehört der Zahlungsvorgang selbst nicht mehr zum Kaufvertrag, sondern ist rechtlich gesehen die Erfüllung der Zahlungspflicht. Sie geschieht entweder durch Übergabe des Geldes oder – was regelmäßig zulässig ist – durch bargeldlose Zahlung (Überweisung, Übergabe eines Schecks usw.).

Weitere Pflichten

Für beide Seiten enthält der Kaufvertrag noch *weitere Pflichten*. So muß der Käufer die Ware nicht nur bezahlen, sondern auch abnehmen. K. (1) muß also, auch wenn er seine Küche falsch ausgemessen hat, den Kühlschrank bei Anlieferung *abnehmen*. Er muß jedoch keine über den vereinbarten Kaufpreis hinausgehenden Transportkosten bezahlen, wenn die Lieferung zu seinem Wohnort erfolgen sollte (§ 448 BGB). V. kann also die Versandgebühr von 50,– DM nicht verlangen. Oft ergeben sich aus der Art des Kaufvertrages besondere Nebenpflichten, insbesondere *Auskunfts-* und *Informationspflichten*. So muß der Verkäufer bei technisch komplizierten Geräten eine Bedienungsanleitung beifügen, da der Käufer ohne eine solche das Gerät nicht benutzen kann. V. muß demnach zu dem Fotoapparat noch eine Anleitung nachliefern (merke: diese Pflicht trifft nicht etwa den G., sondern den V., da der Kaufvertrag zwischen V. und K. geschlossen wurde).

Mängel der Kaufsache

Leider ist mit Erfüllung der aufgeführten Haupt- und Nebenpflichten der Kaufvertrag nicht immer erledigt. Mitunter stellt der Käufer nachträglich fest, daß die Ware einen *Fehler* hat, der ihren üblichen Gebrauch einschränkt oder ganz ausschließt. Natürlich muß sich der Käufer das nicht gefallen lassen. Das Gesetz gibt ihm ein Wahlrecht (§§ 459, 462 BGB). Er kann entweder *wandeln* (den Kaufvertrag rückgängig machen) oder *mindern* (eine Herabsetzung des Kaufpreises begehren). Durch die Wandelung wird der Kaufvertrag gewissermaßen umgedreht; beide Seiten müssen das jeweils Erhaltene

Wandelung Minderung

zurückgeben. Beim Kauf des Schrankes (2) wird A. wohl diesen Weg wählen, da er einen morschen Holzschrank sicher nicht gebrauchen kann. Zu beachten ist, daß es sich hier um den Kauf eines bestimmten Stückes handelt *(Stückkauf)*. Hätte A. einen neuen serienmäßig hergestellten Schrank mit ebenfalls schlechtem Holz gekauft *(Gattungskauf)*, so hätte er noch eine dritte Wahlmöglichkeit; er könnte *Lieferung* eines *fehlerfreien* Stückes aus dieser Gattung verlangen (§ 480 BGB).

Nachlieferung

Wer aufmerksam die Praxis vieler Kaufgeschäfte verfolgt, wird einwenden, daß bei dieser Aufzählung von Gewährleistungsrechten das häufig vereinbarte *Nachbesserungsrecht* des Käufers fehlt. Erneut muß betont werden, daß die genannten gesetzlichen Regelungen im Schuldrecht vertraglich abgeändert werden können. Insbesondere werden in Allgemeinen Geschäftsbedingungen beim Kaufvertrag häufig die gesetzlichen Gewährleistungsrechte ausgeschlossen und dafür dem Käufer ein Anspruch auf Nachbesserung (Beseitigung des Fehlers) zugestanden. Ist die Nachbesserung jedoch nicht erfolgreich (Kaufsache bleibt fehlerhaft), so leben die gesetzlichen Gewährleistungsrechte wieder auf.

Wurde durch den mangelhaften Kaufgegenstand ein *weiterer Schaden*, etwa durch die Zerstörung anderer Gegenstände, verursacht, so kann der Käufer Ersatz

Mangelfolgeschaden

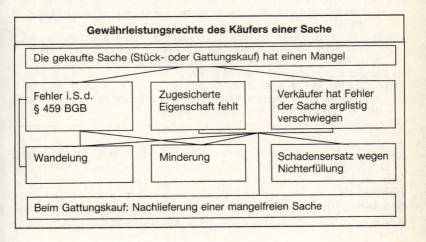

dieses Schadens nur verlangen, wenn der Verkäufer einen Fehler *arglistig verschwiegen* oder eine bestimmte Eigenschaft der Sache *zugesichert* hat, obwohl diese fehlte. Da B. dem A. hinsichtlich des Klebstoffes (2) ausdrücklich zusicherte, man könne Fliesen damit kleben, kann A. von B. nicht nur den Kaufpreis für den untauglichen Klebstoff, sondern auch Ersatz der zerbrochenen Fliesen verlangen.

11. Leistungsstörungen im Schuldverhältnis

(1) Die Großbank B. will aus Anlaß ihres Jubiläums eine publikumswirksame Ausstellung veranstalten. Am 15. 2. vereinbart sie daher mit dem Kunstsammler S., daß dieser ihr eine Reihe von Gemälden für den Monat Mai überläßt, darunter ein Bild von Renoir, eines von Picasso und eines von Dali, jeweils zum Mietpreis von je 500,- DM. Aus verschiedenen Gründen kann S. diese drei Bilder im Mai nicht zur Verfügung stellen:
– Das Bild von Renoir wurde schon am 10. 2., was S. nicht wußte, durch einen Brand zerstört.
– Das Bild von Picasso wurde am 12. 2. gestohlen,
– das Bild von Dali hat S. im April an D. verkauft und übergeben.
Um die Ausstellung durchzuführen, muß B. von einer anderen Galerie drei vergleichbar gute Bilder für je 1000,- DM mieten. Die Bank verlangt von S. den Mehrpreis.
(2) Der Heizölhändler H. verkauft an Fa. F. 100 000 Ltr. Heizöl zum Preis von 60 000,- DM. Bevor H. noch liefern kann, wird sein gesamter Vorrat durch eine Explosion vernichtet. H. will danach den Vertrag nicht mehr erfüllen, da er für eine Ersatzbeschaffung wegen gestiegener Ölpreise 80 000 DM bezahlen müßte.
(3) Frau G. beauftragt die Baufirma B., ihre Gaststätte bis 1. 5. umzubauen. An diesem Tag soll Wiedereröffnung sein. Da Firma B. zu viele Aufträge gleichzeitig ausführen will, wird sie mit der Gaststätte erst zum 1. 6. fertig. Frau G. hat einen Verdienstausfall von 4000 DM.
(4) A. fliegt mit der Fluggesellschaft L. zu seinem Urlaubsort. Durch ein Versehen des Bedienungspersonals wurde sein Koffer in ein anderes Flugzeug verladen. A. muß sich am Urlaubsort neu einkleiden.

Schuldverhältnis als Sonderverbindung

Ein wichtiges Merkmal aller Schuldverhältnisse wurde schon bei der Erörterung des Kaufvertrages deutlich: Die in dem Schuldverhältnis begründeten Rechte und Pflichten bestehen grundsätzlich nur zwischen den am Schuldverhältnis beteiligten Personen. Man spricht deshalb auch von einer rechtlichen

Sonderverbindung. Diese kann, wie erwähnt, einerseits auf einer vertraglichen Vereinbarung beruhen, deren Zustandekommen im allgemeinen Teil des BGB geregelt ist (s. Abs. 6). Andererseits können schuldrechtliche Verpflichtungen auch dadurch entstehen, daß jemand einem anderen Schaden zufügt, etwa durch Verletzung seines Eigentums (Abs. 12). Der Schädiger schuldet dem anderen den Ausgleich des Schadens.

Das Schuldrecht regelt in seinem allgemeinen Teil Fragen, die sich bei der Mehrzahl aller Schuldverhältnisse ergeben können, z.B. die Art und Weise der Leistung (wie, wo und wann ist zu leisten), wer am Schuldverhältnis beteiligt sein kann und welche Gründe ein Schuldverhältnis zum Erlöschen bringen. Rechtlicher Streit entsteht insbesondere dann, wenn sich bei der Abwicklung eines Vertrages *Störungen* ergeben. Daher sollen die wichtigsten Störungsformen hier erläutert werden.

Beim Kaufvertrag haben wir gesehen, daß jede der beiden Vertragsparteien Rechte und Pflichten hat. Ganz allgemein bezeichnet man denjenigen, der aus einem Schuldverhältnis etwas fordern kann, als den *Gläubiger*, den anderen, der aufgrund seiner Pflicht etwas leisten muß, als den *Schuldner*. Da bei den meisten Verträgen beide Parteien sowohl etwas verlangen können als auch etwas leisten müssen (Austauschprinzip), ist jede Partei zugleich Gläubiger und Schuldner (der Käufer ist Gläubiger hinsichtlich des Anspruches auf den Kaufgegenstand und Schuldner des Zahlungsanspruches, umgekehrt schuldet der Verkäufer den Gegenstand und ist Gläubiger des Zahlungsanspruches). Mit der jeweiligen Leistung werden die gegenseitigen Verbindlichkeiten erfüllt.

Gläubiger
Schuldner

Von einer Leistungsstörung spricht man dann, wenn der Schuldner die Leistung nicht in der gesetzlich vorgeschriebenen oder vertraglich vereinbarten Weise erbringt. Dabei sind drei Möglichkeiten zu unterscheiden:

    (a) Der Schuldner kann nicht leisten;
    (b) er leistet zu spät;
    (c) seine Leistung ist schlecht.

Leistungsstörungen

(a) Leistet der Schuldner nicht (Kaufsache wird nicht übereignet), so kann das daran liegen, daß der

Unmöglichkeit

Schuldner nicht leisten will oder nicht leisten kann. Liegt es daran, daß er nicht leisten will, so kann der Gläubiger mit Hilfe des Gerichts die Leistung erzwingen, notfalls im Wege der Zwangsvollstreckung. Ist der Schuldner gar nicht in der Lage, die Leistung zu erbringen, wie bei dem Renoirbild, so nützt dem Gläubiger eine Erfüllungsklage nichts. Man bezeichnet dies als *Unmöglichkeit* der Leistung. Es bleibt die Frage, ob und wie der Gläubiger dann einen Schadensausgleich erhalten kann.

Unmöglichkeit bei Stückschuld

Ist die Leistungspflicht auf ein oder mehrere bestimmte Stücke (Stückschuld) bezogen, so sind die Rechtsfolgen der Unmöglichkeit je nach ihrer Art verschieden. Zeitlich unterscheidet man die *ursprüngliche* Unmöglichkeit (sie lag schon vor Bestehen des Schuldverhältnisses vor) von der *nachträglichen* (sie trat erst nach Begründung des Schuldverhältnisses ein). Zu trennen ist auch die *objektive* von der *subjektiven* Unmöglichkeit. Bei der objektiven Unmöglichkeit kann die Leistung von niemandem erbracht werden, bei der subjektiven zwar vom Schuldner nicht, wohl aber von einem Dritten.

Einige der sich daraus ergebenden Kombinationsmöglichkeiten dieser Merkmalspaare lassen sich an Fall (1) verdeutlichen, bei dem es sich rechtlich um eine entgeltliche Überlassung, also einen Mietvertrag handelt (kein Leihvertrag, da dieser unentgeltlich ist). Da das Bild von Renoir schon vor dem Vertragsschluß zerstört wurde (der geschuldete Gegenstand also von niemand geleistet werden kann), handelt es sich um einen Fall der anfänglichen, objektiven Unmöglichkeit. Diese macht den Vertrag nichtig (§ 306 BGB). Die Vereinbarung ist hinsichtlich dieses Bildes gegenstandslos geworden. Hätte jedoch S. die Zerstörung des Bildes gekannt und trotzdem auch hinsichtlich dieses Bildes den Mietvertrag abgeschlossen, so hätte er der B. die Auslagen dafür ersetzen müssen, die sie im Vertrauen auf die Wirksamkeit dieser Vereinbarung gehabt hätte (z.B. Kosten für eine Versicherung des Bildes). Der Diebstahl des Bildes von Picasso geschah ebenfalls vor Vertragsschluß. Jedoch besteht das Bild noch, wenn auch nicht in der Verfügungsgewalt des E. Hier liegt eine anfängliche subjektive Unmöglichkeit vor. Die nicht im Gesetz geregelten Rechtsfolgen sind umstritten. Nach herrschender Meinung muß der Schuldner stets für den dadurch verursachten Schaden aufkommen, auch wenn ihn an den Umständen der Leistungshinderung kein Verschulden trifft. Das Bild von Dali wurde schließlich von S. selbst nach dem Vertragsschluß an D. verkauft. Bei der nachträglichen Unmöglichkeit (objektiv und subjektiv) hängt die Frage, ob der Schuldner für den Schaden aufkommen muß, davon ab, ob er die Unmöglichkeit verschuldet hat (§§ 275, 276 BGB). Da S. durch die Veräußerung des „Dali" die vertragsgemäße Überlassung an B. verhindert hat, haftet er auch für diesen Schaden. Der Umfang des Schadens ergibt sich aus der Tatsache, daß B. gleichwertige Bilder nur zum doppelten Preis mieten kann.

Anhand einer Abwandlung des Beispielsfalles (1) läßt sich im übrigen leicht nachweisen, daß die aufgezeigten Rechtsfolgen generell für alle Vertragstypen gelten. Wenn S. die genannten Bilder an B. nicht vermietet sondern verkauft hätte, so wäre die Frage des Schadensersatzes bei jeder Variante gleich zu beurteilen gewesen (die Berechnung des Schadensumfanges kann allerdings im Einzelfall schwierig sein, da festgestellt werden muß, ob das untergegangene Bild objektiv mehr wert war als der geschuldete Kaufpreis).

Unmöglichkeit bei Gattungsschuld

Eine nachträgliche subjektive Unmöglichkeit liegt auch im Fall des explodierten Heizölvorrats vor (2). Im Unterschied zu (1) bezieht sich die Verpflichtung nicht auf ganz bestimmte Gegenstände, sondern auf eine der *Gattung* nach bezeichnete Sache (eine bestimmte Menge von Heizöl). Sofern – wie bei Heizöl – die Gattung als solche noch besteht, ist der Schuldner stets zur Lieferung verpflichtet (§ 279 BGB). Er muß notfalls zu höheren Preisen eine Ersatzlieferung beschaffen und damit einen Verlust hinnehmen. Will er dieses Risiko ausschließen, muß er beim Vertragsschluß seine Lieferbereitschaft ausdrücklich auf seinen Vorrat beschränken.

Schuldnerverzug

(b) Leistet der Schuldner zu spät *(Schuldnerverzug)*, bleibt die Leistung zunächst auch aus. Im Unterschied zur Unmöglichkeit kann sie jedoch nachgeholt werden. Durch die verspätete Leistung wird beim Gläubiger häufig ein Schaden verursacht. Ein typischer Fall des Verzögerungsschadens ist durch die verspätete Fertigstellung der umgebauten Gaststätte (3) eingetreten. Die säumige B. muß diesen Schaden aber nur dann ersetzen, wenn die gesetzlichen Verzugsvoraussetzungen vorliegen:

Fälligkeit — Die geschuldete Leistung muß *fällig* sein, d.h. der Schuldner muß verpflichtet sein, die Leistung jetzt zu erbringen,

Mahnung — grundsätzlich muß der Gläubiger den Schuldner mahnen (Aufforderung an den Schuldner). Es bedarf jedoch keiner Mahnung, wenn der Leistungszeitpunkt kalendermäßig genau bestimmt ist,

Verschulden — die Verzögerung vom Schuldner *vorsätzlich* oder *fahrlässig* verursacht wurde.

Wenn diese Voraussetzungen vorliegen, kann der Gläubiger Ersatz seines Schadens verlangen oder, sofern es sich um einen gegenseitigen Austauschvertrag handelt, vom Vertrag zurücktreten.

Schlechterfüllung

(c) Die schlechte Leistung: Der Gesetzgeber ging offenbar davon aus, daß es neben der Unmöglichkeit und dem Verzug sowie der bei verschiedenen Vertragstypen geregelten Mängelhaftung (s. Abs. 10) keine weiteren Störungen gibt. Von der Rechtsprechung wurde jedoch bald anerkannt, daß es weitere Arten der *Schlechterfüllung* gibt, die dem Gläubiger genauso Schaden zufügen können, wie die verspätete oder unmöglich gewordene Leistung. Die Vertragswidrigkeit der Leistung kann sich auf den Leistungsgegenstand selbst beziehen (die mangelhafte Elektromaschine ist schadhaft und verursacht einen Brand) oder auf Sorgfalts- und sonstige Nebenpflichten, die die Erreichung des vertraglichen Zwecks sichern sollen. Die Verletzung solcher Pflichten bezeichnet

positive Vertragsverletzung

man als *positive Vertragsverletzung*. Sie führt jedoch wie beim Verzug nur dann zu einer Schadensersatzpflicht, wenn sie schuldhaft erfolgte (Unterschied zu Mängelhaftung beim Kauf). Im Fall (4) ist eine solche *schuldhafte* Pflichtverletzung darin zu sehen, daß der Koffer des A. versehentlich falsch verladen wurde. Der Schaden des A. besteht darin, daß er in gewissem Umfang Ersatzkleidung beschaffen mußte. Die entsprechenden Kosten müssen von der L. ersetzt werden.

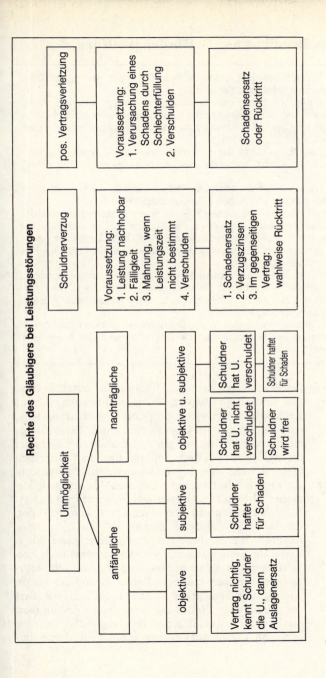

12. Unerlaubte Handlung und Gefährdungshaftung

> Schuldrechtliche Verpflichtungen entstehen nicht nur durch Rechtsgeschäfte, sondern auch durch tatsächliche Ereignisse.
>
> § 823 BGB: „(1) Wer vorsätzlich oder fahrlässig das Leben, den Körper, die Gesundheit, die Freiheit, das Eigentum oder ein sonstiges Recht eines anderen widerrechtlich verletzt, ist dem anderen zum Ersatz des daraus entstehenden Schadens verpflichtet."
>
> (1) A. verprügelt den B., da dieser der Freundin F. des A. seine Zuneigung zeigt. B. wird erheblich verletzt, hat Arztkosten, auch wurde sein neuer Anzug zerrissen.
> (2) Abwandlung zu (1): Diesmal entstand die Prügelei, weil B. die F. gegen ihren Willen stürmisch küßte und A. den B. davon abhalten wollte.
> (3) D. zeigt seinen Nachbarn N. wegen eines schweren Verbrechens bei der Polizei an, obwohl er sich keineswegs seiner Sache sicher ist. Seine Zweifel äußert er bei der Polizei nicht. Der N. wird darauf einige Tage in Untersuchungshaft gebracht, bis sich seine Unschuld erweist. Er hat deshalb einen Verdienstausfall von 300,– DM.
> (4) Das Magazin S. bringt einen kritischen Bericht über die Fernsehansagerin X. U. a. wird ausgeführt, sie sehe aus wie eine ausgemolkene Ziege, bei ihrem Anblick werde den Zuschauern die Milch sauer. X. will wegen dieser krassen Beleidigung Schmerzensgeld haben.
> (5) Wegen eines plötzlichen Defekts in der Bremsanlage blockiert das von F. gelenkte Fahrzeug des H., kommt auf die Gegenfahrbahn und beschädigt den Pkw der G.

Schutz absoluter Rechtsgüter

Neben den Rechten und Pflichten, die durch Rechtsgeschäfte, insbesondere Verträge entstehen, gibt es Rechtsgüter, die so wichtig und schutzwürdig sind, daß *jedermann* sie respektieren muß. Es sind dies elementare Rechte, die gewissermaßen zum Kern der menschlichen Existenz gehören und dem einzelnen einen Schutzraum in der Gemeinschaft gewähren.

absolute Rechte

Zu diesen sogenannten *absoluten* (da gegen jedermann wirkenden) Rechten gehören die in § 823 (1) BGB aufgeführten Rechtsgüter Leben, Körper, Gesundheit, Freiheit, Eigentum und „sonstige Rechte". Wer in diese Rechte eingreift, etwa durch Verletzung eines anderen Menschen oder durch Zerstörung fremden Eigentums, muß den dadurch verursachten Schaden ersetzen. Dieser Grundsatz ist im wichtigsten Tatbestand (§ 823 (1) BGB) des Rechts der *unerlaubten Handlung* verkörpert. Obwohl man dieses Gebiet, das auch mit dem Begriff *Deliktsrecht* bezeichnet wird, auf den ersten Blick mit dem Strafrecht in Verbindung bringt, muß man sich klarmachen, daß es sich hierbei um rein zivilrechtliche Ansprüche handelt, die auch gerichtlich völlig unabhängig vom Strafverfahren geprüft werden. Freilich besteht eine äußere Ähnlichkeit mit den Elementen der Strafbarkeit in dem Aufbau des § 823 BGB. Die *Schadensersatzpflicht* tritt nur ein, wenn eines der genannten Rechtsgüter in *objektiv rechtswidriger* und *subjektiv schuldhafter* Weise verletzt wurde. In Fall (1) hat A. den Körper des B. sowie dessen Eigentum verletzt. Grundsätzlich sind solche Handlungen rechtswidrig, wenn nicht ausnahmsweise ein anderes Recht dies gestattet. Ein solcher Rechtfertigungsgrund ist hier nicht ersichtlich. Auch liegt ein Verschulden des A. vor, da er vorsätzlich handelte. Er muß daher die Arztkosten und den Wert des Anzugs ersetzen. Hinzu kommt im Deliktsrecht, daß wegen der Verletzung des Körpers und der Gesundheit sowie im Falle der Freiheitsentziehung auch *Schmerzensgeld* verlangt werden kann (§ 847 BGB).

Schadensersatzpflicht

Während man sich die Rechtsgüter Leben, Körper, Gesundheit, Freiheit und Eigentum (s. Abs. 12) gut vorstellen kann, bedarf die Bezeichnung *sonstige Rechte* einer Erläuterung. Gemeint sind damit weitere gegen jedermann wirkende Rechte, die teilweise vom Eigentum abgeleitet sind (z.B. das Pfandrecht), teilweise zum Schutz der Person gehören. Anerkannt ist insbesondere ein allgemeines Persönlichkeitsrecht, das die Achtung der Persönlichkeit, der Ehre und der Privatsphäre zum Ziel hat. Die völlig überzogene und beleidigende Berichterstattung über die Fernsehansagerin X. (Beispiel 4: Leider ein tatsächlicher Fall!) fällt gewiß hierunter.

sonstige Rechte in § 823 (1) BGB

Der Eingriff in das fremde Rechtsgut muß *rechtswidrig* sein, wenn der Betroffene Schadensersatz verlangen will. Dies ist dann nicht der Fall, wenn der Handelnde einen Rechtfertigungsgrund hat. So kann sich der A. in Fall (2) darauf berufen, daß er die F. in Notwehr (§ 227 BGB) verteidigt hat, wenn er nicht auf andere Weise den B. von seinem stürmischen Angriff abhalten kann.

Rechtswidrigkeit

Schließlich setzt § 823 Abs. I BGB ein *schuldhaftes* Handeln voraus (zur Deliktsfähigkeit s. Abs. 3). Zu beachten ist dabei, daß der Umfang der Schadenser-

Verschulden

satzpflicht nicht vom Grad des Verschuldens abhängt. Im Unterschied zum Strafrecht führt also eine leichte Fahrlässigkeit zur gleichen Rechtsfolge wie ein vorsätzliches Tun. Durch seine Anzeige hat D. in Fall (3) die Verhaftung des N. und damit den Entzug seiner Freiheit verursacht. Zwar ist dem D. nicht vorzuwerfen, daß er den N. nur auf einen Verdacht hin anzeigt. Er handelte aber fahrlässig, da er die Ungewißheit seiner Beobachtung nicht erkennen ließ. Die Polizei hätte dann vermutlich noch weiter ermittelt und von einer Verhaftung abgesehen. D. muß den Verdienstausfall des N. ersetzen. Dieser materielle Schaden (300,– DM) ist im gleichen Umfang zu ersetzen, wie wenn D. die Unschuld des N. gekannt und absichtlich eine falsche Anzeige erstattet hätte. Lediglich bei der Bemessung des Schmerzensgeldes kann die Form des Verschuldens berücksichtigt werden.

Schadens-ersatz Wie *Schadensersatz* zu leisten ist, regelt das Gesetz für alle Fälle der Ersatzpflicht (also auch für die vertragliche Haftung) im allgemeinen Teil des Schuldrechts (§§ 249 ff. BGB). Grundsätzlich ist der Schädiger verpflichtet, den Zustand herzustellen, der ohne das schädigende Ereignis bestehen würde. Dieser Grundsatz der ‚Herstellung in Natur' (Naturalrestitution) kommt freilich in der Praxis kaum vor. Bei Personen- und Sachschäden kann nämlich der Verletzte den für die Herstellung erforderlichen Geldbetrag verlangen (z.B. Reparaturkosten nach einem Autounfall). Wo eine Herstellung aus tatsächlichen Gründen nicht möglich ist, muß der Schaden ohnehin nach wirtschaftlichen Gesichtspunkten durch einen Geldbetrag ausgeglichen werden (etwa Ersatz des Verkehrswerts, wenn Pkw bei Unfall Totalschaden erlitten hat).

Schmerzensgeld Eine Besonderheit des Deliktsrechts ist, wie oben erwähnt, der Ersatz des *ideellen* Schadens, wenn durch eine unerlaubte Handlung der Körper oder die Gesundheit verletzt oder die Freiheit entzogen wurde (§ 847 BGB). Gemeint ist damit ein Ausgleich für das Ertragen von Schmerzen oder den sonstigen Verlust an Lebensfreude (Behinderung nach Verlust eines Beines). Die Rechtsprechung hat u. a. anhand des höchstrichterlich entschiedenen Beispielsfalles (4) den Schmerzensgeldanspruch auch auf die Verletzung der allgemeinen Persönlichkeit ausgedehnt. Bei einer so üblen öffentlichen Beleidigung ist zumindest ein ‚Trostpflaster' angebracht. Rechtspolitisch ist dieser Fall insofern interessant, als die Rechtsprechung das Grundgesetz herangezogen hat, um das BGB zu ergänzen. Der Wert der Persönlichkeit wird vom Grundgesetz auf eine gleiche Stufe mit Körper, Gesundheit und Freiheit gesetzt. Dies muß sich auch bei dem zivilrechtlichen Schutz ausdrücken.

Wir haben gesehen, daß das Recht der unerlaubten Handlung vom Grundsatz der Verschuldenshaftung beherrscht ist. Dahinter steht der Gedanke, daß man üblicherweise Schaden vermeiden kann, wenn man die nötige Sorgfalt aufwendet. Freilich gibt es (überwiegend im technischen Bereich) Sachen oder Anlagen, die schon von Natur aus so *gefährlich* sind, daß, trotz großer Aufmerksamkeit der für sie verantwortlichen Menschen, Schäden immer wieder eintreten können. Dazu gehören die Tiere, deren Reaktionen nicht immer vorhersehbar sind. Praktisch wichtiger sind heute aber die technischen Risiken durch den Gebrauch von Kraftfahrzeugen, Eisenbahnen und Flugzeugen oder durch den Betrieb von Gas-, Elektrizitäts- und Kernkraftwerken. Es wäre aus gesamtwirtschaftlichen Gründen nicht vertretbar, den Gebrauch dieser gefährlichen Sachen oder Anlagen zu verbieten. Andererseits muß ein Ausgleich dann geschaffen werden, wenn durch diese Gefahrenquellen andere Menschen zu Schaden kommen, ohne daß dem jeweils Verantwortlichen ein Verschulden zur Last gelegt werden kann. Der Gesetzgeber hat daher für diese gefährlichen Bereiche in verschiedenen Einzelgesetzen (nur die Tierhaltung ist im BGB geregelt) die sogenannte *Gefährdungshaftung,* nämlich eine Haftung ohne Verschulden angeordnet. Dabei trifft die Haftung denjenigen, der über die Sache oder Anlage die tatsächliche und wirtschaftliche Verfügungsgewalt hat. Beim Kraftfahrzeug kommt es also bei der Gefährdungshaftung nicht darauf an, wer das Auto fährt, sondern wer sein Halter ist. Wenn das von F. gelenkte Fahrzeug des Halters H. durch ein unvorhersehbares Blockieren der Bremsen einen Unfall verursacht (5), muß H. den Schaden der G.

Gefährdungshaftung

gefährlicher Betrieb

ersetzen, obwohl er den Defekt und damit den Unfall nicht verschuldet hat. Da jedoch für jedes Fahrzeug eine Haftpflichtversicherung abgeschlossen werden muß (obligatorische Pflichtversicherung), wird der Schaden letztlich von der Versicherung getragen.

13. Grundelemente des Sachenrechts

Die äußere gegenständliche Umwelt der Menschen besteht aus Sachen, beweglichen und unbeweglichen. Die meisten davon sind Personen in einer bestimmten rechtlichen Weise zugeordnet. Welche Befugnisse sich hieraus ergeben und wie ein Recht an einer Sache erworben wird und verlorengeht, regelt das Sachenrecht.
(1) E. ist Eigentümer eines Fahrrads. Dieses hat er für drei Tage seinem Freund F. geliehen. Da F. es nicht rechtzeitig zurückbringt, glaubt D., er könne es unbehelligt benutzen. Kann F. ihn daran hindern?
(2) Der Grundstückseigentümer G. kommt nach längerer Reise zurück und stellt fest, daß der Nachbar N. Baumaterialien auf seinem Grundstück abgeladen hat. Zudem hat N. die Baumleiter vom Grundstück des G. geholt.
(3) Der Schriftsteller S. will vom Händler H. eine Schreibmaschine erwerben, kann aber den Kaufpreis erst nach Veröffentlichung seines nächsten Romans in drei Monaten bezahlen. S. will aber die Maschine sofort mitnehmen.
(4) V. hat an M. eine wertvolle Baumaschine vermietet. Da M. in Geldschwierigkeiten ist, verkauft und übereignet er diese Maschine an P., der den M. für den Eigentümer hält. V. erfährt dies und verlangt die Maschine von P. heraus.
(5) Abwandlung zu (4): M. hat die Maschine von V. entwendet und veräußert sie dann an P.
(6) A. will sein Gartengrundstück möglichst ‚unbürokratisch' an B. veräußern. Beide schreiben an das Grundbuchamt, daß B. ins Grundbuch als neuer Eigentümer eingetragen werden soll. Ist B. Eigentümer geworden?
(7) Das Haus der S. ist mit einer 1. Hypothek von 40 000,– zugunsten des X. und einer 2. Hypothek von 80 000,– zugunsten des Y. belastet. Da S. ihre Schulden an X. und Y. nicht bezahlen kann, wird das Haus zwangsversteigert. Der Versteigerungserlös beträgt 60 000,– DM.

Befugnisse an einer Sache Da fast alle Sachen nicht im Überfluß vorhanden, sondern knapp und begehrt sind, legt das Recht als soziales Ordnungssystem fest, wem die *Verfügungsmacht* und der *Gebrauch* einer Sache zusteht und wie diese Befugnisse erworben und übertragen werden können. Darüber enthält das *Sachenrecht* (Drittes Buch des BGB) eine Fülle von Regelungen, die vielfach danach unterscheiden, ob es sich um *beweg-*

liche Sachen oder *unbewegliche* Sachen (Grundstücke mit deren wesentlichen Bestandteilen) handelt. Der Grund für diese Unterscheidung liegt u. a. darin, daß die Rechtsverhältnisse an Grund und Boden in besonderer Weise die Lebensgrundlage der Menschen berühren und daher in einem öffentlichen Register, dem Grundbuch, festgehalten werden.

bewegliche und unbewegliche Sachen

Häufig hört man die Redewendung, daß jemand ein Auto, ein Haus etc. *besitze*. Gemeint ist damit regelmäßig, daß dem Betreffenden das Auto bzw. Haus gehöre, daß er also der Eigentümer sei. In der juristischen Sprache sind jedoch *Eigentum* und *Besitz* zwei verschiedene, scharf zu trennende Begriffe. Während das Eigentum das umfassendste Recht (Vollrecht) an einer Sache ist, bedeutet der Besitz die *tatsächliche Sachherrschaft*. Eigentümer und Besitzer können verschiedene Personen sein, sei es, daß der Eigentümer einem anderen den Besitz einräumt (z.B. durch Vermietung der Sache), sei es, daß der Eigentümer an dem Besitz seiner Sache gehindert wird (etwa durch Diebstahl). Obwohl der Besitz kein Recht an der Sache ist, wird er rechtlich geschützt. F. (1) übt nach Ablauf der Leihfrist den Besitz an dem Fahrrad aus, ohne dazu gegenüber dem Eigentümer E. berechtigt zu sein. Gleichwohl kann er als Besitzer den D. von einem unbefugten Gebrauch des Fahrrads abhalten.

Besitz

Das Eigentum ist – wie erwähnt – das *umfassendste Herrschaftsrecht*. Daher kann der Eigentümer nach Belieben mit seiner Sache verfahren und andere von jeder Einwirkung ausschließen (§ 903 BGB). Insbesondere hat er bei Störungen seines Eigentums einen *Beseitigungs-* und *Unterlassungsanspruch* (§ 1004 BGB). G. kann deshalb in Fall (2) von N. verlangen, daß die Baumaterialien sofort weggeräumt werden. Wird dem Eigentümer die Sache ganz entzogen, kann er vom Besitzer *Herausgabe* fordern, sofern er dem Besitzer kein Recht zum Besitz eingeräumt hat (§ 985 BGB). N. muß natürlich auch die Leiter zurückgeben. Die Herrschaftsmacht des Eigentümers ist jedoch nicht schrankenlos. Die grundgesetzlich verankerte *Sozialbindung* des Eigentums gebietet auch dem Eigentümer, wichtige Interessen der Allgemeinheit zu berücksichtigen. So kann der Grundstückseigentümer nicht bauen wie er will,

Eigentum

Sozialbindung

Übertragung des Eigentums an beweglichen Sachen

sondern nur im Rahmen der vom Baurecht gezogenen Grenzen.

Die *Übertragung des Eigentums* an beweglichen Sachen ist in den §§ 929 ff. BGB geregelt. Regelmäßig erwirbt man Eigentum, wenn man sich mit dem Berechtigten über den Eigentumsübergang *einigt* (sachenrechtlicher Vertrag) und die Sache von ihm *übergeben* bekommt (die Übergabe kann unter bestimmten Voraussetzungen ersetzt werden, siehe dazu §§ 930, 931 BGB). Bei einem käuflichen Erwerb kommt es häufig vor, daß der Käufer die Sache sofort gebrauchen möchte, den Kaufpreis aber noch nicht bezahlen kann (3). Die Praxis hilft sich hier durch Vereinbarung eines sogenannten *Eigentumsvorbehaltes* (in fast allen Allgemeinen Geschäftsbedingungen enthalten). Sachenrechtlich bedeutet dies, daß sich Veräußerer und Erwerber schon zum Zeitpunkt der Übergabe der Kaufsache über den Eigentumsübergang einigen, allerdings unter einer aufschiebenden *Bedingung:* Das Eigentum soll erst übergehen, wenn der Kaufpreis bezahlt wird. Damit verbleibt dem Verkäufer eine gewisse rechtliche Sicherheit.

Eigentumsvorbehalt

gutgläubiger Erwerb

Nicht immer ist der Veräußerer, der sich als Eigentümer ausgibt, auch tatsächlich der wahre Eigentümer. Der Erwerber ist oft nicht in der Lage, die Rechtsverhältnisse zu überprüfen. Um den Erwerb nicht mit einer ständigen Unsicherheit zu belasten, schützt das Sachenrecht den *gutgläubigen* Erwerber. Wenn dieser an das vermeintliche Eigentum des Veräußerers zum Zeitpunkt der Übergabe der Sache glauben durfte, so erwirbt er Eigentum, auch wenn die Sache einem Dritten gehörte. Als der Mieter der Baumaschine M. (4) diese Maschine an P. veräußerte, spiegelte er damit, ohne dies ausdrücklich zu erklären, sein Eigentum vor (der Besitz gilt gewissermaßen als äußeres Kleid des Eigentums). Da M. die Maschine in Besitz hatte, durfte P. auf dessen Eigentum vertrauen und erwarb daher die Maschine. Dies bedeutet gleichzeitig, daß V. sein Eigentum verlor und die Maschine nicht von P. herausverlangen kann. (Freilich kann er sich an M. schadlos halten.) Der Vertrauensschutz des redlichen Erwerbers hat jedoch seine Grenze, wenn die Sache dem wahren Eigentümer gestohlen wurde oder sonst gegen seinen Willen *abhanden* gekommen ist. In diesen Fällen ist ein gutgläubiger Erwerb ausgeschlossen. In Fall (5) behält V. sein Eigentum und kann die Maschine von P. zurückverlangen.

Für die Übertragung von *Grundstücken* gelten besonders strenge Vorschriften. Dies ist schon deshalb notwendig, weil ein Grundstück mit dem darauf errichteten Gebäude eine rechtliche Einheit bildet. Außerdem sehen viele Menschen ihr Haus oder ihre Eigentumswohnung als den wertvollsten und wichtigsten Vermögensgegenstand. **Grundstücksübertragung**

Wer sein Grundstück auf einen Erwerber übertragen will, muß mit diesem die Einigung bei einem Notar erklären *(Auflassung),* der den Eigentumswechsel beurkundet, § 925 BGB. Anschließend muß der Erwerber als neuer Eigentümer im *Grundbuch* (öffentliches Register über die Rechtsverhältnisse an Grundstücken) *eingetragen* werden. Erst dann ist der Eigentumsübergang vollzogen. Also ersetzt die Eintragung im Grundbuch aus Gründen der Rechtsklarheit die uns von den beweglichen Sachen her bekannte Übergabe. Erst dann ist der Eigentumsübergang vollzogen. Im Beispielsfall (6) ist B. daher noch nicht Eigentümer geworden. Es fehlt sowohl an der notariellen Beurkundung der Einigung wie auch an der Eintragung, die ohne diese Beurkundung nicht vorgenommen wird. **Auflassung**

Eintragung im Grundbuch

Wegen des Grundbuchs sind die Eigentumsverhältnisse an Grundstücken besser zu erkennen als bei beweglichen Sachen. Mitunter kommen aber auch unrichtige Eintragungen vor. Veräußert ein fälschlich Eingetragener das Grundstück, so kommt dem Erwerber der Schein des Grundbuches zugute. Er erwirbt das Grundstück vom ‚Scheineigentümer', sofern er nicht die Unrichtigkeit des Grundbuches kannte.

Wir haben das Eigentum oben als Vollrecht gekennzeichnet, das dem Eigentümer eine umfassende Herrschaft über die Sache gibt. Das Eigentum kann in einzelne Befugnisse (Nutzungsbefugnis, Verwertungsbefugnis) aufgeteilt werden, wobei es für den Wirtschaftsverkehr wichtig ist, daß solche ‚Eigentumssplitter' getrennt übertragbar sind. Man spricht von *beschränkt dinglichen Rechten,* die es sowohl **beschränkt dingliche Rechte** an beweglichen Sachen wie an Grundstücken gibt. Beispielhaft sollen hier einige Sicherungsrechte kurz angesprochen werden.

Pfandrecht an beweglichen Sachen

Wer etwa einem anderen einen größeren Geldbetrag ausleiht, will oft seinen Anspruch auf Rückzahlung sichern lassen. Das klassische Sicherungsmittel bei beweglichen Sachen ist das *Faustpfand*, d.h. der Gläubiger des Geldanspruches erhält eine bewegliche Sache als Sicherheit, die er notfalls verwerten kann, wenn der Schuldner nicht in der Lage ist, das Geld zu bezahlen. Der Nachteil des Faustpfandes besteht darin, daß der die Sicherung gewährende Eigentümer die Sache körperlich übergeben muß und sie daher nicht für sich nutzen kann. Praktisch wichtiger ist daher heute ein anderes Sicherungsmittel, das der Rechtsverkehr (und die Rechtsprechung) in der Form der *Sicherungsübereignung* geschaffen haben (ohne gesetzliche Grundlage, daher ein Beispiel von heute seltenem Gewohnheitsrecht). Hierbei überträgt der Schuldner, der die Sicherung geben muß, das Eigentum an einer Sache an den Gläubiger, gleichzeitig vereinbart er mit diesem, daß er den Besitz an der Sache behalten darf und sie daher für sich nutzen kann. Das Sicherungseigentum wirkt sich also äußerlich erst aus, wenn der Schuldner (= Sicherungsgeber) seine Schuld nicht bezahlen kann. Dann darf der Gläubiger das zur Sicherung übertragene Eigentum verwerten, d.h. durch Versteigerung oder Verkauf zu Geld machen.

Sicherungsübereignung

Grundpfandrechte

Pfandrechte an Grundstücken – *Grundpfandrechte* – haben wirtschaftlich die gleiche Sicherungsfunktion. Da die meisten Bauwilligen oder Hauskäufer nicht genug Geld haben, um den ganzen Baupreis bzw. Kaufpreis sofort ‚aus eigener Tasche' zu bezahlen, müssen sie einen Teil des Geldes (meist bei einer Bank) ausleihen. Zur Sicherheit bestellen sie dem Geldgeber eine *Hypothek* oder eine *Grundschuld* (beides sind Grundpfandrechte). Damit ist das Grundstück zugunsten des Geldgebers (auch jede andere Geldforderung kann gesichert werden) in der Weise belastet, daß dieser dann, wenn er sein Geld nicht bekommt, das Grundstück zwangsversteigern lassen und seine Ansprüche aus dem Erlös befriedigen kann. Grundpfandrechte werden in das Grund-

Hypothek, Grundschuld

buch eingetragen. Dabei ist der Zeitpunkt der Eintragung bedeutsam, denn mehrere Grundpfandrechte auf dem gleichen Grundstück sind nicht gleichwertig, sondern haben einen verschiedenen *Rang*. Das zeitlich früher eingetragene Grundpfandrecht geht dem späteren vor. Man spricht z.B. von einer ersten, zweiten (usw.) Hypothek. Dies wirkt sich in der Zwangsversteigerung aus, wenn der Erlös nicht für alle Hypothekengläubiger ausreicht. Sie werden dann nach dem Rang ihrer Hypothek befriedigt. Aus dem Versteigerungserlös von 60000,– DM bekommt also im Fall (7) der X. für seine 1. Hypothek den vollen Betrag von 40000,– DM während für den Y. nur 20000,– DM übrig bleiben.

Rang eines Grundpfandrechts

14. Grundzüge des Familienrechts

(1) Susanne L. und Florian H. verloben sich. Da die Heirat alsbald geplant ist, gibt Susanne L. ihren Beruf als Lehrerin auf. Im August will Florian H. von einer Heirat nichts mehr wissen. Susanne L. überlegt sich, ob sie Florian H. verklagen soll.

(2) Als Karl und Brigitte D. 1977 die Ehe geschlossen haben, war Karl praktisch vermögenslos. Brigitte hatte ein Vermögen von 40000,– DM. Eine Vereinbarung über den Güterstand treffen die Eheleute nicht. 1984 wird die Ehe geschieden. Durch eine erfolgreiche Berufstätigkeit hat Karl inzwischen 100000,– DM gespart. Brigitte konnte ihr Vermögen nur auf 60000,– DM erhöhen.

(3) Dagmar und Peter U. sind verheiratet, leben aber schon seit drei Jahren getrennt. Nunmehr will Peter U. sich endgültig scheiden lassen. Seine Frau ist damit nicht einverstanden, weil sie der gemeinsamen Tochter eine Scheidung der Eltern ersparen und selbst nicht auf den Unterhalt durch ihren gut verdienenden Ehemann verzichten will.

(4) Die 14jährige Tochter T. verliebt sich in einen 35jährigen Mann und besucht ihn häufig. Die Eltern wollen dies nicht länger zulassen.

Das Familienrecht – viertes Buch des BGB – umfaßt das *Eherecht*, das *Verwandtschaftsrecht* und das *Vormundschaftsrecht*. Aus dieser umfassenden Materie sollen einige Fragen herausgegriffen werden, die jeder Mensch im Hinblick auf Verlöbnis und Ehe sowie auf die Stellung des Kindes in der Familie wissen sollte.

Der Eheschließung geht vielfach ein *Verlöbnis* vor-

Verlöbnis

aus. Dies ist ein Vertrag, mit dem sich die Brautleute die Eheschließung versprechen. Auf Eheschließung kann freilich daraus nicht geklagt werden. Der Rücktritt eines Verlobten ist nämlich jederzeit möglich. Susanne L. kann also Florian H. nicht zum Standesamt zwingen. Ganz ohne Konsequenzen ist jedoch ein Verlöbnis nicht. Wer ohne berechtigten Grund zurücktritt, muß dem anderen Verlobten und dessen Eltern die Aufwendungen ersetzen, die in Erwartung der Ehe gemacht wurden. Darunter fällt auch der Ersatz des Schadens, den Susanne L. durch Aufgabe ihres Berufes erlitten hat (Verdienstausfall).

Eheschließung

Die *Eheschließung* ist ein familienrechtlicher Vertrag, der von den Heiratswilligen persönlich (keine Stellvertretung) vor dem Standesbeamten geschlossen wird. Die kirchliche Trauung hat im zivilrechtlichen Sinne keine Bedeutung. Aus der Ehe erwächst vor allem die Verpflichtung zur *ehelichen Lebensgemeinschaft* sowie zur gegenseitigen Leistung von *Unterhalt*. Das Gesetz kennt seit der Eherechtsreform von 1977 keine Rollenverteilung mehr dergestalt, daß der Mann den Unterhalt durch eine Berufstätigkeit verdient und die Frau in der Regel den Haushalt führt. Nunmehr müssen die Eheleute einvernehmlich regeln, wer im Haushalt und wer im Beruf arbeitet, bzw. ob beide Partner einen Beruf ausüben wollen. Soll einer den Haushalt führen, so ist dies sein Beitrag zum Unterhalt. Er bekommt von dem verdienenden Ehegatten das Wirtschaftsgeld für einen angemessenen Zeitraum im voraus (also nicht scheibchenweise).

eheliche Lebensgemeinschaft
Unterhalt

Die Ehe macht die Ehepartner nicht automatisch zu einer Vermögensgemeinschaft. Wenn die Eheleute nicht einen besonderen Güterstand vereinbaren (*Gütertrennung* oder *Gütergemeinschaft*) gilt der gesetzliche Güterstand der sogenannten *Zugewinngemeinschaft*. Dies bedeutet, daß die Vermögensteile der beiden Ehegatten auch während der Ehe rechtlich getrennt bleiben. Insbesondere steht keinem das Recht zu, über das Vermögen des anderen zu verfügen oder es zu verwalten. Die eheliche ‚Wirtschaftsgemeinschaft' wirkt sich für die beiden getrennten Vermögensmassen erst nach Beendigung der Ehe aus. Wird die Ehe z.B. geschieden, wäre es

Zugewinngemeinschaft

ungerecht, wenn etwa der durch eine erfolgreiche Berufstätigkeit vermögend gewordene Mann alles für sich behalten dürfte, während die Frau, die wegen der Betreuung der Kinder nichts verdienen und daher ihr Vermögen nicht vermehren konnte, leer ausginge. Es muß daher der beiderseitige Vermögenszugewinn ausgeglichen werden, und zwar in der Weise, daß der Ehepartner, der während der Ehe den größeren Vermögenszuwachs verzeichnen konnte, die Hälfte davon zum Ausgleich abgeben muß. Bei Karl und Brigitte D. (2) wird hierfür folgende Rechnung aufgestellt: Karl hat einen Zuwachs von 100000,– DM, Brigitte nur von 20000,– DM. Da der Zuwachs von Karl um 80000,– DM größer ist, muß er 40000,– DM als Ausgleich an Brigitte leisten. Zum Zugewinnausgleich bei der Beendigung der Ehe durch den Tod eines Ehegatten s. Abs. 15.

Ehescheidung

Die einschneidendsten Änderungen hat das Familienrecht durch die Reform des Jahres 1977 im Bereich der *Ehescheidung* und deren Folgen erfahren. Bis dahin konnte eine gescheiterte Ehe nur geschieden werden, wenn ein Verschulden eines (oder beider) Ehepartner durch das Gericht im Scheidungsurteil festgestellt werden konnte. Nach der Neuregelung kann die Scheidung von einem Ehepartner ohne Rücksicht auf ein Verschulden des anderen Teiles verlangt werden, wenn die Ehe *zerrüttet* ist und eine Wiederherstellung der ehelichen Gemeinschaft nicht mehr erwartet werden kann. Das Scheitern der Ehe wird nach 3jährigem Getrenntleben unwiderlegbar vermutet. Diese Voraussetzung ist für den Scheidungsantrag des Peter U. (3) gegeben. Allerdings kann die Frist des Getrenntlebens auf fünf Jahre ausgedehnt werden, wenn dies im Interesse eines minderjährigen Kindes ausnahmsweise erforderlich ist oder die Scheidung für den widersprechenden Teil eine unzumutbare Härte bedeuten würde. Beide Gesichtspunkte kann Dagmar U. aber nicht geltend machen. Das Kindeswohl führt nur in Fällen einer schwerwiegenden Beeinträchtigung zu einer Fristverlängerung, und die unterhaltsrechtliche Frage ist schon deshalb keine unzumutbare Härte für Dagmar U., weil das Gesetz den Unterhalt und die Versorgung des geschiedenen Ehegatten regelt. Wenn der

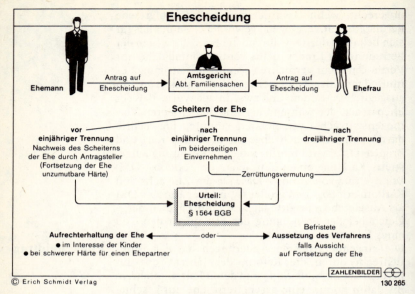

Eltern-Kind-Recht

Sorgerecht

eine geschiedene Ehegatte wegen der Betreuung des gemeinsamen Kindes keine (oder keine volle) Berufstätigkeit ausüben kann, muß der ehemalige Partner an ihn einen angemessenen Unterhalt leisten.

Wenn durch die Geburt eines oder mehrerer Kinder eine Familie wird, entstehen auch *rechtliche* Beziehungen zwischen *Eltern und Kind.* Bei kaum einem anderen Gebiet haben sich Lebensanschauung und Formen des Zusammenlebens seit Bestehen des Bürgerlichen Gesetzbuches (1900) so sehr verändert wie in der Familie. Die Entwicklung von einem ursprünglich patriarchalischen (d.h. vaterherrschaftlichen) Leitbild der Familie (Vater als Führungsperson, Mutter als nachgeordneter Elternteil, Kinder den Eltern unterworfen) zu einem partnerschaftlichen Familienmodell mit ausgewogenen Rechten und Pflichten aller Familienmitglieder hat immer wieder Änderungen des Familienrechts erforderlich gemacht, zuletzt durch eine Reform des sogenannten *Sorgerechts* im Jahre 1980.

Eine besondere Schwierigkeit liegt darin, daß die Familie mehr als jeder andere Personenverband auf das Gefühl gegenseitiger Liebe und Achtung gegründet ist und gerade im Verhältnis zwischen Eltern und Kind rechtliche Maßnahmen erst dann in Betracht kommen sollten, wenn die Verständigung zwischen Eltern und Kindern grundlegend gestört ist.

Die besondere Verantwortung der beiden Elternteile für ihre Kinder hat der Gesetzgeber mit der genannten Reform des Sorgerechts (1980) insofern betont, als er den bis dahin üblichen Begriff der elterlichen Gewalt durch den der *elterlichen Sorge* ersetzte. Diese umfaßt das Recht und die Pflicht, für die *Person* und das *Vermögen* des Kindes zu *sorgen* und das Kind gegenüber Dritten zu *vertreten* (gesetzliche Vertretung). Die elterliche Sorge steht beiden Eltern gemeinsam zu. Bei Meinungsverschiedenheiten müssen sie sich einigen, notfalls das Vormundschaftsgericht anrufen (der früher vorgesehene Stichentscheid des Vaters wurde vom Bundesverfassungsgericht wegen Verletzung der Gleichberechtigung für verfassungswidrig erklärt).

elterliche Sorge

Das neue Sorgerecht will insbesondere der persönlichen Entfaltung des Kindes Rechnung tragen, indem es ihm mit zunehmender Reife auch eine wachsende Eigenständigkeit zubilligt. Durch ein sich *steigerndes Mitspracherecht* in eigenen Angelegenheiten soll das Kind auf die Selbständigkeit des Erwachsenen vorbereitet werden. Diesem partnerschaftlichen Erziehungsgedanken entspricht die Pflicht der Eltern, bei streitigen Fragen der Erziehung, des Aufenthaltes oder des Umganges des Kindes durch eine vernünftige Besprechung eine einvernehmliche Lösung zu erzielen (§ 1626 BGB). So ist es im Fall der 14jährigen T. (4) sicher geboten, daß die Eltern mit ihr in aller Ruhe besprechen, welche seelischen und körperlichen Probleme unter Umständen in der Beziehung eines noch nicht erwachsenen Mädchens zu einem erheblich älteren Mann entstehen können. Ein solches Gespräch könnte etwa damit enden, daß die Tochter auf Besuche in der fremden Wohnung verzichtet, die Eltern andererseits mit gelegentlichen Treffen in ihrem Beisein einverstanden sind. Das anzustrebende Einverständnis bedeutet jedoch keinen Verzicht auf die Erziehungsverantwortung. Widersetzt sich die T. dem Vorschlag der Eltern, so müssen diese zum Wohl ihres Kindes eine Entschei-

Mitsprache des Kindes

dung treffen. Hier erscheint es durchaus vertretbar, wenn sie ihrer Tochter den Umgang mit dem 35jährigen Mann verbieten. Sie können dieses Verbot gegenüber der Tochter durch Erziehungsmaßnahmen durchsetzen, aber auch gegenüber dem Freund ein solches Verbot aussprechen und seine Beachtung notfalls gerichtlich erzwingen.

Unterhaltspflicht

Eine ganz allgemeine Pflicht im Eltern–Kind-Verhältnis ist die Gewährung von *Unterhalt*. Obwohl naturgemäß Eltern fast immer ihre Kinder unterhalten und nicht umgekehrt, ist dies eine gegenseitige Pflicht. Hier gilt der Grundsatz des Unterhaltsrechts, daß *Verwandte in gerader Linie* einander Unterhalt gewähren müssen (also: Großeltern – Eltern – Kinder – Enkel usw.; aber z. B. keine Unterhaltspflicht zwischen Geschwistern, da diese nicht voneinander abstammen).

Umfang des Unterhalts

Der *Umfang* des Unterhalts richtet sich nach dem *angemessenen Lebensbedarf* und erstreckt sich auch auf die Kosten der *Ausbildung*. Die Eltern können gegenüber ihren Kindern (sofern diese unverheiratet sind, Volljährigkeit spielt keine Rolle) bestimmen, in welcher Art sie Unterhalt leisten können. Im Regelfall geschieht dies durch die tatsächliche Versorgung (sogenannte *Naturalleistung*) der Kinder im Haushalt der Eltern. Lebt das Kind im Einverständnis mit den Eltern an einem anderen Ort, so müssen die Eltern den für den Lebensbedarf erforderlichen *Geldbetrag* im voraus zur Verfügung stellen. Eine solche Geldleistung kann aber ein minderjähriges Kind dann nicht erzwingen, wenn es gegen den Willen der Eltern die Wohnung verlassen hat. Schließlich können in allen Fällen Kinder von ihren Eltern Unterhalt nur insoweit verlangen, als ihre eigenen Einkünfte aus einer Arbeitstätigkeit oder die Erträge aus einem (etwa ererbten) Vermögen nicht zur Deckung des Lebensbedarfs ausreichen.

Nichteheliche Kinder

Besondere Aufmerksamkeit verdient die rechtliche Stellung der Kinder, deren Vater und Mutter nicht miteinander verheiratet sind. Diese vom Gesetz als *nichtehelich* bezeichneten Kinder sind häufig schon durch die tatsächlichen Verhältnisse benachteiligt (meist tritt der Vater nur als ‚Zahlvater' in Erscheinung, der Geld für den Unterhalt leistet, oft muß auch dieser Unterhalt erst gerichtlich erstritten werden). Erst verhältnismäßig spät (1970) hat der Gesetzgeber auch die durch rechtliche Vorschriften vorhandenen Benachteiligungen dadurch zu beseitigen versucht, daß die rechtliche Stellung des nichtehelichen Kindes der des ehelichen Kindes angeglichen wurde. Dennoch ergeben sich einige rechtliche Unterschiede für das nichteheliche Kind. Die elterliche Sorge steht allein der *Mutter* zu. Sie ist in der Ausübung ihres Sorgerechts grundsätzlich frei, unterliegt also nicht etwa der Aufsicht des Jugendamtes. Allerdings erhält das Kind zur Regelung seiner Rechtsverhältnisse zu seinem Vater (Feststellung der Vaterschaft, Geltendmachung des Unterhaltsanspruches) einen Pfleger (siehe unten), wobei regelmäßig das Jugendamt als Amtspfleger eingesetzt wird. Dies ist sinnvoll, weil die Mutter, die ohnehin in einer schwierigen Lebenssituation steht, diese Rechte des Kindes allein oft nicht entschlossen genug gegen den Vater durchsetzen kann. Für den Unterhalt des Kindes hat der Vater eine *Geldrente* zu leisten. Ihre Höhe kann – bezüglich des regelmäßigen Bedarfs – aufgrund einer staatlichen „Verordnung zur Bemessung des Regelunterhalts" bestimmt werden.

Sorgerecht der Mutter

Regelunterhalt

Falls beide Eltern gestorben sind oder wenn sie wegen Krankheit oder aus sonstigen Gründen nicht in der Lage sind, für das Wohl ihres Kindes zu sorgen, so hat das Gesetz eine besondere Regelung vorgesehen. In diesen Fällen bestellt das Vormundschaftsgericht eine Vertrauensperson zum Vormund, die alle Rechte und Pflichten der elterlichen Sorge (Vormundschaft) wahrnimmt. Der Vormund übt sein Amt unentgeltlich aus. Findet sich keine geeignete Persönlichkeit, so kann das Vormundschaftsgericht das Jugendamt als Amtsvormund bestellen.

Vormundschaft

Geht es nur um *einzelne* Aufgaben (wie z. B. die Verwaltung eines ererbten Vermögens), die von den Eltern oder dem Vormund nicht wahrgenommen werden können, so wird hierfür ein Pfleger eingesetzt. Auch für Volljährige kann ein Vormund oder ein Pfleger bestellt werden; die Vormundschaft kann allerdings hier nur angeordnet werden, wenn der Volljährige entmündigt wurde.

Pflegschaft

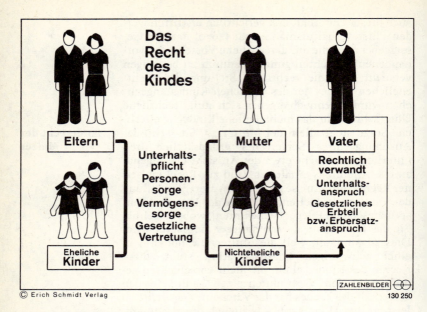

15. Gesetzliche und gewillkürte Erbfolge

(1) August G. hat kein Testament errichtet. Als er stirbt hinterläßt er seine Frau Emma, die mit ihm im gesetzlichen Güterstand lebte und die gemeinsamen Kinder Lotte und Fritz.

(2) Die alleinstehende Ingrid F. hat 1960 mit ihrem Freund Horst M. vor einem Notar einen Erbvertrag abgeschlossen und den M. darin zum Alleinerben eingesetzt. Nach ihrem Tode 1984 findet sich noch ein handschriftliches Testament aus dem Jahre 1970, in dem Ingrid F. erklärt, sie verspüre doch mehr Zuneigung zu ihrem neuen Freund Otto, den sie hiermit zum Alleinerben berufe.

Das Erbrecht enthält die Rechtsnormen, welche den Übergang des Vermögens eines Verstorbenen regeln. Wir müssen uns hier auf einige Gesichtspunkte der Erbfolge beschränken.

Gesamtrechtsnachfolge

Beim Tod eines Menschen stellt sich die Frage, auf wen sein Vermögen übergeht. Dabei ist zunächst wichtig, sich den Grundsatz der *Gesamtrechtsnachfolge* klarzumachen. Das Vermögen des Verstorbenen (Haus, Geld, Schmuckstücke, Wertpapiere usw.) geht als Ganzes auf den oder die Erben über. Sind mehrere Personen Erben, so können diese sich nicht etwa einzelne Gegenstände entsprechend dem Wert ihres Erbteils aus der Erbschaft aussuchen, vielmehr sind sie als *Miterben* in einer *Vermögensgemeinschaft* verbunden. Diese muß durch Teilung auseinandergesetzt werden. Mit dem Vermögen gehen auch die Schulden des Erblassers auf den (oder die) Erben über. Auch aus diesem Grund gibt das Gesetz dem Erben die Möglichkeit, die Erbschaft auszuschlagen.

Miterbengemeinschaft

Hat der Verstorbene keine letztwillige Verfügung (siehe unten) getroffen, so tritt die *gesetzliche Erbfolge* des BGB ein. Als Erben kommen danach die Verwandten und der überlebende *Ehegatte* des Erblassers in Betracht. Die Verwandtschaft gliedert das BGB in verschiedene *Ordnungen,* wobei die Verwandten der höheren Ordnung die Verwandten aller nachfolgenden Ordnungen von der Erbfolge ausschließen. Zu den Personen der ersten Ordnung gehören alle Abkömmlinge des Erblassers (Kinder, Enkel usw.). Sind keine unmittelbaren Abkömmlinge (mehr) vorhanden, geht die Erbfolge in die zweite Ordnung, zu der die Eltern des Erblassers und deren Abkömmlinge gehören. Fehlen auch diese, so kommen Verwandte der dritten Ordnung (Großeltern und deren Abkömmlinge) zum Zuge. Innerhalb einer Ordnung werden mehrere Verwandte nach Stämmen gegliedert. Bei der ersten Ordnung bilden z.B. die Kinder des Erblassers mit ihren Abkömmlingen jeweils einen Stamm. Die Stämme werden bei der Erbfolge mit gleichen Erbanteilen bedacht, allerdings schließt innerhalb eines Stammes der dem Erblasser am nächsten Verwandte die Personen mit einem entfernteren Verwandtschaftsgrad von der Erbschaft aus. Dieses mehrschichtige Erbfolgesystem wird leichter verständlich, wenn man es aufzeichnet (siehe folgende Abb.).

gesetzliche Erbfolge unter Verwandten

Neben den Verwandten wird auch der Ehegatte gesetzlicher Erbe, wobei der Umfang seines Erbanteils davon abhängt, welcher Ordnung die miterbenden Verwandten angehören. Neben Verwandten der ersten Ordnung erbt er zu einem Viertel, neben solchen zweiter Ordnung erbt er zur Hälfte. Dabei ist allerdings nicht berücksichtigt, daß bei Ehepartnern,

Ehegattenerbrecht

die im gesetzlichen Güterstand der Zugewinngemeinschaft leben, auch bei der Beendigung der Ehe durch den Tod eines Partners der Zugewinnausgleich erfolgen muß. Um die Verhältnisse nicht noch komplizierter zu machen, hält das Gesetz eine einfache Lösung parat: Zum Zwecke des Zugewinnausgleiches wird der Erbteil des überlebenden Ehegatten pauschal um ein Viertel erhöht, und zwar unabhängig davon, ob beim verstorbenen Ehepartner überhaupt ein Zugewinn vorlag.

Wir wenden diese Regeln der gesetzlichen Erbfolge auf das einfache Beispiel (1) an: Die Kinder des verstorbenen August G. sind Verwandte der ersten Ordnung. Sie werden zusammen mit der überlebenden Ehefrau des August G. Miterben, wobei sie nach rein erbrechtlichen Grundsätzen $3/4$ (jeder also $3/8$) und ihre Mutter $1/4$ erben würden. Wegen des pauschalierten Zugewinnausgleichs erhöht sich der Anteil der Mutter auf $1/2$, so daß schließlich für Lotte und Fritz jeweils nur $1/4$ übrig bleibt.

Letztwillige Verfügung

Testament

In vielen Fällen will der Erblasser das Schicksal seines Vermögens selbst regeln, insbesondere festlegen, wer ihn beerben soll *(Testierfreiheit)*. Zwei Formen solcher letztwilligen Verfügungen sind zu unterscheiden. Das *Testament* ist eine *einseitige* Verfügung von Todes wegen, dessen strenge Formerfordernisse wir schon kennen (s. Abs. 8: eigenhändiges Testament oder Errichtung des Testaments vor einem Notar). Ein Testament kann jederzeit *widerrufen* werden. Praktisch geschieht dies beim handschriftlichen Testament durch Vernichtung der Urkunde oder durch handschriftliche Anfertigung eines neuen Testaments, das hinsichtlich der abweichenden Verfügungen das ältere unwirksam macht. Im Gegensatz dazu ist der *Erbvertrag*, den der Erblasser mit der als Erbe vorgesehenen Person zum Zwecke der Erbeinsetzung schließen kann, für beide Teile bindend. Ingrid F. konnte daher den mit Horst M. geschlossenen Erbvertrag (2) nicht durch ein späteres handschriftliches Testament einseitig aufheben. Horst M. ist also Erbe geworden.

Erbvertrag

Enterbung

Durch die Testierfreiheit ist dem Erblasser auch die Möglichkeit gegeben, einen gesetzlichen Erben von der Erbschaft auszuschließen *(Enterbung)*. Dies kann ausdrücklich dadurch geschehen, daß der Erblasser etwa in einem Testament erklärt, sein stets ungehorsamer Sohn Emil solle nichts erben. Eine Enterbung ergibt sich aber auch dann, wenn der Erblasser, der die zwei Kinder Bernd und Lotte hinterläßt, in seinem Testament verfügt, nur die Tochter Lotte sei Alleinerbin.

Eine Enterbung bewirkt aber nicht, daß der gesetzliche Erbe überhaupt nichts aus der Erbschaft bekommt. Es bleibt ihm der sogenannte *Pflichtteilsanspruch* in Höhe der Hälfte seines gesetzlichen Erbteils. Hätte er als gesetzlicher Erbe z. B. den Erblasser zu ¼ beerbt, so erstreckt sich sein Pflichtteilsanspruch auf ⅛ der Erbschaft. Allerdings wird der Enterbte nicht Mitglied der Erbengemeinschaft, d. h. er kann seinen Anspruch nur als Geldanspruch in Höhe seines Pflichtteils gegen den oder die Erben geltend machen.

Pflichtteil

Verhältnismäßig selten sind die Fälle, in denen ein gesetzlicher Erbe wegen *Erbunwürdigkeit* vollständig enterbt werden kann. Das Gesetz zählt die Tatbestände der Erbunwürdigkeit auf, darunter versuchte

Erbunwürdigkeit

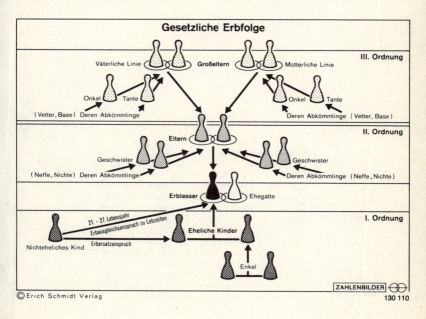

oder vollendete Tötung des Erblassers durch den gesetzlichen Erben oder z.B. mit Bedrohung verbundene Beeinflussungen des Erblassers bei der Errichtung des Testaments. Die Erbunwürdigkeit muß aufgrund einer Anfechtungsklage gerichtlich festgestellt werden.

Literaturhinweise
Westermann, H.: Grundbegriffe des BGB, 11. Aufl. 1983
Medicus, D.: Allgemeiner Teil des BGB, 2. Aufl. 1985
Rüthers, B.: Allgemeiner Teil des BGB. 6. Aufl. 1986
Medicus, D.: Schuldrecht Allgemeiner Teil. 1981
Brox, H.: Allgemeines Schuldrecht. 14. Aufl. 1986
Larenz, K.: Schuldrecht Band II. 12. Aufl. 1981
Brox, H.: Besonderes Schuldrecht. 13. Aufl. 1987
Baur, F.: Sachenrecht. 14. Aufl: 1987
Lent, F./Schwab, K. H.: Sachenrecht. 21. Aufl. 1987
Beitzke, G.: Familienrecht, 24. Aufl. 1985
Schwab, K. H.: Familienrecht, 8. Aufl., 1983
Harder, M.: Grundzüge des Erbrechts, 2. Aufl. 1983
Brox, H.: Erbrecht. 10. Aufl. 1986

3 Handels- und Gesellschaftsrecht

1. Handelsrecht

> (1) Der Steuerberater S. betreibt ein umfangreiches Beratungsbüro mit angestellten Mitarbeitern. Sein jährlicher Umsatz beträgt mehrere Millionen DM. Als eines Tages sein Mandant M. ihm wegen eines Beratungsfehlers schwere Vorwürfe macht, will S. ihn schnell beruhigen und erklärt mündlich ein Schuldanerkenntnis über 10 000,– DM.
> (2) Die Rechtsreferendarin Dr. jur. Ulrike Klug hat keinen Spaß mehr an der Rechtswissenschaft. Sie übernimmt von ihrem Onkel einen kleinen Verkaufsladen für Sanitätsbedarf. Als neuen Firmennamen meldet sie beim Handelsregister die Bezeichnung ‚Westdeutsche Zentrale für Sanitätsbedarf Dr. Klug' an.
> (3) Karin P. ist als Prokuristin einer Lebensmittelgroßhandlung tätig. Ihre Prokura ist im Handelsregister eingetragen. In ihrem Anstellungsvertrag steht, daß sie Lebensmitteleinkäufe bis 5000,– DM tätigen darf. Um die Geschäftsbasis zu verbreitern bestellt sie gegen den Willen des Inhabers ein Sortiment von Sportartikeln im Wert von 30 000,– DM.
> (4) Oskar W. betreibt eine Weinhandlung. Anläßlich einer Weinprobe bei der Winzergenossenschaft G. vereinbart er mit dem Vorstand der Genossenschaft, Herrn V., die Lieferung von 2000 Flaschen Müller-Thurgau und 1000 Flaschen Blauburgunder. Zwei Tage später erhält er ein Schreiben der Genossenschaft, mit dem sie die Bestellung von 1500 Flaschen Müller-Thurgau und 2000 Flaschen Blauburgunder dankend bestätigt. W. hält die Abweichungen für einen Schreibfehler der Sekretärin und verläßt sich auf seine mündliche Abmachung mit Herrn V.
> (5) Das Bekleidungsfachgeschäft Neutex bestellt bei dem Textilfabrikanten Tuch 50 seidene Damenblusen. Nach Eintreffen der Lieferung bei Neutex wird der Karton zunächst ungeöffnet in den Lagerraum gebracht. Als die Blusen einen Monat später in der Damenabteilung zum Verkauf angeboten werden sollen, sind bei allen Blusen deutlich erkennbare Webfehler zu sehen.

Auf den Zusammenhang zwischen Bürgerlichem Recht und Handelsrecht haben wir schon beim Überblick über die Privatrechtsordnung (Kap. 2, Abs. 1) hingewiesen. Das Handelsrecht ist innerhalb des Privatrechts ein *Sonderrecht für die Kaufleute*. Wer sich den kaufmännischen Geschäftsverkehr näher anschaut, der merkt, daß es auf eine möglichst *rasche* und *klare* Abwicklung der Rechtsgeschäfte ankommt. Kaufleute, die jede einzelne Warenlieferung tagelang rechtlich diskutieren und hinterher jede Rechtsunklarheit ausleuchten wollten, könnten

Sonderrecht des Kaufmanns

Handelsgeschäfte müssen schnell und klar sein

schon aus zeitlichen Gründen im Wettbewerb nicht bestehen. Das Gebot der unkomplizierten und schnellen Geschäftserledigung macht es aber auch erforderlich, daß der am Handelsgeschäft Beteiligte sich auf das Verhalten eines Kaufmanns *verlassen* kann und darüber hinaus die Möglichkeit hat, sich über bestimmte wichtige Rechtsverhältnisse seines Handelspartners zu informieren. Im Interesse dieser Erfordernisse sind im Handelsgesetzbuch (HGB) zahlreiche Regelungen für Kaufleute und Handelsgeschäfte zusammengefaßt. Einige Grundfragen dazu werden im folgenden erörtert, insbesondere für wen das HGB gilt, welche Funktion das Handelsregister hat und (anhand von Beispielen) worin sich das Geschäft eines Kaufmannes von dem eines „normalen Bürgers" unterscheidet.

Vertrauensschutz

Dabei darf nicht vergessen werden, daß das Handelsrecht in vielen Fällen immer nur in einer Verbindung mit dem Bürgerlichen Recht gesehen werden kann. Auch für Handelsgeschäfte gelten die Bestimmungen des BGB über das Zustandekommen und die Erfüllung von Verträgen, soweit das Handelsrecht nicht besondere Regelungen trifft. Eng verknüpft mit dem Recht der Kaufleute ist auch das Recht der Handelsgesellschaften (s. Abs. 2)

Kaufmannseigenschaft

Die Frage, an wen sich das Handelsrecht wendet, scheint mit dem *Begriff des Kaufmanns* eine einfache Antwort zu finden. Ein Blick in die ersten sieben Paragraphen des HGB zeigt jedoch, daß der Gesetzgeber sich außerordentlich schwer getan hat, eine praxisgerechte Bestimmung der Kaufmannseigenschaft vorzunehmen. Kaufmann ist nach der Regelung des § 1 HGB, wer eines der dort angegebenen *Grundhandelsgewerbe* betreibt, also z. B. Waren anschafft und veräußert oder Waren in größerem Umfang für andere verarbeitet. Diese Tätigkeit muß *gewerbsmäßig* sein, das heißt, es muß sich um eine auf Dauer angelegte, planmäßige, erlaubte, eigenverantwortliche Tätigkeit handeln, die mit der Absicht, Gewinn zu erzielen ausgeübt wird. Kaufleute sind danach u.a. Warenhäuser aller Art, Metzger, Textilfabrikanten, Reinigungen, Banken, Versicherungen. Bei diesen Grundhandelsgewerbebetrieben spricht man von *Mußkaufleuten*, da sie die Kaufmannseigenschaft

Grundhandelsgewerbe

Mußkaufmann

schon durch die Art ihrer Tätigkeit haben. Sie müssen zwar ihre Eintragung im Handelsregister (öffentliches Register über grundlegende Merkmale eines kaufmännischen Betriebes) anmelden, die Eintragung hat jedoch nur erklärenden Charakter. Daneben gibt es Betriebe, die zwar nicht im Katalog der Grundhandelsgewerbe vorkommen, aber aufgrund ihres Umfanges einen kaufmännisch eingerichteten Geschäftsbetrieb erfordern (z.B. Baugeschäft, großes Reisebüro, Grundstücksmakler). Sie werden *Sollkaufleute* genannt, weil sie sich ins Handelsregister eintragen lassen sollen, wobei sie erst mit der Eintragung die Kaufmannseigenschaft erhalten (rechtsbegründende Eintragung). Weiterhin sind alle *Handelsgesellschaften* schon aufgrund ihrer *Rechtsform* (s. Abs. 2) Kaufleute *(Formkaufleute)*. **Sollkaufmann**

Formkaufmann

Der Kaufmannsbegriff wird heute vielfach kritisiert, weil er zu kompliziert ist und nicht immer mit dem Grundgedanken des Handelsrechts übereinstimmt, wonach dem geschäftlich Erfahrenen im Interesse der schnellen Geschäftserledigung ein erhöhtes Risiko zugemutet werden kann. Dies läßt sich am Beispiel (1) zeigen. Ein Kaufmann kann im Unterschied zur normalen Privatperson u.a. eine Bürgschaft sowie ein Schuldanerkenntnis in mündlicher Form erklären, da ihm regelmäßig bewußt ist, in welches Haftungsrisiko er sich begibt. Es erscheint auf den ersten Blick selbstverständlich, daß auch der Steuerberater S. als Inhaber eines großen Beratungsbüros zu diesem geschäftlich erfahrenen Personenkreis gehört. Da die freien Berufe wie Rechtsanwälte, Steuerberater, Ärzte und Architekten nicht unter die obengenannten Gruppen von Kaufleuten fallen, haben sie keine Kaufmannseigenschaft. S. hätte daher nach den Vorschriften des Bürgerlichen Rechts das Schuldanerkenntnis schriftlich abgeben müssen. Sein mündliches Schuldanerkenntnis gegenüber dem M. ist unwirksam.

Das kaufmännische Unternehmen tritt im Handelsverkehr unter einem *Firmennamen* auf, der ins Handelsregister eingetragen werden muß. Die Firma ist nach dem Handelsrecht nicht – wie in der Alltagssprache – das Unternehmen selbst („ein Mitarbeiter geht in seine Firma"), sondern im rechtlichen Sinne **Firma**

Firmenwahrheit

nur der Name des Unternehmens, sein rechtliches „Aushängeschild". Dem Streben nach möglichst werbewirksamen Firmenbezeichnungen ist jedoch durch den Grundsatz der *Firmenwahrheit* eine Grenze gesetzt. So täuscht in Beispiel (2) der Firmenname „Westdeutsche Zentrale für Sanitätsbedarf Dr. Klug" den Geschäftspartner zweifach. Hat ein Kaufmann den Doktortitel, so kann er diesen grundsätzlich in die Firma einbeziehen. Es würde jedoch gegen das Gebot der Firmenwahrheit verstoßen, wenn durch den Titel eine einschlägige besondere Fachkunde vorgetäuscht wird. Bei einem Geschäft für Sanitätsbedarf würden die Kunden den Doktortitel mit einem Arzt oder Apotheker in Verbindung bringen. Da Ulrike Klug eine Juristin ist, darf die Firmenbezeichnung ihren akademischen Grad nicht enthalten. Auch der an sich zulässige Firmenzusatz, der den Geschäftsgegenstand bezeichnet, ist im Beispielsfall irreführend. Die Bezeichnung „Westdeutsche Zentrale" weist auf ein außerordentlich großes und überregional tätiges Unternehmen hin. Sie muß, da sie das Geschäft als Einzelkaufmann alleine betreibt, nach § 18 HGB ihrem Familiennamen mindestens einen Vornamen beifügen. Denkbar wäre etwa „Ulrike Klug Sanitätsbedarf" oder ähnliches.

Prokura

Meist kann der Kaufmann sein Geschäft nicht alleine betreiben, er muß Hilfspersonen einstellen. Unter ihnen nimmt der *Prokurist* eine Sonderstellung ein. Er hat nämlich eine im HGB geregelte, *umfassende Vertretungsmacht* (Prokura), aufgrund deren er für das kaufmännische Unternehmen alle Rechtsgeschäfte vornehmen kann, die im Handelsverkehr vorkommen. Nur zur Belastung oder Veräußerung von Grundstücken benötigt der Prokurist eine besondere Ermächtigung. Die Prokura wird ins Handelsregister eingetragen, so daß sich dort jeder Geschäftspartner informieren kann. Eine Beschränkung der Prokura durch eine interne Vereinbarung (etwa im Anstellungsvertrag) ist also den Geschäftspartnern gegenüber aus Gründen der Rechtssicherheit unwirksam. So hat Karin P. (3), entgegen der in ihrem Anstellungsvertrag festgelegten Beschränkung, einen Kaufvertrag über Sportartikel im Werte von 30 000,– DM abgeschlossen. Obwohl Sportartikel nicht zum speziellen Handelsgegenstand einer Lebensmittelhandlung gehören, muß der Kaufmann also den von seiner Prokuristin abgeschlossenen Vertrag erfüllen.

Wir kennen nun schon eine Reihe von Informationen, die sich aus dem *Handelsregister* ergeben (Kaufmannseigenschaft, Firma, Prokura). Es hat offenbar eine wichtige Funktion im Handelsverkehr. Dieses Register (Verzeichnis) wird vom Amtsgericht als Registergericht geführt. Es ist öffentlich; jedermann kann es einsehen, um sich z.B. über einen neuen Geschäftspartner zu informieren. Die eigentliche Bedeutung des Handelsregisters geht aber über die Vermittlung von Informationen hinaus. Im Handelsverkehr darf man sich nämlich unter bestimmten Voraussetzungen, die hier nicht im einzelnen ausgeführt werden können, auf das Handelsregister verlassen. Insbesondere kann man sich darauf verlassen, daß eintragungspflichtige Tatsachen, die im Handelsregister nicht eingetragen sind, auch nicht bestehen (Vertrauensschutz). Dies soll am Beispiel der Prokura verdeutlicht werden. Einzutragen ist sowohl die Erteilung der Prokura als auch (als entgegengesetzte Maßnahme) deren Aufhebung durch den Kaufmann. Hat aber ein Kaufmann die Prokura eines Mitarbeiters aufgehoben und dabei vergessen, die Aufhebung im Handelsregister eintragen zu lassen, so dürfen die gutgläubigen Geschäftspartner, die die Aufhebung der Prokura nicht erfahren haben, weiterhin von dem Fortbestand der Prokura ausgehen.

Handelsregister

Über die Grundlagen des Kaufmännischen Betriebs und des Handelsverkehrs hinaus, enthält das HGB auch allgemeine und besondere Regelungen über die *Handelsgeschäfte*. Wir müssen uns hier darauf beschränken, aus dieser umfangreichen Materie den zentralen Gedanken herauszuarbeiten. Im Interesse der raschen und unkomplizierten Geschäftsabwicklung sind die Vorschriften des HGB teilweise strenger und für die Vertragspartner risikoreicher als im BGB. Als Leitsatz könnte man daher über die Handelsgeschäfte schreiben: „Augen auf im Handelsverkehr". Dieser Gesichtspunkt soll bei einem allgemeinen und einem speziellen Fall veranschaulicht werden:

Handelsgeschäfte

allgemeine Regelungen und Handelsbrauch	— Das HGB enthält für alle von Kaufleuten abgewickelten Handelsgeschäfte *allgemeine Regelungen*, so etwa die Beachtung bestimmter handelsüblicher Sorgfaltspflichten. Neben diesen gesetzlichen Vorschriften stehen allgemeine *Handelsbräuche*, die den Charakter von Gewohnheitsrecht haben. Ein bekanntes Beispiel dafür sind die Rechtswirkungen des sogenannten *kaufmännischen Bestätigungsschreibens*. Erhält ein Kaufmann unmittelbar nach einer mündlichen (auch telefonischen) Vereinbarung von der Gegenseite ein Schreiben, das den wesentlichen Inhalt der Vereinbarung zusammenfassen soll (Bestätigungsschreiben), so muß er unverzüglich widersprechen, wenn das Schreiben die Vereinbarung falsch wiedergibt. Schweigt er, so gilt dies als Zustimmung zu dem schriftlich bestätigten Vertragsinhalt. Da Weinhändler W. (4) auf das Schreiben der Genossenschaft nicht reagierte, muß er 1500 Flaschen Müller-Thurgau und 2000 Flaschen Burgunder abnehmen.
Kaufmännisches Bestätigungsschreiben	
Handelskauf	— Ähnlich wie im Bürgerlichen Recht ist auch im Handelsverkehr der *Kauf* einer der wichtigsten Geschäftstypen. Wir erinnern uns, daß der Käufer einer beweglichen Sache, die sich bei Lieferung als mangelhaft erweist, den Mangel innerhalb eines halben Jahres rügen muß, wenn er ein Gewährleistungsrecht geltend machen will. Bei einem beiderseitigen Handelskauf (Verkäufer und Käufer sind Kaufleute) entfällt dagegen diese Halbjahresfrist, um Mängelansprüche zu erheben. Wenn der Käufer nicht *unmittelbar* nach Empfang der Ware diese überprüft und etwaige Mängel nicht sofort rügt, gilt die Ware als genehmigt. Da Neutex (5) die sofortige Rüge der fehlerhaften Blusen versäumt hat, gelten diese als ordnungsgemäße Lieferung.
sofortige Rüge	

Zusammenfassung:
Das Handelsrecht ist als Sonderprivatrecht der Kaufleute im Handelsgesetzbuch (HGB) geregelt. Es hat im Interesse einer raschen und unkomplizierten Abwicklung der Handelsgeschäfte gegenüber dem Zivilrecht teilweise strengere und für die Handelspartner risikoreichere Vorschriften. Dabei ist der Gedanke des Vertrauensschutzes im Handelsrecht besonders ausgeprägt. Anwendung findet das Handelsrecht auf die Handelsgeschäfte von Kaufleuten. Bei der Kaufmannseigenschaft muß man mehrere Gruppen unterscheiden. Die wichtigsten Gruppen sind die Mußkaufleute, die eines der im Gesetz genannten Grundhandelsgewerbe betreiben, sowie die Sollkaufleute, die sich wegen ihres kaufmännisch eingerichteten Betriebes ins Handelsregister eintragen lassen sollen und dadurch Kaufmann werden, und schließlich die Formkaufleute, die wegen ihrer Rechtsform die Kaufmannseigenschaft haben.
Die allgemeinen Vorschriften des Handelsgesetzbuches z.B. über Handelsregister, Firma und Prokura wollen dem Handelsverkehr eine möglichst gute Vertrauensgrundlage geben. Insbesondere kann sich der Kaufmann in gewissem Umfang auf die Eintragungen im Handelsregister verlassen.

2. Gesellschaftsrecht

(1) Günter F., Karin G. und Peter M. mieten bei der Firma Auto-Verleih einen Sportwagen, um gemeinsam zu einem Bundesligaspiel nach Hamburg zu fahren. Als die Fa. Auto-Verleih bei der Rückgabe des Wagens erfährt, daß Günter F. und Karin G. völlig mittellos sind, schickt sie die Rechnung an Peter M. Dieser will nur 1/3 des Rechnungsbetrages bezahlen.
(2) Albert O. und Gudrun Z. betreiben eine offene Handelsgesellschaft (OHG) zum Import von Südfrüchten. Albert O. will den Bürobetrieb verbessern und einen Computer im Wert von 20000,– DM anschaffen. Gudrun Z. widerspricht diesem Vorhaben. Trotzdem kauft Albert O. diese Maschine bei der Firma Bürotext. Da die „O und Z Südfrüchte OHG" den Kaufpreis nicht bezahlen kann, verlangt Fa. Bürotext das Geld von Gudrun Z.
(3) Die Geschwister Konrad und Lotte R. haben eine Kunstsammlung im Wert von 500000,– DM geerbt. Sie glauben, daß man mit dieser Sammlung einen blühenden Kunsthandel aufbauen und so das Vermögen noch vermehren könnte. Allerdings wollen sie das wirtschaftliche Risiko begrenzen und die Führung eines solchen Geschäfts dem Kunstsachverständigen K. überlassen. Sie fragen daher einen Notar, wie eine Unternehmensform rechtlich aussehen könnte, bei der sie unter begrenztem Risiko und bei fremder Geschäftsführung noch Einfluß auf das Geschäft ausüben könnten.
(4) Der Rentner R. besitzt 5000,– DM Daimler-Benz-Aktien. Aus der Zeitung erfährt er, daß die Firma Daimler-Benz AG einen neuen Wagentyp herstellen will. Er hält dies für einen unternehmerischen Fehler und schreibt daher an den Vorstand der Daimler-Benz AG, daß er gegen diese Entscheidung Widerspruch einlege.

Bedeutung und Begriff der Gesellschaften

Wer den Wirtschaftsteil einer Zeitung durchblättert wird feststellen, daß es sich bei den meisten Unternehmen, über die berichtet wird, um Gesellschaften handelt. Dies liegt u. a. daran, daß viele wirtschaftliche Aktivitäten wegen ihres großen Umfanges und insbesondere wegen der dafür erforderlichen finanziellen Grundlage nur von mehreren Personen gemeinsam betrieben werden können. Das Gesellschaftsrecht ist daher ein wichtiger Teil des Unternehmensrechts und der Wirtschaftsordnung. Gesellschaften kommen aber auch außerhalb des Wirtschaftsbereiches vor, so etwa die gemeinsamen Kanzleien von Rechtsanwälten und die immer häufigeren Gemeinschaftspraxen von Ärzten.

Personenverband zur gemeinsamen Zweckerreichung

Eine Gesellschaft liegt dann vor, wenn sich mehrere Personen durch einen privatrechtlichen Vertrag zusammenschließen, um einen *gemeinsamen Zweck* zu erreichen. Der dadurch entstehende Personenverband ist je nach der gewählten Gesellschaftsform rechtlich unterschiedlich organisiert. Je nachdem, wie selbständig eine Gesellschaft von den sie tragenden Gesellschaftern ist, unterscheidet man zwei Gruppen:

Personengesellschaften

Die *Personengesellschaften* bilden nur eine wirtschaftliche, aber keine rechtliche Einheit. Sie sind daher selbst nicht rechtsfähig und bleiben eng mit den Gesellschaftern verknüpft (zur Rechtsfähigkeit siehe Kap. 2, Abs. 2). Personengesellschaften werden üblicherweise dann gewählt, wenn der persönliche Einsatz, die unternehmerische Begabung und die Arbeitskraft der Gesellschafter im Vordergrund steht. Dieses starke personale Element kommt vor allem bei der Haftung der Gesellschafter für Gesellschaftsschulden zum Ausdruck. Grundsätzlich haften die Gesellschafter nicht nur mit ihrem Geschäftsvermögen, sondern auch mit ihrem persönlichen Vermögen. Die „Bonität" einer Personengesellschaft, die Fähigkeit wirtschaftliche Verpflichtungen zu erfüllen, wird daher auch maßgeblich nach dem Ansehen und Vermögen der Gesellschafter beurteilt. Die wichtigsten Formen der Personengesellschaften sind die Gesellschaft des bürgerlichen Rechts (BGB-Gesellschaft), die offene Handelsgesellschaft (OHG) und die Kommanditgesellschaft (KG).

Bei den *Kapitalgesellschaften* spielt die Person des einzelnen Gesellschafters nur noch eine untergeordnete Rolle. Viel wichtiger ist seine kapitalsmäßige Beteiligung. Da es regelmäßig nicht auf das persönliche Zusammenwirken der Gesellschafter ankommt, kann ein Gesellschafter seinen Kapitalanteil grundsätzlich ohne Zustimmung der anderen Gesellschafter veräußern. Die Kapitalgesellschaft hat dementsprechend eine eigene Rechtsfähigkeit und ist insgesamt im Verhältnis zu den Gesellschaftern viel selbständiger. Man spricht von einer körperschaftlichen Gliederung, da die Kapitalgesellschaft als juristische Person nicht selbst handeln kann, sondern ihr „Körper" zum Handeln gewissermaßen „Kopf und Hände" in Gestalt ihrer Organe braucht. Die juristische Grundform der Kapitalgesellschaft bildet der rechtsfähige Verein, der im BGB geregelt ist. Große Bedeutung für das Wirtschaftsleben in der Bundesrepublik haben die Gesellschaft mit beschränkter Haftung (GmbH) und die Aktiengesellschaft (AG).

Kapitalgesellschaften

Eine gewisse Verwandtschaft mit den Kapitalgesellschaften haben die *Genossenschaften*. Sie weisen ebenfalls eine körperschaftliche Struktur auf, d.h. sie sind rechtsfähige Körperschaften, die durch ihre Organe (Vorstand, Aufsichtsrat, Generalversammlung) handeln. Obwohl sie in erheblichem Umfang am Wirtschaftsverkehr teilnehmen, sind sie keine Handelsgesellschaften, da ihr Geschäftsbetrieb nicht auf Erwerb, sondern auf Förderung ihrer Mitglieder ausgerichtet ist. Ausgangspunkt der Genossenschaftsbewegung war der Gedanke, daß die Angehörigen von wirtschaftlich schwachen Berufsgruppen ihre Lebensbedingungen durch die Einrichtung von Selbsthilfeorganisationen verbessern können. So gibt es etwa Kreditgenossenschaften von Landwirten, die an ihre Mitglieder günstige Kredite geben. Heute spielen Genossenschaften in der gesamten mittelständischen Wirtschaft eine erhebliche Rolle.

Genossenschaften

Die *Gründung* einer Gesellschaft ist in der Regel für alle Beteiligten eine wirtschaftlich weittragende Entscheidung. Grundsätzlich können die Gründer frei bestimmen, welchen Gesellschaftstyp sie im Gesellschaftsvertrag vereinbaren. Sie können jedoch keine neue, gesetzlich nicht geregelte Gesellschaftsform

Gesellschaftsgründung

Typenzwang

85

"erfinden". Bevor sich die Gründer für einen bestimmten Typ entscheiden, sollten sie sorgfältig prüfen, wie ihre wirtschaftlichen Ziele mit den Vor- und Nachteilen der in Betracht gezogenen Gesellschaftsformen zu vereinbaren sind. Dabei geht es vor allem um Fragen der Geschäftsführung nach innen, der Vertretungsbefugnis nach außen, der gegenseitigen Kontrolle und insbesondere der Haftung der Gesellschafter für Gesellschaftsschulden. Auch die unterschiedliche steuerliche Behandlung der Gesellschaften, auf die hier nicht eingegangen werden kann, spielt bei der Wahl der Gesellschaftsform eine erhebliche Rolle.

BGB-Gesellschaft *Die Gesellschaft bürgerlichen Rechts* (BGB-Gesellschaft) ist ein auf einem Vertrag beruhender Personenzusammenschluß, der das Ziel hat, einen gemeinsamen beliebigen Zweck zu erreichen. Diese im BGB geregelte Gesellschaft, die keine eigene Rechtsfähigkeit besitzt, ist die Grundform aller Personengesellschaften. Wegen der Vielzahl der mit ihr verfolgbaren Zwecke hat die BGB-Gesellschaft einen außerordentlich breiten Anwendungsbereich. Dieser reicht von sogenannten Gelegenheitsgesellschaften (Wettgemeinschaften, Mitfahrgemeinschaften u. ä.) über die Büro- und Praxiszusammenschlüsse von Freiberuflern (Rechtsanwälte, Steuerberater, Architekten, Ärzte usw.) bis hin zu überbetrieblichen Zusammenschlüssen (Kartelle, Konzerne).

Nach der gesetzlichen Regelung, die allerdings im Gesellschaftsvertrag abgeändert werden kann, sind die Gesellschafter in starkem Maße voneinander abhängig. Sie müssen sowohl die Geschäfte der **Gesamtgeschäftsführung** Gesellschaft gemeinsam erledigen *(gemeinschaftli-* **Gesamtvertretung** *che Geschäftsführung)* als auch die Gesellschaft zusammen nach außen vertreten *(Gesamtvertretungsmacht).* Dies bedeutet, daß die Gesellschafter intern über alle Geschäfte einen gemeinsamen Willen bilden und den Vertragspartnern der Gesellschaft gegenüber gemeinsame Erklärungen abgeben müssen.

Obwohl die BGB-Gesellschaft selbst nicht rechtsfähig ist und daher auch nicht Träger von Vermögensrechten sein kann, bilden die in die Gesellschaft eingebrachten Finanzmittel und Sachwerte ein Sondervermögen. Die dazu gehörenden Sachen und Rechte stehen allen Gesellschaftern gemeinsam zu. Juristisch nennt man das sehr anschaulich *Gesamthandsvermögen*. Keine (Gesellschafter-)Hand kann alleine über Vermögensteile verfügen. Allerdings ist die Haftung für Schulden der BGB-Gesellschaft nicht auf dieses Gesellschaftsvermögen begrenzt. Daneben haftet jeder einzelne Gesellschafter für die Gesellschaftsschulden in vollem Umfang mit seinem *Privatvermögen*. Aus diesem Grund muß Peter M., dessen Vereinbarung mit Günter F. und Karin G. rechtlich die Bildung einer (Gelegenheits-)BGB-Gesellschaft bedeutet, die gesamte Rechnung für den gemieteten Wagen aus eigener Tasche bezahlen (ein Gesellschaftsvermögen wird bei solchen kurzlebigen Gesellschaftszwecken oft nicht gebildet). Es ist dann sein Risiko, ob er von den beiden anderen Mitfahrern einen anteiligen Ausgleich (jeweils 1/3) zurückerhält, siehe Beispiel (1) oben.

Vermögen zur gesamten Hand

persönliche Haftung

Die *offene Handelsgesellschaft* (OHG) ist eine Personengesellschaft, deren Zweck auf den Betrieb eines kaufmännischen Gewerbes gerichtet ist und bei der (wie bei der BGB-Gesellschaft) alle Gesellschafter persönlich gegenüber den Gläubigern der Gesellschaft haften. Insbesondere kleinere und mittlere Betriebe, deren Inhaber selbst die Unternehmensführung in der Hand haben, wählen gerne die Form der OHG. Die Regelungen über die OHG finden sich im HGB.

Offene Handelsgesellschaft

Da die OHG auf der BGB-Gesellschaft aufbaut, gelten im wesentlichen die dort genannten Gesichtspunkte, jedoch ist die Stellung des einzelnen OHG-Gesellschafters im HGB in seinen Handlungsmöglichkeiten stärker ausgeprägt, als die des BGB-Gesellschafters. Um rasch Geschäfte erledigen zu können, hat nach der gesetzlichen Regelung jeder Gesellschafter *allein* innerhalb der Gesellschaft die Befugnis zur *Geschäftsführung* und nach außen die *Vertretungsmacht*. Eine gegenseitige Kontrolle findet dadurch statt, daß jeder geschäftsführende Gesellschafter dem von einem anderen Gesellschafter beabsichtigten Geschäft widersprechen kann. Ein solcher Widerspruch wirkt aber nur auf das Verhältnis der Gesellschafter untereinander. Nach außen

Alleingeschäftsführung Alleinvertretung

bleibt es bei dem Grundsatz der Alleinvertretung. Deshalb ist der Kauf des Bürocomputers (2) durch Albert O. trotz des Widerspruchs der Mitgesellschafterin Gudrun Z. wirksam. Dies ist für Gudrun Z. umso schmerzlicher, als alle Gesellschafter einer OHG auch mit ihrem *Privatvermögen* für die Gesellschaftsschulden haften. Man sieht daran, wie risikoreich die Beteiligung an einer OHG sein kann und wie genau man sich vor dem Eintritt in eine OHG überlegen muß, ob man sich auf die anderen Mitgesellschafter verlassen kann.

persönliche Haftung

Kommanditgesellschaft

Die *Kommanditgesellschaft* (KG) ist eine Sonderform der OHG, die sich von dieser nur insofern unterscheidet, als sie zwei verschiedene Arten von Gesellschaftern aufweist. Neben dem persönlich haftenden Gesellschafter *(Komplementär = Vollhafter)*, der dieselbe Stellung hat wie der Gesellschafter einer OHG, gibt es noch den Typ des beschränkt haftenden Gesellschafters *(Kommanditist = Teilhafter)*. In einer KG muß mindestens ein Gesellschafter der genannten Arten vorhanden sein.

Komplementär

Kommanditist

Die beschränkt haftenden Gesellschafter sind in der Regel von der Geschäftsführung ausgeschlossen und zur Vertretung der Gesellschaft nicht befugt. Der geringeren Verantwortung des Kommanditisten entspricht das kleinere wirtschaftliche Risiko. Seine Haftung *beschränkt* sich auf die *Einlage*, die er nach dem Gesellschaftsvertrag zu erbringen hat. Wenn der Kommanditist seine Einlage geleistet hat, ist er mit seinem persönlichen Vermögen von der Haftung ausgenommen. Wäre also die Südfrüchte-Handelsfirma (2) eine KG und Gudrun Z. nur Kommanditistin, so wäre ihr Privatvermögen durch eine evtl. Überschuldung der KG nicht bedroht. Sie hätte allerdings auch kein Widerspruchsrecht gegen den Computerkauf gehabt.

Gesellschaft mit beschränkter Haftung

Die Gesellschaft mit beschränkter Haftung (GmbH) – geregelt im GmbH-Gesetz – ist eine Kapitalgesellschaft mit *eigener Rechtspersönlichkeit*. Ihr Name weist auf den Unterschied zu den bisher dargestellten Gesellschaftsformen hin. Bei der GmbH haften nämlich alle Gesellschafter nur mit ihrem *Anteil* an dem Gesellschaftsvermögen, dem sogenannten *Stammkapital*. Dieses Stammkapital muß minde-

Haftungsbeschränkung

stens 50000,– DM betragen. Ein weiterer Unterschied zu den Personengesellschaften liegt darin, daß die Gesellschafter einer GmbH nicht selbst die Geschäftsführung und Vertretung ausüben müssen. Sie können vielmehr einen Geschäftsführer anstellen *(Fremdorganschaft)*. Demnach bietet sich die GmbH für diejenigen Fälle (wie Fall 3) an, wo die Gesellschafter einen bestimmten Vermögensstock für einen Geschäftszweck zur Verfügung stellen können, gleichzeitig aber das wirtschaftliche Risiko auf das Gesellschaftsvermögen beschränken und zudem auch nicht die Last der Geschäftsführung übernehmen wollen, weil sie entweder nicht die erforderliche Zeit oder die Sachkunde dafür haben. Gleichwohl bleibt den Gesellschaftern einer GmbH die Befugnis, auf die grundlegenden unternehmerischen Entscheidungen Einfluß zu nehmen. **Fremdorganschaft**

Die *Aktiengesellschaft* (AG) ist die Gesellschaftsform, die sich für Großunternehmen mit einem erheblichen *Kapitalbedarf* eignet. Obwohl die Zahl der Aktiengesellschaften in der Bundesrepublik verhältnismäßig gering ist (im Jahre 1980 unter 1900 AGs), nehmen sie im Wirtschaftsleben wegen ihres großen wirtschaftlichen Gewichts eine herausragende Stellung ein. Deshalb sind die Vorschriften über die Aktiengesellschaften in einem besonderen Aktiengesetz zusammengefaßt. **Aktiengesellschaft**

Die AG ist wie die GmbH eine *juristische Person* mit einer körperschaftlichen Gliederung. Die Organe der AG sind der Vorstand, der Aufsichtsrat und die Hauptversammlung. Die Beteiligung an einer AG erfolgt durch den Erwerb von *Aktien*, das sind auf einen bestimmten Betrag lautende Anteile des *Grundkapitals* der Gesellschaft. Die Aktien sind regelmäßig in Urkunden verbrieft und können meist frei gekauft und verkauft werden. Um den Erwerb und die Übertragung von Aktien zu erleichtern, geschieht der Handel mit Aktien vorwiegend an den *Wertpapierbörsen*. **Aktien**

Das *geschäftsführende* und die Gesellschaft nach außen *vertretende Organ* ist der *Vorstand*. Der einzelne *Aktionär* (Inhaber von Aktien und damit Gesellschafter der AG) hat auf die unternehmerischen Entscheidungen des Vorstands keinen direk- **Wertpapierbörse** **Vorstand** ten Einfluß. Der Widerspruch des R. gegen den Typenplan „seiner" Aktiengesellschaft Daimler-Benz (4) entfaltet rechtlich keinerlei Wirkung. In der Praxis beschränkt sich auch das Interesse des Aktionärs auf eine möglichst günstige Kapitalanlage. Die eigentlichen Gesellschafterrechte kann der Aktionär lediglich bei der Versammlung aller Aktionäre, der *Hauptversammlung* ausüben. Die Hauptversammlung entscheidet u.a. über die Verwendung des Bilanzgewinnes und die Entlastung des Vorstands (Billigung der Geschäftsführung). Es ist aber klar, daß die Hauptversammlung, die im Normalfall einmal jährlich stattfindet, schon wegen der Vielzahl der Aktionäre keine wirkliche Kontrolle des Vorstands darstellen kann. Deshalb hat die Aktiengesellschaft ein besonderes Kontrollorgan, den *Aufsichtsrat*, der den Vorstand bestellt und dessen Tätigkeit überwacht.

Hauptversammlung

Aufsichtsrat

Da der Aktionär nur eine lose Bindung zur Gesellschaft hat, beschränkt sich auch sein wirtschaftliches Risiko auf den Wert seiner Aktien. Entwickelt sich das Unternehmen gut, steigt der Marktwert *(Kurs)* seiner Aktien, im ungünstigsten Fall sind die Aktien bei einem Scheitern der Gesellschaft wertlos.

Aktienkurs

Literaturhinweise
Groß, W.: Handelsrecht. 1980
Klunzinger, E.: Grundzüge des Handelsrechts. 3. Aufl. 1985
Hoffmann, P.: Handelsrecht. 5. Aufl. 1985
Eisenhardt, U.: Gesellschaftsrecht. 3. Aufl. 1985
Klunzinger, E.: Gesellschaftsrecht. 3. Aufl. 1984
Kraft, A./Kreutz, P.: Gesellschaftsrecht. 6. Aufl. 1985

4 Der Zivilprozeß

1. Prozeßrecht ist Rechtsdurchsetzungsrecht

> In der Kanzlei der Rechtsanwältin R. erscheint der kaufmännische Angestellte Gottfried K. und trägt voller Empörung folgendes vor: „Ich habe auf meinem Wochenendgrundstück vor einem Jahr mit eigenen Händen ein Holzhäuschen errichtet. Als es an das Lackieren der Außenwände ging, bin ich zum Farbengeschäft B. gegangen, um mich beim Kauf eines geeigneten Lackes beraten zu lassen. Dem Geschäftsinhaber Michael B. erklärte ich, daß es mir insbesondere auf eine lange Haltbarkeit des Holzes ankomme. B. empfahl mir schließlich den Lack Dura, wobei er ausdrücklich hinzufügte, das Holz bleibe mit diesem Lack von außen und innen mindestens fünf Jahre wie neu. Zufällig war mein Arbeitskollege Z. anwesend, der das Gespräch mitgehört hat und dies auch bestätigen kann. Daraufhin kaufte ich zehn Dosen Dura im Wert von 300,– DM und trug den Lack vorschriftsgemäß auf die Holzwände auf. Vor wenigen Wochen mußte ich feststellen, daß große Teile des Holzes offenbar von einer Art Pilz befallen sind. Der mit mir befreundete Schreiner S. hat mir versichert, daß dieser Schaden durch den ungeeigneten Lack verursacht wurde. Ich habe dann durch eine fachkundige Firma die schadhaften Holzteile auswechseln lassen müssen. Das Farbengeschäft B. ist nicht bereit, den mir entstandenen Schaden in Höhe von 7000,– DM und den Kaufpreis des Lackes zu ersetzen."

Nach einem bekannten Sprichwort ist es nicht damit getan, Recht zu haben, man muß auch Recht bekommen. Damit ist gemeint, daß das materielle Recht, so wie wir es auf dem Gebiet des Privatrechts in Kap. 3 kennengelernt haben, nicht wie ein Geschenk des Himmels auf den Rechtsuchenden niederfällt, sondern daß es oft gegen den Widerstand eines anderen (Betroffenen) verwirklicht werden muß. Würde die Gemeinschaft sich bei privatrechtlichen Streitigkeiten auf den Standpunkt stellen, es sei auch die „private" Angelegenheit der Beteiligten, um das richtige Recht zu kämpfen, so hätte auch ein gutes Recht keinerlei Wert, da sich stets nur der Stärkere durchsetzen würde. Um ein solches Faustrecht zu verhindern, muß der Staat ein Verfahren zur Verfügung stellen, in dem in möglichst objektiver Weise über die Rechte der Beteiligten entschieden wird und danach das „gefundene" (vom Gericht erkannte) Recht auch durchgesetzt werden kann. *Ziel* eines solchen Verfahrens – auch *Prozeß* genannt (lat. pro-

Prozeßziel

Verfahrensrecht ist öffentliches Recht

cedere = vorwärtsschreiten) – ist es, durch die Durchsetzung rechtlicher Ansprüche den *Rechtsfrieden* wieder herzustellen. Indem der Staat unabhängige *Gerichte* bestellt, die in einem förmlichen Verfahren mit hoheitlicher Macht ausgestattet sind und gegenüber den Rechtsuchenden (Prozeßparteien) bindend erklären können, was rechtens ist, erweist sich das Verfahrensrecht als ein *Teil des öffentlichen Rechts*.

Prozeßarten

Da Prozeßrecht Rechtsdurchsetzungsrecht ist, gibt es für die verschiedenen materiellen Rechtsgebiete entsprechende Verfahrensrechte. Der *Zivilprozeß* findet bei Ansprüchen aus dem Bereich des Bürgerlichen Rechts und aus fast allen Gebieten des sonstigen Privatrechts Anwendung. Der Strafprozeß dient der Strafverfolgung. Gegen Maßnahmen der öffentlichen Verwaltung muß nach den Regeln der Verwaltungsgerichtsordnung vorgegangen werden, usw. (s. Kap. 8). Im Rahmen einer rechtskundlichen Gesamtdarstellung stellt sich die Frage, ob die verschiedenen Prozeßrechte jeweils im Anschluß an das dazugehörige materielle Recht oder davon gesondert in einer gemeinsamen prozeßrechtlichen Betrachtung erläutert werden sollen. Wir wollen hier den ersten Weg wählen, um den inneren Zusammenhang zwischen dem jeweiligen materiellen Recht und Verfahrensrecht deutlich zu machen. Dabei soll hier der *Zivilprozeß* und seine rechtliche Grundlage, die *Zivilprozeßordnung* (ZPO) beispielhaft dargestellt werden. Wir verfolgen zunächst die Stationen eines einfachen zivilrechtlichen Rechtsstreits und wollen daran anschließend einige Grundsätze des Zivilprozesses auch mit vergleichenden Ausblicken auf andere Verfahrensrechte herausarbeiten. Im übrigen werden die anderen Prozeßrechte bei den jeweiligen materiellen Rechtsgebieten angesprochen.

Zivilprozeßordnung

2. Gang des Zivilprozesses

Im Ausgangsfall kommt die Rechtsanwältin R. nach kurzer Prüfung der Rechtslage zur Auffassung, daß eine gerichtliche Geltendmachung des Schadens gute Aussicht auf Erfolg hat. Sie rät daher dem K. zu einer Klage gegen die Firma B. Allerdings macht sie

K. darauf aufmerksam, daß in jedem Prozeß ein *Risiko* enthalten ist. Die verlierende Partei muß nämlich die gesamten *Prozeßkosten* (Gerichtskosten und die Kosten der Anwälte) tragen.

K. ist bereit, das Risiko einzugehen und erteilt der R. Vollmacht, seine Rechte vor Gericht wahrzunehmen. R. erstellt eine Klageschrift und erhebt im Namen des K. Klage beim Landgericht, mit der dieser die Verurteilung der Fa. B. zur Zahlung von 7300,– DM (300,– DM Kaufpreis des Lackes und 7000,– DM Reparaturkosten) beantragt. Die *Zuständigkeit* des Landgerichts ergibt sich daraus, daß der Streitwert über 5000,– DM liegt. Bei vermögensrechtlichen Streitigkeiten bis 5000,– DM (sowie u. a. in familienrechtlichen Angelegenheiten unabhängig von der Höhe des Streitwerts) ist das Amtsgericht zuständig. Dies ist insbesondere deshalb von Bedeutung, weil die Parteien vor dem Landgericht durch Anwälte vertreten sein müssen *(Anwaltszwang)*, während Kläger und Beklagter vor dem Amtsgericht auch ohne Anwalt ihren Streit durchführen können (s. Kap. 10, Gerichtszuständigkeit).

Nach Eingang der *Klageschrift* beim Landgericht bestimmt der Vorsitzende der Zivilkammer, die nach dem Geschäftsverteilungsplan zuständig ist, den Termin zur mündlichen Verhandlung, wobei er das Erscheinen der beiden Parteien anordnet und die Ladung des Zeugen Z. verfügt. Eine Abschrift der Klage geht sodann der Beklagten B. zu.

Die Fa. B. läßt durch ihren Anwalt eine *Klageerwiderung* einreichen, in der sie beantragt, die Klage abzuweisen, da der Geschäftsinhaber Michael B. über die Verwendbarkeit des Lackes keine konkrete Versprechung gemacht habe, sondern den Lack nur in allgemeiner Form angepriesen habe. Im übrigen habe der Pilzbefall nichts mit der Lackierung zu tun.

Die *mündliche Verhandlung* findet zum festgesetzten Zeitpunkt vor der mit drei Berufsrichtern besetzten Zivilkammer statt. Der die Verhandlung leitende Vorsitzende stellt die Anwesenheit der Parteien und insbesondere deren Rechtsanwälte (Anwaltszwang) sowie des Zeugen fest. Wäre der Kläger oder die Beklagte ohne Anwalt erschienen, so würden sie so behandelt, als ob sie vor Gericht überhaupt nicht

Prozeßrisiko
Prozeßkosten

Gerichtszuständigkeit

Anwaltszwang

Klageerhebung

Klageerwiderung

mündliche Verhandlung

Versäumnis-urteil

vertreten wären. Gegen eine solche säumige Partei kann ohne Verhandlung *Versäumnisurteil* ergehen, d.h. das Gericht entspricht dem Antrag der durch Anwalt vertretenen anderen Seite ohne Prüfung der Sachlage.

Im vorliegenden Fall sind beide Parteien ordnungsgemäß vertreten. Die Zivilkammer erörtert mit ihnen (in Abwesenheit des Zeugen, der zunächst im Zeugenzimmer warten muß) die Sach- und Rechtslage. Der Vorsitzende erläutert, daß es im wesentlichen darauf ankomme, was der Geschäftsinhaber Michael B. gesagt habe und ob darin die Zusicherung einer Eigenschaft des Lackes zu erkennen sei, die in Wirklichkeit nicht vorlag. Da beide Seiten auf ihren Behauptungen und Anträgen beharren, tritt das

Beweisaufnahme

Gericht in die *Beweisaufnahme* ein. Mit Hilfe von *Beweismitteln* soll festgestellt werden, welche der streitigen Tatsachen wahr sind. Als Beweismittel kommen nach der Zivilprozeßordnung nur in Betracht: *Augenschein* des Gerichts (etwa Besichtigung einer Unfallstelle), *Zeugen, Sachverständige, Urkunden* und schließlich die *Angaben der Parteien* selbst. Es liegt auf der Hand, daß die genannten Beweismittel von unterschiedlicher Qualität sind. Am zuverlässigsten sind die Urkunden, dagegen sind die Zeugenaussagen schon deshalb mit Vorsicht zu beurteilen, weil das menschliche Gedächtnis unvollkommen ist. Das schwächste Beweismittel sind schließlich die Angaben der Parteien, da sie sich häufig am jeweiligen Interesse orientierten.

Die Beweisaufnahme unserer Zivilkammer beginnt

Zeugenvernehmung

mit der *Vernehmung* des Zeugen Z., der in den Sitzungssaal hereingeholt wird. Nachdem er auf seine Wahrheitspflicht hingewiesen und über die strafrechtlichen Folgen einer falschen Aussage belehrt wird, soll er über das Verkaufsgespräch zwischen dem Kläger und dem Geschäftsinhaber Michael B. berichten. Er führt aus, daß der Geschäftsinhaber B. wörtlich erklärt habe: „Der Lack Dura ist speziell für die klimatischen Verhältnisse eines nicht beheizten Wochenendhauses geeignet. Das Holz bleibt wie neu; damit haben Sie die nächsten fünf Jahre ausgesorgt."

Nach Abschluß dieser Zeugenvernehmung wird die

Verhandlung fortgesetzt. Da das Gericht in jeder Phase des Verfahrens auf eine gütliche Einigung hinwirken soll, unterbreitet die Zivilkammer den Parteien einen Vergleichsvorschlag. Der *Prozeßvergleich* ist eine Vereinbarung (prozessualer Vertrag) der Parteien über die Beendigung des Rechtsstreits. Der Vergleich hat den großen psychologischen Vorteil, daß es keine „Sieger" und „Besiegte" gibt. Angesichts des bisherigen Verlaufes der Beweisaufnahme beurteilt das Gericht die Chancen des Klägers günstiger als die der Beklagten und schlägt daher vor, daß die Beklagte 5000,– DM an den Kläger zahlen soll. Nach kurzer Beratung mit dem anwesenden Michael B. lehnt der Rechtsanwalt der Beklagten diesen Vorschlag ab, da ja noch völlig offen sei, ob der Lack an dem Holzschaden schuld ist.

Prozeßvergleich

Das Gericht setzt daher einen neuen Termin zur Fortsetzung der Beweisaufnahme fest und beauftragt den *Sachverständigen* S. mit der Vorbereitung eines mündlich zu erstattenden *Gutachtens* zu der Frage, ob der Pilzbefall und die dadurch hervorgerufene Holzfäulnis auf die Verwendung des Lackes Dura zurückzuführen ist. Glücklicherweise hat K. noch einige Bruchstücke des alten Holzes, die S. untersuchen kann. Im nächsten Beweisaufnahmetermin macht S. folgende Ausführungen: „Der Lack Dura ist ein besonders widerstandsfähiger und abdichtender Lack. Dies hat zwar den Vorteil, daß er nach außen sehr gut schützt, andererseits ist diese Eigenschaft dann von Nachteil, wenn innerhalb der Holzwände eine hohe Feuchtigkeit herrscht, die dann nicht nach außen dringen kann und daher Pilzbefall verursacht. Deshalb ist der Lack Dura für Holzgebäude, die nicht ständig belüftet werden, nicht geeignet."

Sachverständiger

Das Gericht schließt sodann die Beweisaufnahme ab, gibt den Parteien noch Gelegenheit, sich zum Verlauf des Verfahrens zu äußern und macht dann bekannt, daß das *Urteil* in zwei Wochen zu einem bestimmten Zeitpunkt mündlich verkündet werde.

Urteil

Das dann verkündete und später den Parteien auch schriftlich zugestellte Urteil enthält ein vollständiges Obsiegen des Klägers. Die Beklagte wird verurteilt 7300,– DM zu zahlen und die Kosten zu tragen. In der *Urteilsbegründung* wird u. a. ausgeführt, daß

Urteilsbegründung

95

die anläßlich der Verkaufsberatung vom Geschäftsinhaber Michael B. abgegebene Erklärung als Zusicherung einer Eigenschaft anzusehen sei. Zwar hätten die Parteien bei diesem Gespräch nicht unmittelbar an Pilzbefall gedacht, für den unkundigen Kläger sei die Erklärung „fünf Jahre Haltbarkeit" aber so zu verstehen gewesen, daß auch Pilzschäden von innen vermieden werden. Tatsächlich habe aber der Lack Dura wegen seiner geringen Luftdurchlässigkeit den Pilzbefall entscheidend verursacht. Rechtlich sei dies so zu beurteilen, daß eine zugesicherte Eigenschaft gefehlt habe und die Fa. B. als Verkäuferin daher den Schaden des K. gemäß § 463 BGB zu ersetzen habe (s. Kap. 2).

Berufung Gegen dieses Urteil kann die Fa. B. innerhalb eines Monats nach seiner Zustellung *Berufung* bei dem übergeordneten *Oberlandesgericht* (OLG) einlegen. Das OLG überprüft das erstinstanzliche Urteil des LG sowohl in tatsächlicher als auch in rechtlicher Hinsicht. Der Gang des Verfahrens entspricht im wesentlichen dem soeben beschriebenen Verfahren vor dem LG. Auch gegen das Urteil des OLG gibt es

Revision noch ein Rechtsmittel, nämlich die *Revision* zum *Bundesgerichtshof*. Diese ist allerdings nur dann zulässig, wenn der Rechtsstreit von grundsätzlicher Bedeutung ist oder der Wert des Streitgegenstandes 40 000,– DM übersteigt. In der Revisionsinstanz werden nur noch rechtliche Gesichtspunkte geprüft, es findet also keine Beweisaufnahme statt.

3. Verfahrensgrundsätze

Wir können an diesem für die tägliche Praxis typischen Fall einige *Verfahrensgrundsätze* näher betrachten. Da es im Zivilprozeß um den Ausgleich privater Interessen geht, ist es Sache der Parteien, die Tatsachen in den Prozeß einzuführen, über die nach ihrer Ansicht verhandelt werden soll. Dieser soge-

Verhandlungs- nannte *Verhandlungsgrundsatz* bedeutet insbeson-
grundsatz dere, daß das Gericht nicht von sich aus erforscht, welche weiteren Tatsachen und zusätzlichen Beweismittel für die Entscheidung des Falles von Bedeutung sein könnten. Im obigen Lack-Prozeß wird also das Gericht nicht von sich aus Ermittlungen

anstellen, ob noch andere Zeugen das Gespräch zwischen B. und K. verfolgt haben. War etwa auch die Ladenangestellte L. bei der Verkaufsberatung anwesend, die das Gespräch ganz anders als der Zeuge Z. in Erinnerung hat, so ist es Sache der beklagten Fa. B., die L. als Zeugin zu benennen. Dieser Verhandlungsgrundsatz gilt im übrigen nicht im Straf- und Verwaltungsprozeß. Dort geht es hauptsächlich um öffentliche Interessen, so daß das Gericht von sich aus alle entscheidungserheblichen Tatsachen heranziehen kann.

Ebenso können nach dem *Verfügungsgrundsatz* (Dispositionsgrundsatz) die Parteien über Beginn, Gegenstand und Ende des Verfahrens bestimmen. So hatte es der Kläger K. selbst in der Hand, ob er eine Klage erheben wollte oder nicht. Wir haben zudem gesehen, daß die beiden Parteien die Möglichkeit gehabt hätten, durch einen Vergleich den Rechtsstreit zu beenden. Der Gegensatz zum Verfügungsgrundsatz ist der z.B. im Strafprozeß überwiegende Amtsgrundsatz. Dort kann der Staatsanwalt mit dem Angeklagten keinen Vergleich schließen und damit das Verfahren beenden. Freilich werden die hier genannten Grundsätze nicht immer lupenrein durchgeführt. **Verfügungsgrundsatz**

Einen gewissen inneren Zusammenhang haben die Grundsätze der Mündlichkeit, der Unmittelbarkeit und der Öffentlichkeit, die im allgemeinen für alle Verfahrensarten maßgeblich sind. Der Grundsatz der *Mündlichkeit* verlangt, daß nur mündlich vorgetragene und verhandelte Tatsachen in dem Urteil berücksichtigt werden können. Damit soll gewährleistet werden, daß alles, was für die Entscheidung von Bedeutung ist, auch tatsächlich zur Sprache kommt und nicht nur in umfangreichen Akten schlummert. In der Praxis wird die Mündlichkeit jedoch häufig dadurch abgeschwächt, daß die Anwälte auf ihre Schriftsätze Bezug nehmen, weshalb ein mit der Sache nicht vertrauter Zuhörer oft nicht versteht, um was es im einzelnen geht. **Mündlichkeit**

Nicht zu verwechseln mit der Mündlichkeit ist der Grundsatz der *Unmittelbarkeit*. Über den Rechtsstreit können nur die Richter entscheiden, die unmittelbar bei der Verhandlung dabei waren. Es **Unmittelbarkeit** wäre also unzulässig, die Verhandlung durch einige Hilfsrichter durchführen zu lassen, die dann dem erkennenden Gericht ihre Eindrücke von der Verhandlung weitergeben.

Öffentlichkeit Von allgemein rechtsstaatlicher Bedeutung ist der Grundsatz der *Öffentlichkeit*. Bei den meisten Verfahren kann jedermann als Zuhörer die Verhandlung miterleben. Dadurch sollen Geheimprozesse vermieden und das Vertrauen der Bürger in die Rechtspflege gestärkt werden. Allerdings gibt es Prozesse, bei denen das private Interesse der Beteiligten an einer vertraulichen Behandlung höher zu bewerten ist als der Grundsatz der Öffentlichkeit. Daher ist z.B. bei Ehe- und Entmündigungssachen die Öffentlichkeit ausgeschlossen.

Rechtliches Gehör Für alle Verfahrensarten gilt der Grundsatz des *rechtlichen Gehörs*. Dieser Grundsatz ist sogar in der Verfassung verankert (Art. 103 Grundgesetz); man spricht von einem prozessualen Grundrecht. Gemeint ist damit zum einen der Anspruch des Bürgers gegen den Staat auf Ausübung der Rechtspflege *(Justizgewährungsanspruch)*. Zum anderen bedeutet dieser Grundsatz, daß nur solche Tatsachen im Urteil Verwertung finden dürfen, zu denen die Beteiligten vorher angehört wurden. Daher gibt der Richter den Parteien Gelegenheit, sich zu jedem entscheidungserheblichen Gesichtspunkt zu äußern.

Diese gedrängte Darstellung des Zivilprozesses vermittelt eine erste Vorstellung davon, wie mühsam es unter Umständen ist, sein Recht durchzusetzen. Dabei ist die Rechtsverwirklichung noch keineswegs damit beendet, daß man ein obsiegendes Urteil erlangt. Ist der Verurteilte nicht bereit, sich dem Urteil entsprechend zu verhalten (also z.B. die im Urteil ausgesprochene Zahlung zu leisten), so schließt sich an die Phase der Rechtsfindung (Erkenntnisverfahren) das *Vollstreckungsverfahren*

Vollstreckungsverfahren an. Wir müssen uns hier mit dem Hinweis begnügen, daß die ZPO zahlreiche Vorschriften enthält, wie mit Hilfe von Vollstreckungsorganen (bekanntestes Beispiel: Gerichtsvollzieher) der Ausspruch des Urteils durch staatlichen Zwang tatsächlich durchgesetzt werden kann. Man versteht jetzt, wieso es vom Zeitpunkt der Klageerhebung bis zur Verwirklichung des Rechts ein so weiter Weg sein kann.

Zusammenfassung:
Da der Rechtsstaat es seinen Bürgern verbietet, sich ihre Rechte eigenmächtig zu nehmen oder gar zu erkämpfen (Faustrecht), muß er ein geregeltes Verfahren zur Verfügung stellen, mit dessen Hilfe der Rechtsuchende seine Ansprüche, sofern sie nach dem materiellen Recht bestehen, auch durchsetzen kann. Der Zivilprozeß dient der Verwirklichung privater Rechte. Er gliedert sich in eine Phase der Rechtsfindung (Erkenntnisverfahren) sowie in eine Phase der zwangsweisen Vollstreckung (Vollstreckungsverfahren).

Im Mittelpunkt des Zivilprozesses steht die mündliche Verhandlung vor dem zuständigen Gericht. Die Parteien haben auf den Gang des Verfahrens im Zivilprozeß einen größeren Einfluß als bei den meisten anderen Verfahren. Sie bestimmen selbst, welche Tatsachen sie dem Gericht zur Beurteilung vortragen und in welchem Umfang sie Rechte geltend machen. Sie können auch durch eine gütliche Vereinbarung (Vergleich) den Prozeß beenden. Über streitige Tatsachenbehauptungen erhebt das Gericht Beweis; die Beweismittel müssen von den Parteien beschafft werden. Kommt das Gericht aufgrund der mündlichen Verhandlung und Beweisaufnahme zur Auffassung, daß der mit der Klage geltend gemachte Anspruch ganz oder teilweise berechtigt ist, so verurteilt es den Beklagten zu einer entsprechenden Erfüllung des Anspruchs.

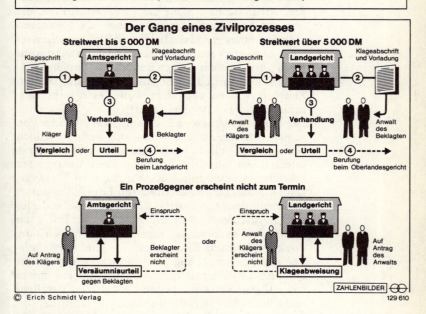

Literaturhinweise
Arens, P.: Zivilprozeßrecht. 5. Aufl. 1984
Baumann, J.: Grundbegriffe und Verfahrensprinzipien des Zivilprozesses, 2. Aufl. 1979
Baur, F.: Zivilprozeßrecht. 5. Aufl. 1985
Jauernig, O.: Zivilprozeßrecht. 21. Aufl. 1985

5 Arbeitsrecht

1. Aufgaben und Formen arbeitsrechtlicher Regelungen

> (1) Georg F. repariert als selbständiger Handwerksmeister Haushaltsmaschinen.
> (2) Ingrid W. kauft ein, kocht und erledigt alle Hausarbeiten für ihre Familie.
> (3) Der Schüler Florian L. arbeitet täglich noch 2 bis 3 Stunden an seinen Schulaufgaben.
> (4) Beate S. ist Verkäuferin am Kosmetikstand eines Kaufhauses und berät dort eine Kundin.
> (5) Paul G. überwacht als Gefängnisbeamter eine Gruppe von Strafgefangenen, die den Stadtwald ausholzen.

Das Arbeitsverhältnis

Menschen arbeiten in vielfältiger Weise und aus verschiedenen Gründen; jedoch unterliegen nicht alle Arbeitssituationen arbeitsrechtlichen Regelungen. Arbeitsrecht umfaßt nur jene Vorschriften, die sich auf Arbeitstätigkeiten beziehen, die Menschen aufgrund eines grundsätzlich freiwillig abgeschlossenen „Arbeits-Vertrages" nach den Anweisungen eines „Arbeitgebers" gegen Bezahlung („Entgelt') ausführen. Dies trifft nur für eines der vorangestellten Beispiele voll zu. (Vor dem Weiterlesen selbst vermuten: Welches Beispiel ist es?)

Der Handwerksmeister F. nimmt zwar Aufträge von seinen Kunden an und wird dafür bezahlt. Jedoch bestimmt er selbst, wann und wie er den Auftrag erledigt, wer ihm dabei hilft usw. Dem Auftraggeber schuldet er – aufgrund des sogenannten Werkvertrags – lediglich den vereinbarten Erfolg (Reparatur) innerhalb der vereinbarten Zeit. Ingrid W. und Florian L. erledigen zwar ihre Arbeit zum Teil nach Anweisung anderer. Bei ihnen entfällt jedoch eine direkte Bezahlung ihrer Arbeit. Sie sind *wirtschaftlich* nicht davon abhängig, ob und wie sie ihre Arbeit erledigen. Die Arbeit beruht auch nicht auf einem freiwilligen Vertrag, sondern entspringt familienrechtlichen bzw. schulrechtlichen Vorschriften.

Bei Beate S. und Paul G. treffen die oben genannten Merkmale auf den ersten Blick zu. Beide müssen regelmäßig an ihrem Arbeitsplatz erscheinen, die Arbeitszeit einhalten, den Anweisungen ihrer Vorgesetzten folgen. Sie arbeiten gegen ein Entgelt unabhängig davon, ob sie – wie beim Selbständigen – einen bestimmten Erfolg erzielen. Sie sind *sozial,* d.h. *wirtschaftlich* und *persönlich abhängig* beschäftigt.

Allerdings ist Paul G. Beamter des Staates. Da Beamte bei der Ausführung gesetzlicher Vorschriften gegenüber allen Bürgern eine besondere Unangreifbarkeit brauchen, ist die Arbeit z.B. des Gefängnisaufsehers wie die aller sonstigen Beamten durch das *Beamtenrecht* besonders geregelt. Mit der Übernahme eines Amtes unterwirft sich der Beamte der Verpflichtung, dem Staat in diesem Amt sowie außerdienstlich zu dienen. Dies beschwört er mit einem Diensteid. Dafür versorgt ihn der Staat wirtschaftlich in einer seiner Stellung angemessenen Weise (zum Beamtenrecht s. Kap. 8 Abs. 3).

Schließlich arbeiten auch die Strafgefangenen (und z.B. Insassen von Heilanstalten) nicht aufgrund eines Arbeitsvertrages und unter wirtschaftlicher Abhängigkeit, sondern zu Zwecken der Therapie, der Erziehung oder der gesellschaftlichen Wiedereingliederung. Sie unterliegen dabei – ähnlich wie der Beamte – einem besonderen „Gewaltverhältnis".

Zusammenfassung:
Das „Arbeitsrecht" entstand und besteht zur Regelung jener Arbeitsverhältnisse, in denen Personen in *wirtschaftlicher und zugleich persönlicher* Abhängigkeit als *Arbeitnehmer* auf der Grundlage eines Arbeits-*Vertrags* nach den Weisungen des *Arbeitgebers* tätig sind. Das Arbeitsrecht ist deshalb grundsätzlich privatrechtlicher Natur. In der Rechtswirklichkeit ist dieser Grundsatz allerdings durchbrochen. Arbeitsschutzbestimmungen, wie z.B. das Kündigungsverbot gegenüber werdenden Müttern oder Schwerbeschädigten oder die Vorschriften über die Versicherung der Arbeitnehmer stellen an den Arbeitgeber öffentlich-rechtliche Ansprüche. Diese Ansprüche gestalten das zivilrechtliche Arbeitsverhältnis mit.

Urlaubsregelung in der Bäckerei Würz (2 Meister, 6 Gesellen, 2 Lehrlinge, 1 Halbtagskraft für die Buchführung): Jedem Gesellen und Lehrling stehen nach Tarifvertrag jährlich mindestens 24 Arbeitstage bezahlter Urlaub zu. Mit Bäckermeister Würz ist vereinbart, daß der Betrieb von Mitte Juli bis Anfang August wegen Betriebsferien für drei Wochen geschlossen bleibt. Die Buchhalterin Frau Z. – ihr Mann ist Lehrer – hat allerdings die Absprache getroffen, daß sie während der Schulferien 6 Wochen Urlaub erhält. Lehrling V. im ersten Lehrjahr erhält 30 Arbeitstage Urlaub, wie es das Jugendarbeitsschutzgesetz für ihn vorschreibt.

Arbeitsrechtliche Regelungen

Arbeitsvertrag

Das Beispiel enthält alle vier im Arbeitsrecht vorgesehenen rechtlichen *Gestaltungsmittel*:

— Grundlegend ist der *Arbeits-Vertrag,* mit dem nach dem Bürgerlichen Gesetzbuch (BGB) das Arbeitsverhältnis begründet wird. In ihm sind alle *speziellen* Fragen, die mit der Einzelperson des Arbeitnehmers zusammenhängen, zu regeln – seine Aufgaben und sein „Wirkungskreis", persönliche Besonderheiten (Einzelarbeitsvertrag S. 106 ff.).

Tarifvertrag

— Viele Vertragsbedingungen sind heute in *Tarifverträgen* allgemein festgelegt. Tarifverträge werden für verschiedene Berufszweige überbetrieblich zwischen den Gewerkschaften als Arbeitnehmerorganisationen und Verbänden der Arbeitgeber ausgehandelt. Dadurch sind der Umfang von Leistung und Gegenleistung insbesondere beim Arbeitsentgelt und der Arbeitszeit einheitlich geregelt, in unserem Beispiel die Anzahl der bezahlten Urlaubstage (Kollektivvertragsrecht S. 110 ff.).

Betriebsvereinbarungen

Nicht wenige Arbeitsbedingungen werden auf betrieblicher Ebene durch *Betriebsvereinbarungen* zwischen Betriebsrat (als Vertreter der im Betrieb beschäftigten Arbeitnehmer) und der Betriebsleitung festgelegt. Beispiele hierfür sind z. B. Schichteinteilungen, Zeitpunkt und Dauer von Betriebsferien u. a. (Betriebsrat s. S. 128 ff.).

Gesetzliche Bestimmungen

— *Gesetzliche Bestimmungen* dienen vor allem dem Schutz des sozial abhängigen Arbeitnehmers sowie der Absicherung seiner Grundrechte. Die Gesetze legen deshalb Rahmenbedingungen und Mindestanforderungen für die Ausgestaltung der Arbeitsbeziehungen zwischen Arbeitgeber und Arbeitnehmer fest; in unserem Beispiel betrifft dies die nach dem Jugendarbeitsschutzgesetz vorgeschriebene längere Urlaubszeit für jugendliche Arbeitnehmer.

Als Grundsatz gilt: Der Einzelarbeitsvertrag kann für

den Arbeitnehmer immer *günstigere* Regelungen enthalten als der Tarifvertrag oder die Betriebsvereinbarung, jedoch keine ungünstigeren. So ist z. B. die Vereinbarung eines Lohnes, der niedriger als der für den Betrieb geltende Tariflohn ist, unwirksam, d. h. der Arbeitnehmer kann den Tariflohn als Mindestlohn verlangen. Ebenso dürfen Betriebsvereinbarungen den Arbeitnehmer nicht ungünstiger stellen als der Tarifvertrag. Dasselbe gilt für Abweichungen von den gesetzlichen Vorschriften: Tarifverträge, Betriebsvereinbarungen und Einzelverträge dürfen von Gesetzen abweichen, wenn sie den Arbeitnehmer günstiger stellen. Damit sich die Arbeitnehmer hierüber informieren können, sind die Arbeitgeber verpflichtet, die wichtigsten allgemeinen Vorschriften, die im Betrieb gelten, öffentlich auszuhängen (z. B. Betriebsvereinbarungen über Arbeitszeit und Pausen u. ä., Tarifverträge, Arbeitszeitordnung, Ladenschlußgesetz, Jugendarbeits- und Mutterschutzgesetz u. a.). **Günstigkeits-Grundsatz**

Die heutigen arbeitsrechtlichen Vorschriften sind das Ergebnis eines über hundertjährigen Ringens vor allem der Arbeitnehmer-Gewerkschaften mit den Unternehmern sowie damit einhergehender Veränderungen in den politischen Verhältnissen. Die moderne Demokratie will nicht nur politische und rechtliche, sondern auch soziale und wirtschaftliche Freiheit und Gleichheit *für jeden* verwirklichen. Solange das Arbeitsverhältnis nur vom Bedarf des Arbeitgebers an Arbeitskräften abhängig war und durch ein Überangebot an Arbeitskräften die Unternehmer nur geringe Löhne bei schlechten Arbeitsbedingungen zu zahlen brauchten, lebten die lohnabhängigen Arbeitnehmer oft unter unwürdigen Verhältnissen: Lange Arbeitszeiten bis zu 16 Stunden täglich, unzureichendes Einkommen und keine Absicherung für den Fall der Erwerbsunfähigkeit durch Krankheit oder Alter. In der heutigen „sozialen" Marktwirtschaft *korrigiert* das Arbeitsrecht als „Schutzrecht für Arbeitnehmer" die grundsätzlich schwächere Stellung des abhängig Beschäftigten. Man kann als erste Übersicht die Vielzahl arbeitsrechtlicher Vorschriften nach den hieraus abgeleiteten *vier Hauptaufgaben* des Arbeitsrechts gliedern: **Übersicht über wichtige Bereiche des Arbeitsrechts**

vier Hauptaufgaben

Gerechter Leistungsaustausch

(1) Sorge für einen gerechten Leistungsaustausch. Das Entgelt, das der Arbeitnehmer für seine Arbeitsleistung erhält, muß in angemessenem Verhältnis zum Ertrag des Gesamtunternehmens und zu den Preisen stehen, die der Arbeitnehmer für die hergestellten Güter beziehungsweise für seine gesamte Lebensführung bezahlen muß. Dieses Ziel wird dadurch erreicht, daß das Grundgesetz (GG) in Artikel 9 Abs. 3 ausdrücklich das Recht schützt, „zur Wahrung und Förderung der Arbeits- und Wirtschaftsbedingungen Vereinigungen zu bilden"

Tarifvertragsgesetz

(= sogenannte Koalitionsfreiheit). Das *Tarifvertragsgesetz* (TVG) regelt, daß die Arbeitnehmer- und Arbeitgeberverbände Löhne und Arbeitsbedingungen möglichst ohne staatliche Einmischung aushandeln. Dazu sind auch der Streik – und als Gegenmaßnahme die Aussperrung – als „Arbeitskampfmittel" rechtlich zugelassen (siehe Tarifvertragsrecht).

Gesundheits- und Gefahrenschutz

(2) Fürsorge für die Person des Arbeitnehmers insbesondere als Gesundheits- und Gefahrenschutz. Hiermit beschäftigen sich die meisten Einzelgesetze: Neben einer Vielzahl gewerberechtlicher Vorschriften über die sichere und gesundheitlich unschädliche Gestaltung der Arbeitsplätze (z.B. durch Vorschriften über Sicherheitseinrichtungen) und neben einem umfangreichen Unfallverhütungsschutzwesen erfüllen *Arbeitsschutzgesetze* wie die Arbeitszeitordnung (AZO), das Bundesurlaubsgesetz (BUrlG), das Jugendarbeitsschutzgesetz (JArbSchG), das Mutterschutz- (MuSchG) und das Schwerbehindertengesetz (SchwbG) besonders diese Aufgabe (s. Abs. 3, Arbeitsschutzgesetze im Überblick).

Arbeitsschutzgesetze

Betriebliche Mitgestaltung und Mitbestimmung

(3) Regelung der Mitgestaltung und der Mitbestimmung über betriebliche Organisationsabläufe, über Arbeitsprozesse und Fragen zwischenmenschlichen Zusammenlebens bei der Arbeit finden ihren gesetzlichen Rahmen insbesondere im *Betriebsverfassungsgesetz* (BetrVG) und im Berufsbildungsgesetz (BBiG). Außerdem schaffen die Gesetze über die Mitbestimmung der Arbeitnehmer in den Aufsichtsräten der Großunternehmen weitere Voraussetzungen für die Mitgestaltung des Arbeitslebens durch die Arbeitnehmer (zum BBiG s. Abs. 3, zur Mitbestimmung s. Abs 4).

(4) Arbeitsrechtliche Vorschriften helfen auch bei der Daseins-Vorsorge für die Arbeitnehmer mit. Zwar kann aus dem privaten Arbeitsvertrag für den Arbeitgeber nicht grundsätzlich die Pflicht erwachsen, den Arbeitnehmer im Falle einer Erwerbsunfähigkeit wegen Krankheit, Invalidität oder gar im Alter allgemein zu versorgen. Hierfür muß möglichst jeder selbst vorsorgen bzw. muß diese Aufgabe gemeinschaftlich durch die hierfür geschaffenen Sozialversicherungen und staatlichen Fürsorgeeinrichtungen übernommen werden. Rechtsgrundlage hierfür bilden die öffentlich-rechtlichen *Sozialgesetze* (s. dazu Kap. 9). Dennoch enthält auch das Arbeitsrecht einige Bestimmungen, die dem Arbeitgeber begrenzte Daseinsvorsorgepflichten zuweisen. Hierzu gehört insbesondere die Verpflichtung für den Arbeitgeber, bei Erkrankung oder Unfall des Arbeitnehmers oder des Auszubildenden das regelmäßige Arbeitsentgelt bis zu sechs Wochen Krankheitsdauer weiter zu bezahlen. Rechtsgrundlage hierfür sind das Angestelltenversicherungsgesetz (1924), das Lohnfortzahlungsgesetz (1969) und das Berufsbildungsgesetz (1969). Ähnliches gilt nach dem Mutterschutzgesetz für werdende Mütter: ihnen muß der Arbeitgeber das vor dem Eintritt der Schwangerschaft erzielte Entgelt weiterbezahlen, auch wenn er die Schwangere nur noch mit leichten Arbeiten beschäftigen darf. Außerdem soll das Kündigungsschutzgesetz zur Absicherung des Arbeitsplatzes für den Arbeitnehmer beitragen.

Daseinsvorsorge

Zusammenfassung:
Das Arbeitsrecht soll das Verhältnis zwischen Arbeitgeber und Arbeitnehmer, soweit es auf einem freiwilligen Arbeitsvertrag beruht, so regeln, daß die persönliche und wirtschaftliche Abhängigkeit des Arbeitnehmers vom Arbeitgeber so weit als möglich ausgeglichen wird. Im Rahmen dieser Gesetze sollen die Arbeitnehmer und Arbeitgeber das Verhältnis von Leistung und Gegenleistung selbst, d.h. ohne inhaltliche Einmischung durch den Staat, aushandeln. Selbständige Arbeit, die Tätigkeit als Beamter, als Familienmitglied, als Schüler, Student oder als Insasse einer Anstalt unterliegen nicht den arbeitsrechtlichen Bestimmungen. Als „Schutzrechte für den Arbeitnehmer" sollen die Arbeitsgesetze für einen gerechten Leistungsaustausch sorgen, Leben und Gesundheit der Arbeitnehmer im Betrieb sichern, Mitbestimmung und Mitgestaltung betrieblicher Abläufe durch die Arbeitnehmer ermöglichen und auch die mit der

Erwerbstätigkeit verbundene Lebensführung sichern helfen. Die Verwirklichung dieser gesetzlichen Absichten hängt allerdings vielfach davon ab, daß die Arbeitnehmer ihre Rechte kennen und dafür sorgen, daß sie im Betrieb auch beachtet werden. Gerade deshalb ist es wichtig, daß die Arbeitnehmer in ihren Betrieben aktive Vertreter als Betriebsräte wählen.

2. Das Arbeitsverhältnis: Einzelarbeitsvertrag und Kollektivvertragsrecht

(1) Bauunternehmer Bickel stellt den Bauingenieur J. ein. Er soll die Aufsicht auf seiner Klinik-Großbaustelle führen.
(2) Der arbeitslose Georg F. kommt samstags um 8.30 Uhr an einer Baustelle vorbei. Gipsermeister Z. versucht dort mit großer Mühe, alleine Gerüstteile auf seinen Lkw zu laden. Georg F. bietet seine Hilfe an – erst um 11.45 Uhr sind sie fertig. Gipsermeister Z. bedankt sich und drückt Georg 20,– DM in die Hand.
(3) Friseurlehrling Monika L. hat am Freitag den letzten Teil der Gesellenprüfung bestanden. Am Dienstag morgen gratuliert ihr die Chefin und weist sie dann gleich an, die Kundin Frau E. zu bedienen: Waschen, Schneiden, Fönfrisur. Monika macht sich an die Arbeit.
(4) Der bei der Privatbank Z. angestellte Siegfried P. beteiligt sich als Mitglied einer politischen Jugendorganisation an einem Samstagvormittag an einer Demonstration. Er trägt ein Plakat mit der Aufschrift „Wir fordern die Verstaatlichung der Banken". Am Tag darauf erscheint in der Lokalzeitung ein Foto dieser Demonstration. Hier ist Siegfried P. mit seinem Plakat zu erkennen; zufällig steht er damit gerade auf der Eingangstreppe zu seiner Bank. Der Bankinhaber läßt Siegfried P. zu sich kommen, macht ihm heftige Vorwürfe und kündigt ihm.

Grundlage: Der Einzelarbeitsvertrag

Rechte und Pflichten aus arbeitsrechtlichen Vorschriften treffen Einzelpersonen immer dann, wenn sie einen *Arbeitsvertrag* miteinander abgeschlossen haben. Die oben angegebenen Situationen kann man daraufhin überprüfen, ob ein Arbeitsvertrag vorliegt oder nicht. Sodann ergibt sich die Frage nach den Folgen: Welche Pflichten haben die Beteiligten nach Abschluß des Vertrages? Wie, wann, wodurch endet das Vertragsverhältnis?

Gestaltungs- und Formfreiheit

Arbeitsverträge unterliegen als *privatrechtliche* Rechtsgeschäfte grundsätzlich der inhaltlichen *Gestaltungsfreiheit* durch die Vertragspartner. Ebenso gilt *Formfreiheit,* d.h. der Abschluß eines Arbeitsvertrages ist an keine bestimmte Form gebunden; er kann auch mündlich oder stillschweigend durch „schlüssiges Handeln" – aus dem der Wille der Vertragspartner ersichtlich ist – rechtswirksam zustande kommen. In den Beispielen (2) und (3) kann also schon gefragt werden, ob zwischen den beteiligten Personen ein Arbeitsvertrag zustande gekommen ist.

Um diese Frage genauer zu entscheiden, muß man die inhaltlichen Besonderheiten beachten, die ein Arbeitsvertragsverhältnis kennzeichnen. Die vertragsrechtlichen Grundvorschriften des BGB (insbesondere §§ 611–630) sind hierfür unvollständig und lückenhaft. Das BGB erfaßt unter der Bezeichnung „Dienstvertrag" alle Verträge, die zumindest einen Vertragspartner zur Leistung von Arbeit oder Diensten verpflichten. Der Arbeitsvertrag, auf den sich das Arbeitsrecht bezieht, ist eine besondere Form des Dienstvertrags mit dem Merkmal, daß die Person, die als Arbeitnehmer für den Arbeitgeber tätig ist, diese Tätigkeit nicht selbst gestalten kann, sondern *fremdbestimmt* nach den Anweisungen von Vorgesetzten handeln muß und *wirtschaftlich* vom vereinbarten Arbeitsentgelt *abhängig* ist.

Hieraus ergeben sich die besonderen *Merkmale* des Arbeitsvertrags. Während ein Kaufvertrag oder ein Werkvertrag (z. B. über die Reparatur eines Lkw) eine einmalige, genau bestimmte Leistung und eine entsprechende Gegenleistung umfassen und das Vertragsverhältnis nach Erfüllung dieser Leistungen endet, begründet der Arbeitsvertrag eine auf *Dauer* angelegte Rechtsbeziehung, bei der einzelne Leistungen und Gegenleistungen in keinem unmittelbaren Verhältnis zueinander stehen. Der Arbeitnehmer ist während seiner Arbeitszeit zur Arbeitsleistung nach den jeweiligen Anweisungen des Arbeitgebers oder sonstiger Vorgesetzter verpflichtet; der Arbeitgeber muß den vereinbarten Lohn regelmäßig bezahlen. Die Lohnhöhe ist jedoch unabhängig davon, ob der Unternehmer durch die Tätigkeit des Arbeitnehmers hohe Gewinne erzielt oder Verluste erleidet. Auch dem Arbeitnehmer kommt es primär nicht auf eine jeweils genaue Gegenleistung für seine einzelnen Tätigkeiten an, er will mit dem durch seine Arbeit erzielten Lohn seinen regelmäßigen Lebensunterhalt

Merkmale des Arbeitsvertrags

Arbeitspflicht

Entlohnungspflicht

gestalten und sichern. Dazu muß er längerfristig mit seinem Arbeitseinkommen rechnen können. Die Tatsache, daß bei Krankheit (bis zu sechs Wochen) und während des Erholungsurlaubs der Arbeitslohn weitergezahlt wird, unterstreicht diesen besonderen Vertragscharakter.

Nebenpflichten

Fürsorgepflicht

Wegen dieser Besonderheit werden im Arbeitsvertragsrecht die sogenannten *Nebenpflichten* besonders hervorgehoben. Damit ist einerseits die im BGB (§§ 617–619) angesprochene *Fürsorgepflicht* des Arbeitgebers insbesondere für sichere, unfallfreie und gesunde Arbeitsplatzgestaltung gemeint sowie auch die Sorge für das persönliche Eigentum (Bekleidung, Fahrzeuge u.a.), das der Arbeitnehmer in den Betrieb mitbringt, sowie für die sozialversicherungsrechtlichen Belange des Arbeitnehmers (siehe Kap. 9, Soziale Sicherung). Dem steht von seiten des Arbeitnehmers die sogenannte *Treuepflicht* gegenüber: Der Arbeitnehmer muß – nach dem Grundsatz von Treu und Glauben – sein „Bestes" geben, also pünktlich, sorgfältig und gewissenhaft arbeiten; insbesondere muß er alles unterlassen, was dem Arbeitgeber schaden könnte – er darf sich also in der Öffentlichkeit z.B. nicht abträglich über die Produkte oder die Leistungen seines Unternehmens äußern und ist zur Verschwiegenheit über betriebliche Vorgänge verpflichtet. Allerdings verbietet die Treuepflicht dem Arbeitnehmer nicht, jederzeit das Arbeitsverhältnis – unter Einhaltung vereinbarter oder gesetzlicher Fristen – zu kündigen.

Treuepflicht

Wie ist nun – mit diesen Informationen – die arbeitsvertragliche Situation in den oben skizzierten Fällen zu beurteilen? Ob zwischen dem Unternehmer Bickel und dem Bauingenieur J. (1) ein Arbeitsvertrag besteht, wissen wir nach diesem Text nicht genau. Denn J. könnte ein selbständiges Ingenieurbüro betreiben und von Bickel den Auftrag zur Bauaufsicht der Klinik-Baustelle angenommen haben. J. wäre dann wirtschaftlich nicht von Bickel abhängig, da er daneben noch andere Aufträge hat; Bickel könnte dem J. nicht vorschreiben, wann er auf die Baustelle geht. J. könnte sogar einen Angestellten seines Büros zur Bauaufsicht schicken. Andererseits ergibt sich aus dem Wortlaut „ich stelle Sie als

Bauleiter für meine Klinikbaustelle ein", daß J. als Arbeitnehmer in das Bauunternehmen Bickel eintreten will. Dann wäre mit dieser Willenserklärung des Unternehmers auf die Bewerbung von J. hin ein Arbeitsvertrag geschlossen.

In Beispiel (2) hilft der arbeitslose F. freiwillig dem Z. Dieser ist mit dem Hilfsangebot einverstanden und läßt F. über drei Stunden mitarbeiten. Dennoch wird hierdurch noch kein weiterdauerndes Arbeitsverhältnis begründet. Jedoch darf F. erwarten, daß ihm der Z. diese geleistete Arbeit angemessen vergütet, denn sie geht deutlich über eine kurze Gefälligkeit hinaus.

Bei der Friseuse Monika (3) ist die Situation dagegen eindeutiger. Ihre Ausbildung ist mit bestandener Prüfung abgeschlossen. Obwohl keine besondere Bewerbung vorliegt und auch die Chefin kein Wort über einen Vertrag verliert, ist durch das Verhalten der beiden ein unbefristeter Arbeitsvertrag entstanden. Es ist im folgenden allerdings zu klären, wie die inhaltlichen Einzelbedingungen (Arbeitszeit, Entlohnung, Urlaub u. v. a.) hierbei geregelt sind.

Im Beispiel (4) geht es um die Einhaltung der Treuepflicht durch den Bankangestellten Siegfried P. Dieser widersprach der Kündigung und klagte vor dem Arbeitsgericht auf Zurücknahme der Kündigung; schließlich habe er nur von seinem Grundrecht der Demonstrationsfreiheit und freien Meinungsäußerung außerhalb seiner Arbeitszeit Gebrauch gemacht. Das Gericht allerdings erklärte die Kündigung für rechtswirksam. Siegfried P. dürfe zwar jederzeit auch für die Verstaatlichung der Banken als allgemeines politisches Ziel demonstrieren. Wenn er sich jedoch mit dieser Forderung öffentlich vor den Eingang der Bank stelle, die ihn beschäftige, verstoße er gegen die unmittelbare Treuepflicht gegenüber seinem persönlichen Arbeitgeber. Diesem sei eine Weiterbeschäftigung von Siegfried P. somit nicht zuzumuten.

Alle in diesem Abschnitt vorgestellten Rechtsregelungen zum „Arbeitsverhältnis" gelten in gleicher Weise für „Angestellte". Ein Angestelltenverhältnis ist lediglich eine besondere Form des Arbeitsverhältnisses und unterscheidet sich nur noch in wenigen

Arbeiter und Angestellte

Einzelbestimmungen von diesem. Im allgemeinen werden Angestelltenverträge bei vorwiegend geistigen oder organisierenden Tätigkeiten und mit monatlicher Entgeltberechnung abgeschlossen. Unterschiede zwischen Arbeitern und Angestellten bestehen auch noch bei den Kündigungsfristen und geringfügig im Sozialversicherungsrecht (Krankenversicherung). In den Tarifverträgen werden die Angestellten wegen der unterschiedlichen Entlohnungs- und Tätigkeitsmerkmale überwiegend als besondere Arbeitnehmergruppe behandelt. Ebenso schreibt das Betriebsverfassungsgesetz bei Betriebsratswahlen vor, daß die Vertreter für Arbeiter und Angestellte getrennt gewählt werden, um ihre anteilmäßige Vertretung im Betriebsrat zu sichern.

Aus dem Tarifvertragsgesetz (TVG v. 1969)
§ 1 *Inhalt und Form des Tarifvertrages* (1) Der Tarifvertrag regelt die Rechte und Pflichten der Tarifvertragsparteien und enthält Rechtsnormen, die den Inhalt, den Abschluß und die Beendigung von Arbeitsverhältnissen sowie betriebliche und betriebsverfassungsrechtliche Fragen ordnen können.
(2) Tarifverträge bedürfen der Schriftform.
§ 2 *Tarifvertragsparteien* (1) Tarifvertragsparteien sind Gewerkschaften, einzelne Arbeitgeber sowie Vereinigungen von Arbeitgebern. (2) . . . (4)
§ 3 *Tarifgebundenheit* (1) Tarifgebunden sind die Mitglieder der Tarifvertragsparteien und der Arbeitgeber, der selbst Partei des Tarifvertrages ist.
(2) Rechtsnormen des Tarifvertrages über betriebliche und betriebsverfassungsrechtliche Fragen gelten für alle Betriebe, deren Arbeitgeber tarifgebunden ist.
(3) Die Tarifgebundenheit bleibt bestehen, bis der Tarifvertrag endet.

Kollektivvertragsrecht und Arbeitskampf

Im voranstehenden Abschnitt blieb im Fall der Friseuse Monika L. noch offen, wie der stillschweigend entstandene Arbeitsvertrag inhaltlich ausgestaltet sei. Müßte Monika L. nicht befürchten, daß sie – solange nichts anderes vereinbart wurde – weiterhin nur ihre Ausbildungsvergütung als Bezahlung erhält? Wird sie ebensoviel Urlaub erhalten wie ihre beiden Kolleginnen oder hat sie nur Anrecht auf den gesetzlichen Mindesturlaub des Bundesurlaubsgesetzes von 18 Werktagen? Wird Monika L. damit rechnen können, zum 1. 7. auch 800,– DM Urlaubsgeld und zum Dezember einen 13. Monatslohn wie ihre Kolleginnen zu erhalten?
Für Monika L. und ihre Chefin ist – wie bei den

meisten Arbeitsverhältnissen – stillschweigend klar, daß ihre Vertragsbeziehung inhaltlich durch *Tarifverträge* geregelt ist. Solche Verträge werden – auf der Grundlage des *Tarifvertragsgesetzes* (TVG) – meist zwischen den Verbänden der Arbeitgeber und den Gewerkschaften (als Arbeitnehmerverbänden) abgeschlossen (s. folgende Abb.); bei einzelnen Großunternehmen (z. B. bei VW) sind auch Unternehmens-Tarifverträge möglich (s.o. § 2 TVG). So entstehen für einzelne Gewerbezweige und Berufsgruppen in den einzelnen Bundesländern Sammelverträge (Fremdwort: „Kollektivverträge"), die sicherstellen sollen, daß möglichst alle Arbeitnehmer mit gleicher Arbeitsanforderung auch zu gleichen Bedingungen arbeiten. In der Praxis des Tarifvertragswesens hat sich das Verfahren herausgebildet, daß die *Entgelttarifverträge* (z. B. Lohntarifverträge) meist nur für etwa 12–18 Monate ausgehandelt werden, während getrennt davon die *Rahmen-* und *Manteltarifverträge* – mit Regelungen über Arbeitszeit, Pausen, Urlaub und Sonderurlaub, Lohnzuschläge bei Nacht-, Sonntags- und Mehrarbeit, soziale Leistun-

Tarifverträge

Tarifvertragsgesetz

„Kollektivverträge"

Entgelttarifverträge

Rahmen- oder Manteltarifverträge

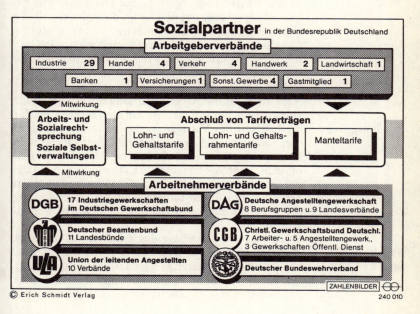

gen u.v.a.) – meist eine vereinbarte Geltungsdauer von drei bis fünf Jahren haben oder unbefristet, d.h. bis zu ihrer Kündigung, gelten (sogenannte Laufzeit von Tarifverträgen).

Nach dem TVG haben diese Tarifverträge für die Vertragspartner dieselbe Wirkung wie rechtliche Normen (s. oben TVG § 1). Es handelt sich hier also um einen Bereich freiwilliger, privater Gesetzgebung, dessen Gestaltung der Staat bewußt den im Gesetz genannten Tarifvertragsparteien überläßt (vgl. § 2 TVG). Die Tarifverträge schützen so wiederum besonders den einzelnen Arbeitnehmer, denn ein Arbeitgeber, der Mitglied eines Arbeitgeberverbandes als Tarifpartner ist, darf keine geringere (wohl aber eine höhere) Vergütung bezahlen oder mehr Arbeitsstunden verlangen, als der Tarifvertrag vorschreibt. Der Rechtsnormencharakter kommt in der sogenannten *Unabdingbarkeit* zum Ausdruck: Un-

Unabdingbarkeit

abdingbarkeit heißt, daß Vereinbarungen des Einzelarbeitsvertrags rechtsunwirksam sind, die den Arbeitnehmer – auch mit seinem schriftlich festgelegten Einverständnis – schlechter stellen würden, als es der Tarifvertrag regelt. Selbst wenn also ein Arbeitnehmer – z.B. um überhaupt die Arbeitsstelle zu bekommen – einzelvertraglich mit einem geringeren Lohn oder kürzerem Urlaub einverstanden wäre, wären diese Vereinbarungen unwirksam, und der Arbeitnehmer könnte die tariflichen Leistungen verlangen.

Aber auch für die Arbeitgeber sind die Tarifverträge von großem Vorteil, weil sie die Gewerkschaften für

Friedenspflicht

die Laufzeit des Vertrags an die *Friedenspflicht* binden. Dies bedeutet: Jedes Unternehmen kann für die Laufzeit mit festen Lohnkosten kalkulieren und braucht keine Arbeitsausfälle zu befürchten, weil die Arbeitnehmer in dieser Zeit nicht unvorhergesehen höhere Vergütungen fordern oder zur Durchsetzung ihrer Forderungen zum Streik aufgerufen werden dürfen.

So ist, auf der Grundlage des Tarifwesens, auch der

Arbeitskampf
Streik

Arbeitskampf heute weitgehend rechtlich geregelt. Der *Streik* – vollständige oder teilweise Einstellung der Arbeitstätigkeit in gemeinsamen Aktionen der Arbeitnehmer – ist als legitimes Kampfmittel zur

Arbeitnehmerorganisationen in der Bundesrepublik Deutschland		
DGB Deutscher Gewerkschaftsbund mit 7,76 Mio Mitgliedern in 17 Einzelgewerkschaften		
davon:		
IG Metall		2 598
Gewerkschaft Öffentliche Dienste, Transport und Verkehr		1 199
IG Chemie-Papier-Keramik		654
IG Bau-Steine-Erden		485
Deutsche Postgewerkschaft		463
Gew. Handel, Banken u. Versicher.		376
IG Bergbau und Energie		355
Gew. der Eisenbahner Deutschl.		351
Gew. Nahrung-Genuss-Gaststätten		266
Gewerkschaft Textil-Bekleidung		256
Gew. Erziehung und Wissenschaft		193
Gewerkschaft der Polizei		163
IG Druck und Papier		143
Gew. Holz und Kunststoff		143
Gew. Leder		48
Gew. Gartenbau, Land- u. Forstw.		43
Gewerkschaft Kunst		28
Mitglieder in 1 000 – Ende 1986		

DAG Deutsche Angestellten-Gewerkschaft 496

Deutscher Beamtenbund 782

CGB Christlicher Gewerkschaftsbund 307

Deutscher Bundeswehr-Verband 279

ZAHLENBILDER 240 110

© Erich Schmidt Verlag GmbH

Durchsetzung von Tarifvertragsforderungen anerkannt. Als Gegenwehr dürfen die Unternehmen in angemessenem Umfang die Arbeitnehmer durch *Aussperrung* von der Arbeit – und damit vom Verdienst – fernhalten. Streik und Aussperrung sind also kein Verstoß gegen die Arbeitsvertragspflichten, wenn der Streik nach Ablauf eines Tarifvertrags in einem geregelten Verfahren durch die Gewerkschaften organisiert wird. Streikende können also nicht wegen ihrer Teilnahme am Streik entlassen werden (kein Kündigungsgrund). „Wilde", d.h. nicht von einer Gewerkschaft organisierte Streiks, sowie Streiks mit anderen Zielen als solchen, die zwischen den Tarifparteien in Tarifverträgen geregelt werden können (z.B. politische Streiks), sind dagegen rechtlich nicht abgedeckt. Die Arbeitgeber können dann beteiligte Arbeitnehmer wegen Vertragsbruch entlassen.

Aussperrung

Arbeitskämpfe sind für beide Seiten teuer: Die Unternehmen haben durch Produktionsausfälle aufgrund von Streik oder Aussperrung hohe Kosten, die Gewerkschaften sind durch das „Streikgeld", das sie an ihre streikenden Mitglieder zum Ausgleich des

Schlichtung

Lohnausfalls zahlen, belastet. Auch der einzelne Arbeitnehmer muß kalkulieren, ob seine Verdienstminderungen während des Arbeitskampfes nicht höher sind als der angestrebte Vorteil. Deshalb schalten die Tarifparteien nicht selten ein *Schlichtungsverfahren* ein; sie bitten einen möglichst neutralen „Schlichter" (oft erfahrene Politiker), Kompromißvorschläge auszuarbeiten, wenn sie selbst in ihren Verhandlungspositionen zu festgefahren sind. Mißlingt der Schlichtungsversuch, dann leiten die Gewerkschaften durch die *Urabstimmung* den Arbeitskampf ein. In der Urabstimmung müssen i.d.R. mindestens 75% der Gewerkschaftsmitglieder zustimmen, daß zur Durchsetzung der Forderungen gestreikt werden soll. Auch über die Beendigung des Streiks stimmen die Gewerkschaftsmitglieder ab. Dabei genügt eine 25%ige Zustimmung.

Urabstimmung

Arbeitgeber, die nicht Mitglied eines vertragsschließenden Arbeitgeberverbands sind, unterliegen allerdings den Tarifnormen nicht, es sei denn, der Bundesarbeitsminister hat auf Antrag einer Tarifver-

tragspartei den Tarifvertrag für allgemeinverbindlich erklärt. Dann sind *alle* Arbeitgeber in dem Gebiet und dem Wirtschaftsbereich, für die der Vertrag vereinbart wurde, an die Tarifregelungen gebunden. Es darf auch kein Arbeitnehmer genötigt oder gezwungen werden, in eine Gewerkschaft einzutreten; ebenso darf er nicht am Gewerkschaftsbeitritt gehindert werden. Vereinbart ein Arbeitgeber mit dem Arbeitnehmer als vertragliche Bedingung, daß der Arbeitnehmer keiner Gewerkschaft beitreten soll, so ist diese Vertragsbedingung rechtsunwirksam. Denn letztlich beruht das gesamte Tarifvertragswesen auf dem *Grundrecht* nach Art. 9 Abs. 3 GG: „Das Recht, zur Wahrung und Förderung der Arbeits- und Wirtschaftsbedingungen Vereinigungen zu bilden, ist für jedermann und alle Berufe gewährleistet. Abreden, die dieses Recht einschränken oder zu behindern suchen, sind nichtig, hierauf gerichtete Maßnahmen sind rechtswidrig." Damit sichert das Grundgesetz sowohl dem einzelnen als auch den Tarifparteien einen vom Staat freien Raum zur selbstbestimmten Regelung ihrer Beziehungen zu (= *Tarifautonomie*).

Grundrecht der „Koalitionsfreiheit"

Tarifautonomie

---

(1) Die 45jährige Chefsekretärin Gerlinde B. möchte nur noch halbtags arbeiten. Sie erhält ein günstiges Stellenangebot, muß die Stelle jedoch spätestens zum nächsten Vierteljahresbeginn antreten. Als sie deshalb kündigt, teilt ihr der Personalchef mit, daß ihre Kündigungsfrist nach dem „Gesetz über die Fristen für die Kündigung von Angestellten" sechs Monate beträgt, denn sie sei schon mehr als zwölf Jahre im Betrieb. Sie müsse also noch drei Monate länger bleiben.

(2) Die Arbeiterin Annette St. kam während eines Jahres trotz wiederholter Mahnungen insgesamt 54mal zu spät zur Arbeit. Die Verspätung betrug meist 1 bis 3 Minuten, einige Male auch über 4 Minuten. Deshalb wurde ihr gekündigt.

(3) Die schwangere Fleischereiverkäuferin verdirbt durch grobe Unachtsamkeiten wiederholt Fleisch- und Wurstwaren. Zur Rede gestellt, beschimpft und beleidigt sie ihren Arbeitgeber, woraufhin ihr dieser fristlos kündigt.

Das Arbeitsverhältnis begründet eine längerdauernde Vertragsbeziehung zwischen Arbeitnehmer und Arbeitgeber. Deshalb gilt es grundsätzlich als auf unbefristete Zeit abgeschlossen. Ausnahmen hiervon sind nur in begründeten Fällen möglich (z.B. bei einer Krankheits- oder Schwangerschaftsvertre-

Beendigung des Arbeitsverhältnisses und Kündigungsschutz

tung, bei Gelegenheitsarbeit und Aufgaben, die ihrer Art nach befristet sind, sowie einmalig bis höchstens 18 Monate, wenn der Arbeitnehmer erstmals eingestellt wird; hier endet dann das Vertragsverhältnis mit dem vereinbarten Termin. Für das unbefristete Arbeitsverhältnis muß – im Interesse beider Vertragspartner – die Auflösung nach festgelegten Regelungen erfolgen. Sind sich beide Vertragspartner darüber einig, daß sie den Vertrag beenden wollen, dann tun sie dies durch einen *Aufhebungsvertrag*. Der Normalfall jedoch ist die *Kündigung* als einseitige Erklärung eines Vertragspartners. Hierbei wird zwischen einer *ordentlichen* und einer *außerordentlichen* Kündigung unterschieden. Letztere erfolgt, wenn ein wichtiger Grund vorliegt: der Arbeitnehmer kündigt sofort und fristlos, wenn er z. B. seinen Lohn nicht erhält, vom Arbeitgeber schwer beleidigt oder gar tätlich angegriffen wird. Der Arbeitgeber kann Arbeitnehmer fristlos bei Diebstahl, Tätlichkeiten oder Beleidigungen, fahrlässigen Umgang mit Feuer oder, nach entsprechenden Mahnungen, bei wiederholtem Alkoholgenuß am Arbeitsplatz oder bei Arbeitsverweigerung entlassen. Das Verhalten der Fleischverkäuferin würde z. B. eine fristlose Entlassung rechtfertigen.

Bei einer ordentlichen Kündigung müssen nach § 622 BGB beide Seiten *Kündigungsfristen* einhalten. Für Arbeiter beträgt die gesetzliche Kündigungsfrist 14 Tage zu jedem Werktag, bei Angestellten sechs Wochen zum Ende eines Kalendervierteljahres. Diese Fristen beginnen jeweils mit dem Tag, an dem die Kündigung dem Vertragspartner zugegangen ist (sog. empfangsbedürftige Erklärung).

Da Arbeitnehmer in ihrer wirtschaftlichen Existenz von einem Beschäftigungsverhältnis abhängig sind, besteht für sie nach dem *Kündigungsschutzgesetz* (KüSchG 1969) ein zusätzlicher Kündigungsschutz. Danach können Arbeitnehmer über 18 Jahre und mit mindestens sechsmonatiger Betriebszugehörigkeit nur entlassen werden, wenn die Kündigung *sozial gerechtfertigt* ist. Dies bedeutet grundsätzlich, daß der Arbeitgeber für die Entlassung immer einen sachlichen Grund haben muß (z.B. Auftragsmangel, Betriebsveränderungen) oder Gründe, die beim Arbeitnehmer liegen (z.B. Verstöße gegen Arbeitsvertragspflichten, mangelnde Leistungsfähigkeit).

Eine Kündigung muß also von seiten des Arbeitgebers immer begründet sein. Man kann hierbei unterscheiden zwischen einer *betrieblich* bedingten und einer *personen-* oder *verhaltensbedingten* Kündigung (wie im Falle Annette St. (2)). Darüber hinaus muß der Arbeitgeber bei der betrieblich bedingten Kündigung soziale Gesichtspunkte bei der Auswahl der zu entlassenden Personen beachten: er kann z.B. nicht einen älteren Familienvater entlassen und einen jüngeren und ledigen Arbeitnehmer behalten, wenn beide dieselbe Funktion im Betrieb wahrnehmen können.

Fehlt ein solcher Kündigungsgrund und ist der Arbeitnehmer mit der Entlassung nicht einverstanden, so muß er der Kündigung widersprechen und innerhalb von drei Wochen *Kündigungsschutz-Klage* beim Arbeitsgericht erheben. Stellt das Gericht die Sozialwidrigkeit fest, dann ist die Kündigung unwirksam.

Kündigungsschutzklage

Für ältere Arbeitnehmer mit längerer Betriebszugehörigkeit verlängern sich auch die Kündigungsfri-

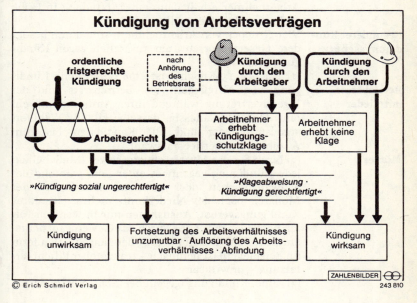

sten: für Arbeiter bis max. drei Monate zum Quartalsende nach 20 Jahren Betriebszugehörigkeit gemäß § 622 BGB, für Angestellte bis max. sechs Monate nach 12 Jahren Betriebszugehörigkeit gemäß § 2 des Gesetzes über die Fristen für die Kündigung von Angestellten. Diese Vorschriften binden aber nur den Arbeitgeber. Die Chefsekretärin B. (1) braucht also ihrerseits diese verlängerte Kündigungsfrist nicht einzuhalten.

Besteht in einem Betrieb ein Betriebsrat (s. Abs. 4, Die Mitbestimmung der Arbeitnehmer), so ist jede Kündigung ohne Anhörung des Betriebsrats unwirksam. Innerhalb einer Woche kann der Betriebsrat einer beabsichtigten Kündigung unter Angabe der Gründe widersprechen; erhebt danach der Arbeitnehmer fristgerecht Kündigungsschutzklage, so muß er grundsätzlich bis zum Abschluß des Gerichtsverfahrens zu den bisherigen Bedingungen weiterbeschäftigt werden.

Allerdings wird auch nach einer erfolgreichen Kündigungsschutzklage das Arbeitsverhältnis durch Gerichtsbeschluß aufgelöst, wenn der Arbeitgeber (oder der Arbeitnehmer selbst) dies beantragen. Der Arbeitnehmer erhält dann eine Abfindung in Höhe mehrerer Monatsentgelte.

Besonderer Kündigungsschutz

Vier Gruppen von Arbeitnehmern sind durch besondere Gesetzesvorschriften zusätzlich gegen Kündigung geschützt:

Betriebsratsmitglieder

(1) Nach § 15 KüSchG ist eine ordentliche Kündigung von Mitgliedern des Betriebsrats und der Jugendvertretung während ihrer Amtszeit und ein Jahr danach unzulässig; dasselbe gilt für Wahlvorstandsmitglieder und alle Kandidaten bis zum Abschluß der Betriebsratswahl.

Mütter

(2) Nach § 9 des Mutterschutzgesetzes (MuSchG) ist jede Kündigung gegenüber einer Frau während der Schwangerschaft oder bis zum Ablauf von vier Monaten nach der Niederkunft nichtig (absolutes Kündigungsverbot, Ausnahmen nur in wenigen Fällen nach Genehmigung durch das Gewerbeaufsichtsamt möglich). Die Kündigung der Fleischverkäuferin (in Beispiel (3)) ist demnach – trotz grober Pflichtverletzung – unwirksam.

(3) Eine Kündigung gegenüber Schwerbehinderten

kann nach § 14 des Schwerbehindertengesetzes (SchwbG) nur mit Zustimmung der Hauptfürsorgestelle ausgesprochen werden. **Schwerbehinderte**

(4) Wehrpflichtigen darf der Arbeitgeber von der Zustellung des Einberufungsbescheides bis zur Beendigung des Grundwehrdienstes nicht kündigen. Das Arbeitsverhältnis ruht für die Zeit des Wehrdienstes (Arbeitsplatzschutzgesetz §§ 1,2). **Wehrpflichtige**

Während der Kündigungsfrist muß der Arbeitgeber dem Arbeitnehmer angemessene Freizeit für die Suche nach einem neuen Arbeitsplatz gewähren und ihm hierbei seinen Lohn weiterbezahlen. Spätestens am letzten Beschäftigungstag müssen die sogenannten Arbeitspapiere (Steuerkarte, Versicherungsnachweise, Arbeits- und Urlaubsbescheinigung) und auf Verlangen ein *einfaches* (mit Angaben nur über Art und Dauer der Tätigkeit) oder ein *qualifiziertes Zeugnis* (das sich auch auf Führung und Leistung erstreckt) ausgehändigt werden. Arbeitszeugnisse müssen wahrheitsgemäß sein und dürfen wichtige Angaben über die Tätigkeiten und Fähigkeiten – auch solche, die zur Vertragsauflösung führten – nicht verschweigen. **Zeugnispflicht**

Zusammenfassung:
Das Arbeitsverhältnis beruht grundsätzlich auf einem privatrechtlichen Vertrag ohne besondere Formvorschriften. Der Dauercharakter und die Bedeutung der Arbeitstätigkeit und des Arbeitseinkommens für die gesellschaftliche und wirtschaftliche Existenz des Arbeitnehmers führten jedoch zu einem umfangreichen Rechtssystem zum Schutz des Arbeitnehmers. Die Gesetze sind allerdings nur als Rahmen mit Mindestvorschriften zugunsten der Arbeitnehmer gedacht. Grundsätzlich soll der Bereich der Arbeitsbeziehungen auf der Basis von Art. 9 Abs. 3 GG (Koalitionsfreiheit) nach dem Tarifvertragsgesetz durch eigene Rechtsnormen, die zwischen Arbeitgebern und Gewerkschaften in Tarifverträgen ausgehandelt werden, gestaltet sein. So können durch Tarifvertrag z. B. die gesetzlichen Kündigungsfristen verlängert oder – wo dies für die Arbeitnehmer Vorteile bringt – auch verkürzt werden. In allen Einzelfällen muß man neben den gesetzlichen Bestimmungen auch nach tariflichen Vorschriften fragen. Dabei wirkt im allgemeinen die Rangfolge: Einzelarbeitsverträge dürfen den Arbeitnehmer nicht schlechter stellen als bestehende Betriebsvereinbarungen, diese dürfen nicht gegen geltende Tarifverträge verstoßen, Tarifverträge dürfen keine ungünstigeren Vorschriften als die Gesetze enthalten.

3. Arbeitsschutzgesetze im Überblick

(1) Bäckermeister B. erhält einen Großauftrag. Er soll – zunächst für sechs Monate – einen Supermarkt mit Brot und Brötchen beliefern. Er ordnet deshalb an, daß seine zwei Gesellen statt um 4.30 Uhr schon um 3 Uhr morgens beginnen. Auch der 16jährige Lehrling L. wird hierbei gebraucht. Er soll nun um 4 Uhr statt wie bisher um 5 Uhr anfangen. Für die Mehrarbeit verspricht Meister B. allen eine übertarifliche Zulage. Den für das kommende Halbjahr vorgesehenen Urlaub des Gesellen G. und des Lehrlings L. will der Meister verschieben.

(2) Die Schuhverkäuferin Ella V. läßt fast täglich mehrmals Kunden, die sie bedient, plötzlich für mehrere Minuten sitzen und verschwindet nach hinten in die Lagerräume. Seit Beginn ihrer Schwangerschaft wird ihr beim Bücken immer wieder „schwarz vor den Augen", und sie muß sich auf einem Lehnstuhl ausruhen. Deshalb kündigt ihr das Kaufhaus die Verkäuferinnenstelle. Als Ersatz wird ihr eine geringer bezahlte Tätigkeit in der Verpackungsabteilung angeboten. Dort könne sie auch bei der Arbeit sitzen.

(3) Norbert F. wird als Kfz-Lehrling eingestellt. Kfz-Meister K. vereinbart mit Norbert eine dreimonatige Probezeit. Wenn er sich bewähre, soll er dann einen Ausbildungsvertrag bekommen. Weil sich Norbert die Chance einer Kfz-Mechaniker-Ausbildung nicht verderben will, beschwert er sich nicht darüber, daß er nun schon zwei Monate nur mit Autowäsche, Ölwechsel und Abschmieren beschäftigt ist und auch nach den 6 Stunden Berufsschule nachmittags noch antreten und in der Werkstatt aufräumen muß.

Jugendarbeitsschutzgesetz

Das Jugendarbeitsschutzgesetz (Gesetz zum Schutze der arbeitenden Jugend, JArbSchG, Neufassung 1976) soll die Jugendlichen davor schützen, daß ihre körperliche Entwicklung und Gesundheit durch die Arbeit in den Betrieben beeinträchtigt wird. Danach ist es verboten, schulpflichtige Kinder unter 15 Jahren mit Arbeiten zu beschäftigen, die über geringfügige Gefälligkeiten hinausgehen. Ausnahmen sind möglich, wenn ein Ausbildungsverhältnis besteht. Werden Jugendliche unter 18 Jahren als Auszubildende, Arbeitnehmer, Heimarbeiter oder Beamte beschäftigt, müssen folgende Bestimmungen eingehalten werden:

Arbeitszeit
– Die *Arbeitszeit* darf insgesamt 40 Stunden pro Woche und achteinhalb Stunden pro Tag nicht überschreiten (Ausnahmen: Schichtbetrieb auf Bau- und Montagestellen).

Freizeit
– Die *Freizeit* muß täglich mindestens 12 zusammenhängende Stunden dauern. Die Beschäftigung darf – mit wenigen Ausnahmen wie z. B. in Bäcke-

reien und im Gaststättengewerbe – nicht vor 6 Uhr beginnen und höchstens bis 20 Uhr dauern. Samstags-, Sonn- und Feiertagsarbeit ist mit Ausnahme weniger Betriebe (z.B. Gaststätten und Krankenpflegeanstalten) nicht erlaubt. Auf jeden Fall muß dann durch Freistellung an anderen Tagen die 5-Tage-Woche garantiert sein.

— Mit *Fließband-, Akkord- und allgemein gefährlichen Arbeiten* dürfen Jugendliche nicht beschäftigt werden, es sei denn, die Beschäftigung ist zur Erreichung des Ausbildungsziels nötig. **Gefährliche Arbeiten**

— *Berufsschulbesuch* von mindestens fünf Unterrichtsstunden pro Tag gilt (einmalig pro Woche) als ein bezahlter Arbeitstag: die Jugendlichen dürfen dann nicht mehr beschäftigt werden. **Berufsschule**

— Als *Pausen* zählen nur Arbeitsunterbrechungen von mindestens 15 Minuten Dauer. Nach viereinhalb Stunden Arbeit sind mindestens 30 Minuten, nach sechs Stunden 60 Minuten Pause einzulegen. Die Pausen gelten nicht als Arbeitszeit. **Pausen**

— *Urlaubsanspruch* entsteht nach einer ununterbrochenen Tätigkeit von drei Monaten. Er beträgt mindestens 30 Werktage bis zum 16., 27 Werktage bis zum 17. und 25 Werktage bis zum vollendeten 18. Lebensjahr. Der Urlaub soll zusammenhängend in der Zeit der Berufsschulferien gegeben werden. Während des Urlaubs darf der Jugendliche keine Erwerbstätigkeit leisten, die dem Urlaubszweck widerspricht. **Urlaub**

— *Ärztliche Untersuchungen* sind vorgeschrieben vor Antritt einer Beschäftigung und vor Ablauf des ersten Beschäftigungsjahres. Sie sind für den Jugendlichen kostenlos. Ohne ärztliche Bescheinigung dürfen Jugendliche nicht beschäftigt bzw. weiterbeschäftigt werden. **Ärztliche Untersuchungen**

— Die *Einhaltung des Gesetzes* wird durch die Gewerbeaufsichtsämter überwacht. Bei Verstößen genügt eine einfache Mitteilung an dieses Amt. Da ein Arbeitnehmer oder Auszubildender durch solche Beschwerden auch die Verschwiegenheits- bzw. Treuepflicht gegenüber dem Arbeitgeber verletzen könnte, sollte er bei einer solchen Meldung das Amt um eine neutrale Überprüfung der Verhältnisse bitten und die Bedingung stellen, daß die **Aufsichtsbehörde**

Mitteilung vertraulich behandelt wird. Das Gewerbeaufsichtsamt ist dann verpflichtet, von sich aus tätig zu werden.

In allen Fällen von Verstößen gegen arbeitsrechtliche Vorschriften sollte man den genauen Wortlaut des Gesetzes nachsehen oder sich beim Betriebsrat oder der Gewerkschaft genau beraten lassen. Denn in Sonderfällen – wie z.B. im Bäckerhandwerk – können Ausnahmeregelungen bestehen. Jeder Arbeitgeber, der regelmäßig mindestens einen Jugendlichen beschäftigt, muß das JArbSchG im Betrieb zur Einsicht auslegen oder aushängen. Im Fall (1) kann der Bäcker B. z.B. nicht verlangen, daß Lehrling L. schon um 4 Uhr beginnt, denn nach § 14 JArbSchG dürfen über 16jährige frühestens ab 5 Uhr (und erst die über 17jährigen ab 4 Uhr) in Bäckereien beschäftigt werden. Auch Norbert F. (3) darf nach sechs Stunden Berufsschule i.d.R. nicht mehr beschäftigt werden.

Betriebsaushänge

Arbeitszeitordnung und Bundesurlaubsgesetz

Auch bei der Anordnung von Überstunden und der Verschiebung des Jahresurlaubs seiner Gesellen und Lehrlinge kann Bäckermeister B. (1) mit gesetzlichen Vorschriften in Konflikt geraten. Nach der *Arbeitszeitordnung* (AZO 1938, mit vielen Änderungen) soll die regelmäßige tägliche Arbeitszeit acht Stunden nicht überschreiten; für Bäckereien gilt – insbesondere bezüglich Arbeitsbeginn und Pausenregelungen – allerdings ein besonderes Gesetz. Auch kann nach § 7 AZO die regelmäßige tägliche Arbeitszeit durch Tarifvertrag auf höchstens zehn Stunden festgelegt sein. Wird durch die Überstunden die regelmäßige tägliche Arbeitszeit länger als zehn Stunden und die Wochenarbeitszeit länger als 48 Stunden, dann muß der Bäckermeister eine eventuell mögliche Ausnahmegenehmigung des Gewerbeaufsichtsamtes beantragen. Sonst kann er wegen einer Ordnungswidrigkeit mit einer Geldbuße bis zu 5000,– DM oder, falls eine Gesundheitsschädigung eines Mitarbeiters eintritt, mit Freiheits- oder Geldstrafe bestraft werden. Die übrigen Maßnahmen des Bäckermeisters (1) bewegen sich innerhalb der gesetzlichen Vorschriften. Mehrarbeit muß mit einem Zuschlag von mindestens 25% (§ 15 (2) AZO) vergütet werden.

Urlaub muß nach dem *Bundesurlaubsgesetz* (BUrlG) zwar gewährt werden. Jedoch kann der Arbeitgeber, wenn es betrieblich dringend erforderlich ist, verlangen, daß der Arbeitnehmer den Urlaub innerhalb des Jahres verschiebt. Es muß nur gewährleistet bleiben, daß der Arbeitnehmer mindestens zwölf Tage zusammenhängenden Urlaub erhält. In fast allen Fällen liegt heute die Dauer des tariflich vereinbarten Urlaubs deutlich höher als die gesetzlich vorgeschriebenen 18 Werktage.

Im übrigen enthalten die AZO und das BUrlG Einzelregelungen zu Ruhepausen, Nacht-, Sonn- und Feiertagsarbeit, Arbeit in Schichtbetrieben, die ähnlich wie die Bestimmungen des JArbSchG den Gesundheitsschutz der Arbeitnehmer sichern sollen.

„Wie schon unser Urgroßvater selig immer sagte..."

Zeichnung: Wolter

Frauen- und Mutterschutz

Der Staat hat, ähnlich wie beim Jugendarbeitsschutz, ein Interesse daran, arbeitende Frauen im Blick auf ihre besondere Rolle als Mütter zu schützen. Deshalb enthält z.B. die AZO auch besondere Vorschriften über Ruhepausen und Nachtruhe für Frauen. Auch ist für sie die Arbeit in Bergwerken verboten, Tätigkeiten im Baugewerbe sind besonders geregelt.

Mutterschutzgesetz

Für alle Arbeitsverhältnisse ist jedoch das *Mutterschutzgesetz* (MuSchG 1968, letzte Änderung 1984) maßgebend, sobald Frauen schwanger sind oder ein Kind geboren haben. Danach gelten insbesondere:

Beschäftigungsverbote

– *Beschäftigungsverbote* bestehen für Akkord- und Fließbandarbeiten mit vorgeschriebenem Arbeitstempo sowie für alle Tätigkeiten, die schwere körperliche Anstrengungen verlangen oder durch schädliche Einwirkungen (z.B. Lärm, Erschütterungen, Kälte, Nässe, Hitze) und gefährliche Situationen die Gesundheit einer werdenden Mutter beeinträchtigen können. Ganz von der Arbeit freigestellt werden Mütter, wenn nach ärztlichem Zeugnis Leben und Gesundheit von Mutter und Kind gefährdet sind. In den letzten sechs Wochen vor der Niederkunft müssen Frauen ganz von der Arbeit freigestellt werden, wenn sie nicht ausdrücklich eine Weiterbeschäftigung verlangen. Vom Zeitpunkt der Entbindung ab dürfen sie acht Wochen, nach Früh- oder Mehrlingsgeburten zwölf Wochen lang nicht beschäftigt werden (Schutzfrist). In allen Fällen wird die durchschnitt-

Lohnfortzahlung liche Vergütung weiterbezahlt.

— *Kündigungsverbot:* Werdenden Müttern darf der Arbeitgeber vom Beginn einer Schwangerschaft an bis zum Ablauf von vier Monaten nach der Entbindung nicht kündigen. Deshalb und wegen der Einhaltung der Beschäftigungsverbote muß eine Schwangerschaft dem Arbeitgeber baldmöglichst gemeldet werden. Beantragt die Mutter vier Wochen vor der Beendigung der Schutzfrist den zusätzlichen *Erziehungsurlaub,* so besteht das Kündigungsverbot bis zum Ende dieses Erziehungsurlaubs fort. Während dieser Zeit erhält die Mutter – oder der Vater, falls er anstelle der Mutter den Erziehungsurlaub beansprucht – neben dem Kündigungs- und Versicherungsschutz das staatliche Erziehungsgeld von 600,– DM/Monat. Die Bestimmungen des MuSchG sind unabdingbar, d.h. sie können durch Einzelvertrag nicht wirksam ausgeschlossen werden. Der Schuhverkäuferin Ella V. (2) kann also nicht gekündigt werden. Da sie im Schuhverkauf nicht einsetzbar ist, könnte sie vorübergehend in anderen Abteilungen beschäftigt werden. Hierbei dürfte jedoch keine Verdiensteinbuße entstehen.

Kündigungsverbot

Aus dem Berufsbildungsgesetz (BBiG 1969)

§ 4 *Vertragsniederschrift* (1) Der Ausbildende hat unverzüglich nach Abschluß des Berufsausbildungsvertrages, spätestens vor Beginn der Berufsausbildung, den wesentlichen Inhalt des Vertrages schriftlich niederzulegen. Die Niederschrift muß mindestens Angaben enthalten über
1. Art, sachliche und zeitliche Gliederung sowie Ziel der Berufsausbildung, insbesondere die Berufstätigkeit, für die ausgebildet werden soll,
2. Beginn und Dauer der Berufsausbildung,
3. Ausbildungsmaßnahmen außerhalb der Ausbildungsstätte,
4. Dauer der regelmäßigen täglichen Ausbildungszeit,
5. Dauer der Probezeit,
6. Zahlung und Höhe der Vergütung,
7. Dauer des Urlaubs,
8. Voraussetzungen, unter denen der Berufsausbildungsvertrag gekündigt werden kann.

(2) Die Niederschrift ist von dem Ausbildenden, dem Auszubildenden und dessen gesetzlichem Vertreter zu unterzeichnen.
(3) Der Ausbildende hat dem Auszubildenden und dessen gesetzlichem Vertreter eine Ausfertigung der unterzeichneten Niederschrift unverzüglich auszuhändigen. (4)...

> *§ 6 Berufsausbildung* (1) Der Ausbildende hat
> 1. dafür zu sorgen, daß dem Auszubildenden die Fertigkeiten und Kenntnisse vermittelt werden, die zum Erreichen des Ausbildungszieles erforderlich sind, und die Berufsausbildung in einer durch ihren Zweck gebotenen Form planmäßig, zeitlich und sachlich gegliedert so durchzuführen, daß das Ausbildungsziel in der vorgesehenen Ausbildungszeit erreicht werden kann,
> 2. selbst auszubilden oder einen Ausbilder ausdrücklich damit zu beauftragen,
> 3. dem Auszubildenden kostenlos die Ausbildungsmittel, insbesondere Werkzeuge und Werkstoffe zur Verfügung zu stellen, die zur Berufsausbildung und zum Ablegen von Zwischen- und Abschlußprüfungen, auch soweit solche nach Beendigung des Berufsausbildungsverhältnisses stattfinden, erforderlich sind,
> 4. den Auszubildenden zum Besuch der Berufsschule sowie zum Führen von Berichtsheften anzuhalten, soweit solche im Rahmen der Berufsausbildung verlangt werden, und diese durchzusehen,
> 5. dafür zu sorgen, daß der Auszubildende charakterlich gefördert sowie sittlich und körperlich nicht gefährdet wird.
> (2) Dem Auszubildenden dürfen nur Verrichtungen übertragen werden, die dem Ausbildungszweck dienen und seinen körperlichen Kräften angemessen sind.
>
> *§ 20 Persönliche und fachliche Eignung* (1) Auszubildende darf nur einstellen, wer persönlich geeignet ist. Auszubildende darf nur ausbilden, wer persönlich und fachlich geeignet ist. (2)... (4)

Ausbildungsvertragsrecht – Berufsbildungsgesetz

In der Bundesrepublik Deutschland findet die Berufsausbildung für die meisten Berufe im sogenannten *dualen System* statt. Dual heißt zweifach, d.h. der mehr theoretische und allgemeinbildende Teil der Ausbildung wird nach staatlichen Lehrplänen in *Berufsschulen*, der berufspraktische Teil überwiegend in *Betrieben* der Wirtschaft oder in ähnlichen Einrichtungen (z.B. in den Ämtern der öffentlichen Verwaltungen) durchgeführt.

Auszubildende sind hier, wie die Arbeitnehmer, vom Ausbildenden abhängig. Der Grundkonflikt, daß der Ausbildungsbetrieb vor allem für seinen Nachwuchsbedarf ausbilden und auch die Arbeitskraft des Auszubildenden für den Betriebserfolg miteinsetzen möchte, der Auszubildende dagegen möglichst umfassend, gründlich und vielseitig ausgebildet und nicht als betriebliche Aushilfskraft ausgenutzt werden will, ist heute durch die Vorschriften des *Berufsbildungsgesetzes* (BBiG 1969) weitgehend geregelt. Es schreibt vor, daß zu Beginn der Ausbildung zwischen Ausbildendem und Auszubildendem ein schriftlicher *Ausbildungsvertrag* abgeschlossen wer-

Ausbildungsvertrag schriftlich

den muß. Das Gesetz zählt hierzu die wichtigsten beiderseitigen Pflichten der Vertragspartner auf, beschreibt die Voraussetzungen, die ein Ausbildungsbetrieb erfüllen muß und schreibt vor, daß die Ausbildung nach einem sachlich und zeitlich gegliederten Ausbildungsplan zu erfolgen hat. Für viele Berufe liegen gemäß BBiG *Ausbildungsordnungen* vor, die den Betrieben vorschreiben, welche Fähigkeiten und Kenntnisse während der Ausbildung vermittelt werden und welche Anforderungen in den Zwischen- und Abschlußprüfungen zu stellen sind. Kernstück dieser Ausbildungsordnungen sind die *Ausbildungsrahmenpläne*. Diese werden von den Industrie- und Handelskammern bzw. den Handwerkskammern, die als Aufsichtsbehörden die Berufsausbildungen überwachen und das Prüfungswesen regeln, bei der vorgeschriebenen Eintragung der Ausbildungsverträge in das Berufsausbildungsverzeichnis dem Auszubildenden ausgehändigt. Somit kann jeder Auszubildende selbst überprüfen, inwieweit seine Ausbildung diesen Vorschriften entspricht.

Ausbildungsordnung

Ausbildungsrahmenpläne

Die Situation des Norbert F. (Fall 3) ist somit gesetzwidrig. Die Probezeit – in der jeder Vertragspartner den Vertrag ohne Angabe von Gründen wieder lösen kann – gehört zur Ausbildungszeit. Der Ausbildungsvertrag muß vor Beginn der Ausbildung abgeschlossen sein, und auch während der Probezeit muß die Ausbildung nach dem Ausbildungsplan erfolgen. Ohne schriftlichen Vertrag ist Norbert F. nur eine Hilfskraft mit Lehrlingslohn. Falls der Meister K. sein Versprechen nicht einhält, kann Norbert für die drei Monate zumindest einen angemessenen – eventuell tariflich festgelegten – Hilfsarbeiterlohn verlangen. Löst er das Versprechen ein – was nicht wahrscheinlich ist, denn sonst hätte er gleich einen Ausbildungsvertrag geschlossen, den er während der Probezeit jederzeit wieder auflösen könnte –, muß der Lehrling F. darauf achten, daß ihm die drei Monate vertraglich als Probezeit anerkannt werden. Dann könnte er mit Hilfe seiner Eltern, mit Unterstützung des Betriebsrats oder durch eine Beschwerde bei der aufsichtführenden Kammer erreichen, daß die weitere Ausbildung nach Plan erfolgt.

4. Mitbestimmung der Arbeitnehmer

(1) In der Schokoladen- und Pralinenfabrik Z. in M. werden nach einigen technischen Veränderungen an den Arbeitsplätzen die Akkordsätze neu festgelegt. Weil die Arbeitnehmer dadurch einen höheren Arbeitszeitdruck befürchten, macht sich Karl W. zum Sprecher und verlangt von der Betriebsleitung die Einberufung einer Betriebsversammlung. Die Betriebsleitung müsse die vorgesehenen Änderungen mit der Belegschaft besprechen. Andernfalls müsse mit spontanen Reaktionen der Belegschaft gerechnet werden. Am darauffolgenden Tag erhält Karl W. eine fristlose Kündigung. Er habe die Belegschaft systematisch gegen den Arbeitgeber aufgehetzt. Seine Forderungen lehnt die Betriebsleitung ab.

(2) Im Kaufhaus M+N teilt die Betriebsratsvorsitzende, Frau Sieglinde H., der Betriebsleitung mit, daß die neue Pausenregelung vom Personal nicht akzeptiert werde und auch nicht rechtswirksam sei, weil man den Betriebsrat an der Aufstellung dieser neuen Pauseneinteilung nicht beteiligt habe. Man lehne die neue Regelung ab. Da unter den Mitarbeitern große Unruhe herrsche, werde man für Samstag, 14.00 Uhr, eine außerordentliche Betriebsversammlung im Casinosaal einberufen.

Fälle wie die obenstehenden sind zufällige Einzelbeispiele dafür, wie Zusammenarbeit und Betriebsfrieden durch organisatorische Maßnahmen gefährdet sein können. Jedoch kann man an ihnen auch den grundlegenden Konflikt erkennen, um den es bei den arbeitsrechtlichen Mitbestimmungsregelungen geht: Dem Interesse jeden Unternehmens und jeder Betriebsleitung an möglichst hohem Gewinn und geringen Kosten steht das Interesse der Arbeitnehmer gegenüber, die Arbeitsabläufe, die betriebliche Zusammenarbeit und das Zusammenleben der Menschen im Betrieb ihren Bedürfnissen anzupassen.

Für jeden Menschen ist es wichtig, seinen Lebensbereich selbst mitgestalten zu können sowie im Austausch von Leistung und Gegenleistung gerecht behandelt zu werden. Karl W. (1) handelt aus diesem Motiv. Er ist jedoch nicht offiziell als Vertreter der Belegschaft bestellt; deshalb kann ihn die Betriebsleitung als Querulanten hinstellen und seinen Hinweis auf mögliche Unruhen in der Belegschaft als Drohung auffassen. Für Karl W. wird es nicht leicht sein, vor Gericht glaubhaft zu machen, daß er damit nicht die Belegschaft zum Widerstand gegen die Anordnungen des Arbeitgebers aufhetzen wollte.

Auch wenn sein Motiv ehrenwert ist, hat Karl W. keinen rechtlichen Schutz für seinen Widerstand und seine Forderungen.

Sieglinde H. dagegen handelt als *Betriebsrat*. Rechtsgrundlage hierfür ist das *Betriebsverfassungsgesetz* (BetrVG 1972). Es bestimmt, daß in „Betrieben mit in der Regel mindestens fünf wahlberechtigten Arbeitnehmern, von denen drei wählbar sind", Betriebsräte gewählt werden. Im öffentlichen Dienst ist die betriebliche Mitbestimmung ähnlich durch das *Personalvertretungsgesetz* geregelt.

Betriebsverfassungsgesetz

Personalvertretungsgesetz

Betriebsräte werden als Vertreter der Arbeitnehmer von den mindestens 18 Jahre alten Belegschaftsmitgliedern gewählt. Ihre Anzahl richtet sich nach der Betriebsgröße (s. Tab. unten). Wählbar ist jeder über 18jährige – auch Nichtdeutsche –, der mindestens sechs Monate dem Betrieb angehört. Ob jedoch ein Betriebsrat gebildet wird, hängt von der Initiative der Arbeitnehmer ab. Der Arbeitgeber ist von sich aus dazu nicht verpflichtet. Beantragen mindestens drei Belegschaftsmitglieder die Bildung eines Betriebsrats, so muß der Arbeitgeber die dazu nötigen Maßnahmen dulden und – besonders organisatorisch und finanziell – ermöglichen.

Anzahl der Betriebsratsmitglieder nach dem BetrVG

Betriebsrat		Jugendvertretung	
Wahlberechtigte Arbeitnehmer	Betriebsratsmitglieder	Jugendliche unter 18 Jahre	Jugendvertreter bis 24 Jahre
5–20	1	5–20	1
21–50	3	21–50	3
51–150	5	51–200	5
151–300	7	201–300	7
301–600	9	:	:
601–1000	11	ab 300	9
: :	:		
7001–9000	31	+ jeweils 2 weitere Mitglieder pro 3000 Arbeitnehmer	

Der Betriebsrat (BR) soll in allen Fragen, die den *Betrieb* betreffen, vertrauensvoll mit dem Arbeitgeber zusammenarbeiten. Arbeitskampfmaßnahmen

Mitbestimmung

Mitwirkung

Einigungsstelle

sind ihm untersagt – dies ist Sache der überbetrieblich organisierten Tarifpartner. Jedoch kann der BR zur Wahrung seiner *Mitentscheidungsrechte* („Mitbestimmung") und seiner *Entscheidungsteilnahmerechte* („Mitwirkung", Anhörungs- bzw. Informationsrecht) die Hilfe des Arbeitsgerichts anrufen (s. Abs. 5). Für Entscheidungskonflikte zwischen Arbeitgeber und Betriebsrat sieht das BetrVG die Einrichtung von *Einigungsstellen* vor.

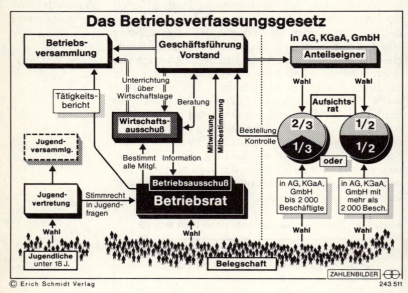

© Erich Schmidt Verlag   243 511

Aufgaben

Systematisch unterteilt das Gesetz die *Aufgaben* des Betriebsrats in *allgemeine* (z.B. Überwachung der gesetzlichen, tariflichen und betrieblich vereinbarten Vorschriften, Interessenvertretung der Arbeitnehmer, Schutzbelange von Jugendlichen, Behinderten u.a.), in *soziale, personelle und wirtschaftliche* Angelegenheiten (s. Tab. S. 132).

Hierbei spricht das BetrVG von „Mitwirkung" und „Mitbestimmung", ohne diese Begriffe genauer zu definieren. Bei Fragen der Mitbestimmung, wie sie in § 87 BetrVG unter der Überschrift „Soziale Angelegenheiten" aufgezählt sind (s. die folgenden Auszüge aus dem BetrVG), stehen sich Arbeitgeber und

Arbeitnehmer gleichberechtigt gegenüber. Jede Seite kann die dort genannten Maßnahmen beantragen, keine Seite kann eine solche Maßnahme einseitig, ohne Abstimmung mit der anderen, einleiten. Kommt es zu keiner Einigung, dann kann die Einigungsstelle angerufen werden, die dann für beide Seiten verbindlich entscheidet. Hier liegt also „echte" Mitbestimmung vor.

Bei den personellen Angelegenheiten handelt es sich ebenfalls überwiegend um Mitentscheidungsrechte (also Mitbestimmung), wenngleich vor allem viele einzelne Personalmaßnahmen auch bei Verstoß gegen die Beteiligungspflicht des Betriebsrats rechtswirksam sind. Der Betriebsrat kann jedoch durch begründete Widersprüche gegen eine Einstellung, Versetzung, gegen die Art der Durchführung von Bildungsmaßnahmen und gegen ordentliche Kündigungen (vgl. Abschnitt „Beendigung des Arbeitsverhältnisses") diese Maßnahmen in ihrer Durchführung aufschieben, bis vor dem Arbeitsgericht die Gründe für den Widerspruch geprüft sind und ein Arbeitsgerichtsurteil ergangen ist. Personalfragebögen und Beurteilungsgrundsätze werden nur wirksam, wenn der BR an ihrer Erstellung beteiligt war und ihnen zugestimmt hat.

Aus dem Betriebsverfassungsgesetz

§ 1 Errichtung von Betriebsräten. In Betrieben mit in der Regel mindestens fünf ständigen wahlberechtigten Arbeitnehmern, von denen drei wählbar sind, werden Betriebsräte gewählt.

§ 2 Stellung der Gewerkschaften und Vereinigungen der Arbeitgeber (1) Arbeitgeber und Betriebsrat arbeiten unter Beachtung der geltenden Tarifverträge vertrauensvoll und im Zusammenwirken mit den im Betrieb vertretenen Gewerkschaften und Arbeitgebervereinigungen zum Wohl der Arbeitnehmer und des Betriebs zusammen. (2) . . . (3)

§ 76 Einigungsstelle (1) Zur Beilegung von Meinungsverschiedenheiten zwischen Arbeitgeber und Betriebsrat, Gesamtbetriebsrat oder Konzernbetriebsrat ist bei Bedarf eine Einigungsstelle zu bilden. Durch Betriebsvereinbarung kann eine ständige Einigungsstelle errichtet werden.

(2) Die Einigungsstelle besteht aus einer gleichen Anzahl von Beisitzern, die vom Arbeitgeber und Betriebsrat bestellt werden, und einem unparteiischen Vorsitzenden, auf dessen Person sich beide Seiten einigen müssen. Kommt eine Einigung über die Person des Vorsitzenden nicht zustande, so bestellt ihn das Arbeitsgericht. Dieses entscheidet auch, wenn kein Einverständnis über die Zahl der Beisitzer erzielt wird. (3) . . . (8)

Nach dem BetrVG hat der Betriebsrat (BR)		
Mitentscheidungsrechte („Mitbestimmung")		**Entscheidungsteilnahmerechte** („Mitwirkung")
in **sozialen** Angelegenheiten	in **personellen** Angelegenheiten	in **wirtschaftlichen** und organisator. Angelegenheiten
z. B. – Betriebsordnung – Arbeitszeit- und Pauseneinteilung – Urlaubsplan – Unfallverhütung – Festsetzung von Prämien- und Akkordrichtlinien – Sozialeinrichtungen – Sozialplan bei Betriebsänderung oder Konkurs	z. B. – Einstellungen – Ein- und Umgruppierungen von Arbeitnehmern – betriebl. Berufsbildung – Personalfragebogen – Beurteilungsgrundsätze – Kündigungen	z. B. Information über – die wirtschaftl. Lage des Unternehmens – die Produktions- und Absatzverhältnisse – Rationalisierungsvorhaben Beratung über – techn. und organisatorische Betriebsveränderungen oder Stillegungen
Zustimmung des BR **unbedingt** erforderlich, sonst rechtsunwirksam	**Begründeter Widerspruch** des BR schiebt Maßnahme auf	Bei Nichtbeteiligung des BR Zwangsgeld, Buße oder Strafe möglich

Als „Mitwirkung" bezeichnet man die Beteiligung des Betriebsrats in der Form, daß zwar für den Arbeitgeber eine Pflicht zur Information und Anhörung des Betriebsrats besteht. Jedoch hat der Betriebsrat hierbei keine rechtliche Möglichkeit, die Entscheidungen des Unternehmers zu beeinflussen. Diese Mitwirkungsrechte bestehen besonders in *wirtschaftlichen* und *organisatorischen* Angelegenheiten, personell bei außerordentlichen Kündigungen. Weil solche Maßnahmen immer auch Folgen für den personellen und sozialen Bereich haben, muß der Unternehmer den Betriebsrat rechtzeitig informieren und ihn anhören.

Verletzt der Arbeitgeber seine Beteiligungs- und Informationspflichten, so können – je nach Einzelbereich – vom Arbeitsgericht *Zwangsgelder*, von den Verwaltungsbehörden *Bußgelder* bis zu 20000,– DM verhängt werden. Die Offenbarung von Betriebsgeheimnissen oder eine Behinderung der Wahl oder der Aufgaben des Betriebsrats können mit Geld- oder Freiheitsstrafen bis zu einem Jahr bestraft werden.

Sind mindestens fünf Jugendliche unter 18 Jahren im Betrieb beschäftigt, so können diese alle zwei Jahre eine *Jugendvertretung* zum Betriebsrat wählen (s. Tab. oben). Die Jugendvertreter können nicht direkt, sondern nur über den Betriebsrat tätig werden. Sie nehmen an allen Betriebsratssitzungen teil, beantragen dort nötige Maßnahmen, insbesondere zur Einhaltung der Bestimmungen des JArbSchG und des BBiG und haben bei Abstimmungen im Betriebsrat über Jugendangelegenheiten volles Stimmrecht.

Jugendvertretung

Der Betriebsrat muß vierteljährlich eine *Betriebsversammlung* einberufen und die Belegschaft über seine Tätigkeit informieren (§ 43 BVG). Diese Betriebsversammlungen finden während der Arbeitszeit statt und sind wie normale Arbeit zu vergüten. Wie in Beispiel (2) können darüber hinaus in wichtigen Fällen weitere Betriebs- oder Abteilungsversammlungen außerhalb der Arbeitszeit – jedoch in betrieblich bereitzustellenden Räumen – einberufen werden, um mit der Belegschaft wichtige Belange zu erörtern. Der Arbeitgeber hat das Recht, an Betriebsversammlungen teilzunehmen und zu sprechen.

Betriebsversammlung

Sieglinde H. (2) handelt also rechtmäßig und richtig. Denn ohne die Beteiligung des Betriebsrats ist die Neuregelung der Pausenzeiten unwirksam. Der für die Betriebsversammlung angegebene Termin setzt voraus, daß an diesem Tag die Arbeitszeit um 14 Uhr – ggfs. mit besonderem Einverständnis des Arbeitgebers – endet. In allen Fällen hat der Betriebsrat keine eigenmächtige Handlungsbefugnis, d.h. die Durchführung der gemeinsamen Beschlüsse kann nur auf Anweisung des Arbeitgebers erfolgen (sog. Direktionsrecht des Arbeitgebers).

Von der Mitbestimmung auf *betrieblicher* Ebene muß man die Beteiligung und Mitbestimmung auf der *Unternehmensebene* bei Großbetrieben (Kapitalgesellschaften) unterscheiden. So können z.B. große Aktiengesellschaften 30 oder 50 Einzelbetriebe umfassen, und in jedem Betrieb können Betriebsräte mitwirken. Grundlegende wirtschaftliche Entscheidungen über das Gesamt-*Unternehmen* werden

Unternehmensmitbestimmung

jedoch von der Unternehmensleitung getroffen. Diese wiederum untersteht dem „Aufsichtsrat", gewählten Vertretern der Kapitalgeber (s. Kap. 3 Abs. 2). Um auch hier die Interessen der Arbeitnehmer gegenüber den Kapitaleigentümern zu berücksichtigen, schrieb bereits das frühere Betriebsverfassungsgesetz von 1952 vor, daß im Aufsichtsrat von Aktiengesellschaften (AG) und Kommanditgesellschaften auf Aktien (KGaA) sowie in Gesellschaften mit beschränkter Haftung (GmbH) mit mehr als 500 Beschäftigten ein Drittel der Aufsichtsratsmitglieder von den Arbeitnehmern gewählt werden.

BetrVG v. 1952

Für Großbetriebe ab 2000 Beschäftigen wurde diese Mitbestimmung durch das *Mitbestimmungsgesetz* (MitbestG 1976) erweitert. Man spricht hier von „paritätischer" (= parteigleicher) Mitbestimmung, weil in den von diesem Gesetz betroffenen Aufsichtsräten ebenso viele Arbeitnehmervertreter wie Kapitalvertreter sitzen. Ein gewisses Übergewicht der Arbeitgeberseite bleibt jedoch dadurch erhalten, daß einer der Arbeitnehmervertreter von den sogenannten „leitenden Angestellten" (z.B. Betriebs- und Abteilungsleiter, Personalchefs u.a.) gestellt wird und daß bei Abstimmungen mit Stimmengleichheit (z.B. 6:6) der Aufsichtsratsvorsitzende, der immer ein Vertreter der Anteilseigner ist, in einer zweiten Abstimmung ein doppeltes Stimmrecht hat.

Mitbestimmungsgesetz v. 1976

Nur in Unternehmen des Bergbaus und der Eisen- und Stahlerzeugung (sog. Montan-Betriebe) ist nach dem *Montanmitbestimmungsgesetz von 1951* die „Parität" im Aufsichtsrat voll verwirklicht. Um Entscheidungen durch Stimmengleichheit nicht zu blockieren, einigen sich Anteilseigner und Arbeitnehmervertreter auf ein neutrales „elftes" (bzw. 15. oder 21.) Aufsichtsratsmitglied. Zusätzlich wählen die Arbeitnehmervertreter einen „Arbeitsdirektor" in den Vorstand (d.h. die Unternehmensleitung) der Montanunternehmen.

Montanmitbestimmungsgesetz

Zusammenfassung:
Die Abbildung zeigt die Verteilung der verschiedenen Mitbestimmungsregelungen auf die rund 20 Millionen Arbeitnehmer. Hierbei ist zu berücksichtigen, daß in den Kapitalgesellschaften neben der Aufsichtsrat-Mitbestimmung auch Betriebsräte mitbestimmen.

Mitbestimmung für Arbeitnehmer		
Wo?	**Für wieviele?**	**Wie?**
Montanindustrie	0,6 Mio	Parität im Aufsichtsrat
Große Kapitalgesellschaften	4,1 Mio	Gleiche Mitgliederzahl im Aufsichtsrat (bei Parität zweite Stimme f. d. Vorsitzenden)
Kleinere Kapitalgesellschaften	0,9 Mio	$^2/_3$ Arbeitgeberseite/ $^1/_3$ Arbeitnehmerseite
Übrige Unternehmen (5 und mehr Besch.)	9,4 Mio	Nur innerbetriebl. Mitbestimmung (Betriebsräte)
Öffentlicher Dienst	3,6 Mio	Nur innerbetriebl. Mitbestimmung (Personalräte)
Kleinbetriebe (weniger als 5 Besch.)	3,0 Mio	Keine Mitbestimmungsrechte

Globus 3069

5. Arbeitsgerichtsbarkeit

> Dem 54jährigen Ingenieur Walter J. wird aus betrieblichen Gründen gekündigt. Dagegen erhebt er Kündigungsschutzklage wegen sozial ungerechtfertigter Kündigung. Begründung: Er sei jetzt 14 Jahre in diesem Betrieb. In seinem Alter sei es fast unmöglich, eine vergleichbare Stellung zu finden. Man müsse vor ihm seinen 36jährigen Kollegen Elmar O. entlassen. Das Arbeitsgericht weist seine Klage ab, läßt aber eine Berufung gegen das Urteil zu. Elmar O. hat 3 schulpflichtige Kinder und versorgt seinen verwitweten Vater. Was soll Walter J. tun?

Für Streitigkeiten aus arbeitsrechtlichen Beziehungen bestehen als besondere Gerichte die *Arbeitsgerichte*. Aufbau in drei Instanzen und die Besetzung der Gerichte (s. Abb. unten) sowie der Verfahrensablauf sind im *Arbeitsgerichtsgesetz* (ArbGG) geregelt. In jeder Instanz sind neben Berufsrichtern mindestens je ein Arbeitgeber und ein Arbeitnehmer als Laienrichter beteiligt.

In zivilrechtlichen Verfahren aus Arbeitsvertragsstreitigkeiten geht dem eigentlichen Prozeß ein

Arbeitsgerichtsgesetz

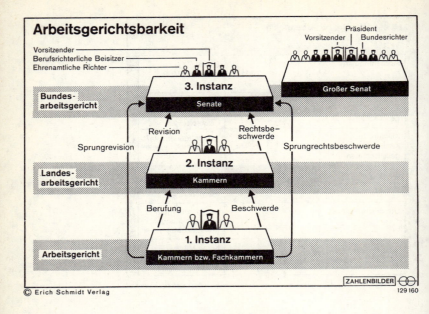

Güteverfahren *Güteverfahren* voraus; hat es Erfolg, so entfallen die Gerichtskosten. In erster Instanz können sich die Parteien selbst, d.h. ohne Rechtsanwalt, vertreten oder sich – z.B. als Arbeitnehmer von einer Gewerkschaft – vertreten lassen. Für die folgenden Instanzen besteht Anwaltszwang. Die Klage kann – wie im Fall Walter J. – mündlich vor dem zuständigen Arbeitsgericht erhoben oder schriftlich eingereicht werden. Die Gerichtskosten fallen erst nach Abschluß des Verfahrens an und werden dem Prozeßunterliegenden auferlegt. In der ersten Instanz betragen sie 3,– DM pro 100,– DM Streitwert, höchstens 500,– DM; das Beschlußverfahren ist kostenlos.

Im Fall Walter J. hat die Gewerkschaft kostenlose Rechtshilfe übernommen. Deshalb riskiert Herr J., gegen das Urteil Berufung beim *Landesarbeitsgericht* einzulegen. Bei einem Streitwert von 16 500,– DM (drei Monatsgehälter à 5 500,– DM) muß die Gewerkschaft, falls J. nochmals unterliegt, für Gerichtskosten, eigene Anwaltskosten und die des obsiegenden Arbeitgebers rund 5000,– DM ersetzen. Entscheidet jedoch das Gericht zu Gunsten von J., muß der Arbeitgeber die gesamten Kosten und Auslagen beider Instanzen (rund 6000,– bis 7000,– DM) tragen. Ein eventuelles Weiterziehen des Prozesses durch *Revision* in die 3. Instanz würde das Kostenrisiko auf ca. 12000,– bis 14000,– DM erhöhen. Es muß sich also jede Prozeßpartei gut überlegen, wie ihre Aussichten für einen weiteren Prozeßerfolg sind. Dem wirtschaftlich Stärkeren – i.d.R. dem Arbeitgeber – kann diese Entscheidung leichterfallen als einem einzelnen Arbeitnehmer. Denn der Arbeitnehmer riskiert neben den Kosten auch noch den Verlust seines Arbeitsplatzes. Auch hier zeigt sich, daß die Arbeitnehmer erst durch gemeinsam organisiertes Handeln – in ihren Gewerkschaften – ein Gleichgewicht gegenüber den Arbeitgebern erreichen können.

Literaturhinweise
Arbeitsgesetze, mit den wichtigsten gesetzlichen Bestimmungen zum Arbeitsverhältnis wie Kündigungsrecht, Tarifvertragsrecht, Berufsausbildungsrecht, Betriebsverfassungsrecht u. v. a., Beck-Texte im dtv, 34. Aufl. 1987 (dtv-TB 5006)
Brox, H.: Grundbegriffe des Arbeitsrechts. Eine Einführung anhand von Fällen. 7. Aufl. 1985
Großmann, R./Schneider. F.: Arbeitsrecht. 6. Aufl. 1982
Löwisch, G. u. M.: Arbeitsrecht. 2. Aufl. 1980

6 Strafrecht

1. Strafrecht – Sinn und Aufgabe

Innerhalb des Rechtssystems zieht das Strafrecht das stärkste Interesse auf sich. Es zielt nämlich auf einen inneren Kern des Menschen, es scheidet zwischen „Gut" und „Böse". Bestraft wird, wer schuldig geworden ist – er hat die für das Zusammenleben in einer Gesellschaft unentbehrlichen Verhaltensregeln nicht eingehalten. Strafe trifft den einzelnen Menschen schwer – deshalb muß das Straf-*Recht* genau vorschreiben, unter welchen Bedingungen Menschen bestraft werden können und so den Rechtsverletzer zugleich gegen „ungerechte" Bestrafung schützen.

Strafrechtliche Zusammenhänge kann man besser verstehen, Strafrechts-Abläufe besser beurteilen, wenn man etwa folgenden Fragen nachgeht:
- Warum brauchen Gesellschaften und Staaten ein Strafrecht? Welche Bedeutung hat das Strafrecht in unserer Gesellschaft? (Abs. 1)
- Welche einzelnen Ziele und Zwecke soll das Strafrecht erreichen, worin liegt der Sinn der Bestrafung? (Abs. 2)
- Nach welchen allgemeinen Grundsätzen erfolgt die Feststellung von Schuld und die Zurechnung von Strafe? (Abs. 3 u. 4)
- Wodurch wird erreicht, daß die rechtsverletzende Person möglichst nicht zu Unrecht verurteilt und bestraft wird? Welche Chancen erhält der Rechtsverletzer, wieder ein unbescholtenes Gesellschaftsmitglied zu werden? (Abs. 5 u. 6)

Aus den nachstehenden Paragraphen des Strafgesetz-

Aus dem Strafgesetzbuch (StGB)

§ 242 *Diebstahl* (1) Wer eine fremde bewegliche Sache einem anderen in der Absicht wegnimmt, dieselbe sich rechtswidrig zuzueignen, wird mit Freiheitsstrafe bis zu fünf Jahren oder mit Geldstrafe bestraft.
(2) Der Versuch ist strafbar.
§ 107 *Wahlbehinderung* (1) Wer mit Gewalt oder durch Drohung mit Gewalt eine Wahl oder die Feststellung ihres Ergebnisses verhindert oder stört, wird mit Freiheitsstrafe bis zu fünf Jahren oder mit Geldstrafe . . . bestraft.
(2) Der Versuch ist strafbar.

> § 185 *Beleidigung*: Die Beleidigung wird mit Freiheitsstrafe bis zu einem Jahr oder mit Geldstrafe und, wenn die Beleidigung mittels einer Tätlichkeit begangen wird, mit Freiheitsstrafe bis zu zwei Jahren oder mit Geldstrafe bestraft.
> § 194 *Strafantrag* (1) Die Beleidigung wird nur auf Antrag verfolgt ...

buches (StGB) der Bundesrepublik Deutschland kann man beispielhaft ablesen, womit jedes Strafrecht zu tun hat. Denn in allen Gesellschaften sind den Menschen bestimmte Güter wie Leben, Gesundheit, Eigentum, persönliche Würde und Ehre und vieles andere wichtig; in demokratischen Staaten zählt dazu z.B. auch ein unverfälschtes Wahlergebnis. Für je wichtiger die Menschen ein Gut oder eine Verfahrensweise zum Umgang mit Gütern und Menschen halten, um so strenger werden diese Güter vor Verletzungen geschützt. Diebstahl oder Wahlbehinderung werden z.B. schwerer bestraft als Beleidigungen von Personen.

Das Strafrecht schützt wichtige Rechtsgüter

Zudem wird bei diesen Delikten bereits der Versuch bestraft, während bei anderen Delikten – z.B. Vortäuschen einer Straftat, Verletzung des Briefgeheimnisses, also bei den weniger schwer eingestuften Vergehen – der bloße Versuch straflos bleibt. Eine Beleidigung zieht sogar nur dann eine Strafe nach sich, wenn der Beleidigte ausdrücklich Strafantrag stellt. In islamischen Kulturen gelten die religiösen Vorschriften des Koran zugleich als schutzwürdige Rechtsgüter; der Genuß von Schweinefleisch oder Alkohol wird z.B. hart bestraft. Deshalb kann in unterschiedlichen Gesellschaften und unter anderen geschichtlichen Bedingungen das Strafrecht unterschiedlich formuliert sein. Seine grundlegende Bedeutung gewinnt es immer daraus, daß es die jeweiligen *Rechtsgüter* dadurch *schützt*, daß es durch Strafandrohung jeden zu ihrer Beachtung *zwingt*.

Das im Strafgesetzbuch (und zu einem geringeren Teil auch in anderen Gesetzen wie z.B. Umweltschutzgesetzen, Gewerbe- und Handwerksordnung) beschriebene Strafrecht hat jedoch nicht allein den Zweck anzugeben, wie hoch das eine oder andere Rechtsgut von der Gesellschaft bewertet wird und wie hoch eine Strafe für die jeweilige Rechtsgüterverletzung ausfallen soll. Neben diesen sogenannten „*relativen*" Zwecken (relativ = rückbezüglich, bezo-

Strafrecht als Garant der Rechtsordnung

gen auf bestimmte Werte als Rechtsgüter) hat das Strafrecht auch davon losgelöste, *„absolute"* Zwecke: Es garantiert, daß der Bestand *einer rechtlichen Ordnung* insgesamt von allen anerkannt wird. Deshalb wird auch ein Dieb, der die gestohlene Sache zurückgegeben, alle Schäden und Kosten bezahlt und damit die Verletzung des Rechtsgutes „Eigentum" wieder vollständig „geheilt" hätte, noch bestraft. Würde man Diebe, Räuber, Erpresser und andere, die alles wieder gutgemacht, ihre Taten bereut, die Geschädigten um Verzeihung gebeten hätten, nicht mehr bestrafen, dann wäre es gleichsam erlaubt, zu stehlen oder zu rauben unter der Bedingung, daß man die Sache hinterher wieder gutmacht. Durch das Strafrecht wird sichergestellt, daß die Menschen einer Gesellschaft sich darauf verlassen können, daß jeder die für alle gültigen Regeln beachtet. Über den Rechtsgüterschutz hinaus hat Strafrecht auch eine *Sozialisationsfunktion* (Sozialisation = Vorgang der Eingliederung von Menschen in eine Gesellschaft und ihre Verhaltensvorschriften) sowie eine *Integrationsfunktion* für eine Gesellschaft (Integration = Einordnung, Zusammenführung). Denn das Strafrecht macht für alle klar, welches Verhalten in der Gesellschaft als „unrecht" zu betrachten ist. Dadurch wird es zu einer Richtschnur für die Erziehung und den Umgang der Menschen miteinander. Sie müssen lernen, sich nicht „sozialschädlich" zu verhalten. Das Recht führt so die Mitglieder eines Staates zu einem gemeinsamen Verständnis von richtigem, „rechtem" Verhalten.

Zusammenfassung:
Strafrecht hat in jeder Gesellschaft die Aufgabe des *Rechtsgüterschutzes*. Mit Rechtsgütern sind zum einen alle für das Zusammenleben als unabdingbar angesehenen Werte (Leben, Gesundheit, Würde, Ehre, Selbstbestimmung, Sicherheit u.v.a.) und Einrichtungen (Eigentum, Religion u.a.) gemeint, aber auch die Rechtsordnung selbst. Das Strafrecht muß also, losgelöst von einzelnen Strafzwecken, die grundsätzliche Geltung und Anerkennung von Ordnungsregeln in einer Gesellschaft sichern. Die Bestrafung von Menschen – die im Einzelfall schweres Leid bedeuten kann – muß also sowohl von der einzelnen Rechtsgüterverletzung her als auch als Verstoß gegen das Vorhandensein der rechtlichen Ordnung insgesamt verstanden werden.

2. Sinn und Zweck der Strafe

> (1) Eine ganze Stadt ist empört. Der Mörder eines achtjährigen Kindes wurde nicht bestraft, sondern in eine Heil- und Pflegeanstalt eingewiesen. „Der wird dort auf unsere Kosten behandelt und vielleicht nach 5 Jahren als geheilt entlassen. Ein Mörder – wo bleibt da die Gerechtigkeit?"
>
> (2) 70–80% aller Straftäter werden „rückfällig", d.h. sie begehen nach ihrer ersten Bestrafung weitere Straftaten. Meinungen zu diesem Sachverhalt bei einer Befragung:
> „Früher gab es das nicht. Da waren die Strafen noch viel härter und länger."
> „Das ist kein Wunder. Die meisten lernen im Gefängnis ja erst alle kriminellen Tricks."
> „Das zeigt, daß Einsperren nichts bringt. Man sollte den Leuten echt helfen, z.B. ihnen einen guten Beruf verschaffen, sie ausbilden..."
>
> (3) Aus StGB: § 56 *Strafaussetzung* „(1) Bei der Verurteilung zu Freiheitsstrafe von nicht mehr als einem Jahr setzt das Gericht die Vollstreckung der Strafe zur Bewährung aus, wenn zu erwarten ist, daß der Verurteilte sich schon die Verurteilung zur Warnung dienen lassen und künftig... keine Straftaten mehr begehen wird...
> (3) Bei der Verurteilung zu Freiheitsstrafe von mindestens sechs Monaten wird die Vollstreckung nicht ausgesetzt, wenn die Verteidigung der Rechtsordnung sie gebietet."
>
> (4) „Auge um Auge, Zahn um Zahn" (Sprichwort).

Widersprüchlichkeit der Strafzwecke

Strafrechtliche Entscheidungen sind manchmal nur schwer zu verstehen, weil mit der Strafe unterschiedliche, zum Teil widersprüchliche Zwecke erreicht werden sollen. Die angeführten Beispiele machen dies sichtbar. Manche Gerichtsurteile erscheinen ungerecht, weil sie als zu milde oder zu streng gelten. Welche Arten von Strafen die besseren seien und welche Wirkungen mit Strafe erzielt werden sollen, darüber gibt es teilweise gegensätzliche Ansichten. Auch das Strafgesetzbuch berücksichtigt unterschiedliche Ziele der Strafe. So wird der Vollzug einer Freiheitsstrafe in den meisten Fällen nach § 56 (s. o. (3)) zur Bewährung ausgesetzt, in einigen Fällen wird jedoch – nach Abs. 3 – den Straftätern diese Begünstigung verweigert.

Die Frage nach den Straf-*Zwecken* hängt zwar mit den Funktionen des Straf*rechts* – Rechtsgüterschutz, Garantie der Rechtsordnung durch Sozialisations- und Integrationswirkungen (s. Abs. 1) – zusammen, sollte aber nicht mit diesen verwechselt werden. Denn man kann aus den Strafrechts-Funktionen heraus nicht verstehen, warum z. B. der eine Mörder für seine Tat lebenslänglich in Haft gehalten wird – wie es § 211 StGB vorschreibt –, während einem anderen nach einigen Jahren und nach eventueller Heilbehandlung der Rest seiner Strafverbüßung erlassen wird. Strafurteile als Ergebnisse von Strafverfahren werden oft erst verständlich, wenn man die durch Strafe angestrebten 3 Zwecke insgesamt berücksichtigt:

Vergeltung (1) Strafe soll *Vergeltung,* Ausgleich für die verletzte Rechtsordnung sein. Die Bestrafung stellt die „Gerechtigkeit" wieder her, sie ist „Sühne" = „Versöhnung" auch des Täters mit der Allgemeinheit. Wäre dies allerdings der einzige Zweck der Strafe, dann müßte sie immer möglichst genau der Straftat entsprechen wie in dem Sprichwort „Auge um Auge, Zahn um Zahn".

Abschreckung (2) Strafe soll auch *Abschreckung* für alle sein, ein gesetzliches Verbot zu übertreten. Wäre dies der Hauptzweck, dann müßten Strafen möglichst hart sein und möglichst für alle sichtbar vollzogen werden.

Besserung und Wiedergutmachung (3) Strafe soll *Besserung und Umkehr* des Täters sowie die Wiedergutmachung der Rechtsverletzung ermöglichen. Der Bestrafte soll dadurch wieder voll in die Gesellschaft eingegliedert („resozialisiert") werden. Bei diesem Strafzweck käme es nicht auf die Schwere der Verfehlung an, und strenge Strafen oder bedingungslose Vergeltung könnten diesen Strafzweck vereiteln.

Auf den ersten Blick könnte man vermuten, daß der Strafzweck „Vergeltung" aus frühgeschichtlicher Zeit stammt und nur noch in „primitiven" Kulturen verfolgt werde. Der Strafzweck „Abschreckung" erinnert an mittelalterliche Strafpraxis: Öffentliches Abhacken von Gliedmaßen, Kerker mit Folterungen, öffentliches Anketten am Pranger und öffentliche Hinrichtungen. Das moderne Strafrecht erscheint dagegen zunehmend als Erziehungs- oder Resozialisierungsstrafrecht; neben der Geldstrafe gibt es nur noch die Freiheitsstrafe, deren Ziel nach § 2 des Strafvollzugsgesetzes in der Resozialisierung des Straftäters liegt. Vergeltung und Rache darf nach diesem Rechtsverständnis der Staat nicht ausüben. Schon seit Jahrhunderten ist bekannt, daß auch harte

Strafen die Täter kaum abschrecken, weil diese im Augenblick der Tat davon ausgehen, daß sie nicht entdeckt werden. So gab es z.B. im Mittelalter während der öffentlichen Hinrichtung von Dieben die meisten Taschendiebstähle.

Dennoch berücksichtigt das geltende Strafrecht alle drei Strafzwecke. Im ersten Beispiel geht es um den Strafzweck der Vergeltung. Wer es für ungerecht hält, daß ein seelisch kranker Mörder als schuldunfähig betrachtet und darum nicht bestraft wird, der denkt an „Vergeltung", der will, daß eine solche Tat in jedem Fall vergolten werden sollte. Nach § 20 StGB handelt ein Täter jedoch „ohne Schuld", wenn er „bei der Begehung der Tat wegen einer krankhaften seelischen Störung ... unfähig ist, das Unrecht seiner Tat einzusehen oder nach dieser Einsicht zu handeln". Voraussetzung für eine Bestrafung ist jedoch, daß ein Täter „schuldig" geworden ist.

Der Strafzweck „Vergeltung" findet sich im Strafgesetzbuch also im Zusammenhang mit dem Begriff der „Schuld". Das Strafmaß ist durch das Maß der Schuld bestimmt; je geringer die Schuld ist, desto geringer ist die Strafe. Ohne Schuld gibt es keine Vergeltung, also keine Strafe.

Die Begrenzung der Strafhöhe durch das Ausmaß der Schuld ist deswegen wichtig, weil die alleinige Orientierung einer Strafmaßnahme am Zweck der Besserung dazu führen könnte, einen z.B. an krankhafter Stehlsucht (Kleptomanie) leidenden Ladendieb vorbeugend zu einer eventuell jahrelangen Heilbehandlung zu zwingen, obwohl er immer nur Kleinigkeiten mitgenommen hat. Deshalb dürfen freiheitsbeschränkende Maßnahmen zur Resozialisierung von Straftätern, die wegen krankhafter Einflüsse für ihr Handeln ja nicht voll verantwortlich sind, nicht länger dauern als die Strafe für die schuldhaft begangene Tat. Der Stehlsüchtige könnte also nur für die Zeit in ein psychiatrisches Krankenhaus eingewiesen werden, wie ein schuldiger Dieb für diese Bagatelldiebstähle ins Gefängnis müßte – es sei denn, er unterzieht sich freiwillig einer längeren Behandlung.

Umgekehrt führt der Resozialisierungszweck häufig zu Strafverkürzungen. Insbesondere die kurzen Freiheitsstrafen bis zu sechs Monaten werden überwiegend zur Bewährung ausgesetzt oder durch Geldstrafen ersetzt. Allerdings schreibt das StGB in § 56 (3) auch vor, daß die Vollstreckung nicht ausgesetzt werden kann, „wenn die Verteidigung der Rechtsordnung sie gebietet". Damit ist gemeint: Wenn das Gericht es für notwendig hält, der Öffentlichkeit zu zeigen, daß bestimmte Delikte unnachsichtig bestraft werden – z.B. fahrlässige Vergiftung von Flüssen und Seen – dann wird der Vollzug der Strafe nicht ausgesetzt. Dadurch soll die Allgemeinheit bzw. jeder einzelne daran erinnert werden, daß das Recht unnachsichtig ist und daß es sich eher lohnt, die Gesetze zu befolgen als sie zu mißachten. Selbst wenn einzelne Straftäter sich dadurch nicht abschrecken lassen, so wird die Rechtsordnung doch dadurch verteidigt, wenn die große Zahl gesetzestreuer Bürger erkennen kann, daß z.B. Gewässerverschmutzung kein „Kavaliersdelikt" ist.

Zusammenfassung:
Die drei Strafzwecke
- *Vergeltung* zum Ausgleich der schuldhaft verletzten Rechtsordnung,
- *Abschreckung* der Allgemeinheit, besser mit dem Fachwort „*Generalprävention*" = allgemeine Vorbeugung bezeichnet,
- *Besserung* des Straftäters (juristisch als „*Spezialprävention*" = auf den Einzeltäter bezogene Vorbeugung)

finden also bei jeder Strafe Berücksichtigung. Erst in dem Bemühen, alle drei Strafzwecke zugleich zu berücksichtigen, wird die Strafe nicht zu streng, aber auch nicht zu nachsichtig ausfallen. Häufig berücksichtigen jene, die – wie in den beiden ersten Beispielen zu diesem Abschnitt – Gerichtsurteile als unangemessen kritisieren, nur einseitig den einen oder den anderen Strafzweck.

---

(1) Ein geschiedener Mann hat längere Zeit für Frau und Kinder keinen Unterhalt bezahlt und wird wegen Verletzung der Unterhaltspflicht gemäß § 170 StGB zu 3000,– DM Geldstrafe oder sechs Wochen Haft verurteilt.
(2) Ein Elektroinstallateur wurde wegen Teilnahme an einem bewaffneten Raubüberfall zu vier Jahren Freiheitsstrafe verurteilt. Während dieser Zeit muß seine Frau arbeiten, kann sich nur wenig um ihre drei Kinder kümmern. Diese werden von den Nachbarn abgelehnt, verlieren ihre Freunde und bekommen Schwierigkeiten in der Schule und bei der Lehrstellensuche.

An den Beispielen kann man erkennen, daß es oft nicht gelingt, alle Strafzwecke angemessen zu berücksichtigen bzw. zu erreichen. Solange der Unterhaltsanspruch von Kindern und erziehenden Müttern gegen den Vater als ein Rechtsgut angesehen wird, das durch Strafandrohung geschützt werden muß, können Väter, die keinen Unterhalt geleistet haben, bestraft werden. Wie soll jedoch der Bestrafte „Besserung" beweisen, wenn ihn die Strafverbüßung daran hindert, endlich Unterhalt zu bezahlen? Wie wird er sich verhalten, wenn er nach einer eventuellen Haftstrafe seine Arbeitsstelle verloren und außer den Unterhaltsansprüchen noch weitere Schulden hat? Muß andererseits die Strafe nicht vollzogen werden, um andere Zahlungsunwillige zu warnen und den Betroffenen selbst endlich zur Einsicht zu bringen?

Probleme der Strafzweckerreichung

Auch das zweite Beispiel zeigt, daß das Ziel der speziellen Vorbeugung (Resozialisierung) durch Strafe kaum zu erreichen ist. Vielleicht sieht der Bankräuber ein, daß sich Verbrechen nicht lohnt, und ist fest entschlossen, nach der Strafverbüßung keine Straftaten mehr zu begehen.

Was aber wird aus den Kindern, wenn ihre bisherigen Freunde plötzlich nicht mehr mit ihnen spielen dürfen, wenn sie als Kinder eines Bankräubers von der Nachbarschaft sofort verdächtigt werden, wenn irgendwo etwas zerstört wurde oder abhanden gekommen ist, wenn sie in der Schule zurückbleiben, weil die berufstätige Mutter sich nur wenig um sie kümmern kann, wenn sie keinen Ausbildungsplatz bekommen? Besteht für diese Kinder nicht die Gefahr, daß sie schließlich genau das tun, wozu sie von ihrer Umwelt leichtfertig abgestempelt werden?

Zusammenfassung:
Die Strafzwecke Vergeltung, Abschreckung und Resozialisierung sind im Hinblick auf ihre Verwirklichung durch Strafmaßnahmen widersprüchlich. Insbesondere gerät der Abschreckungs- mit dem Resozialisierungszweck in Konflikt, weil abschreckende Strafen vom Straftäter selbst selten als angemessen empfunden werden und ihn oft an der Wiedergutmachung seines Fehlverhaltens hindern. So kommt es dann, daß durch eine Bestrafung mancher Rechtsbrecher und seine Angehörigen erst in eine kriminelle Laufbahn gedrängt werden. Würde man jedoch den Strafzweck des Schuldausgleichs durch Vergeltung und den

Abschreckungszweck aufgeben, so müßte man Rechtsbrecher zwar wie Unschuldige, jedoch wie (gesellschaftlich) Kranke solange behandeln, bis sie als „geheilt" wieder entlassen werden könnten. Dadurch wäre der Straftäter entmündigt und könnte theoretisch unbegrenzt in „Behandlung" gehalten werden. Davor schützt das geltende Strafrecht, indem es versucht, alle drei Strafzwecke zu vereinigen: Die Schuld bestimmt und begrenzt das Strafmaß (Schuldstrafrecht). Durch eine sinnvolle Gestaltung der Strafe und des Strafvollzugs kann versucht werden, den Täter zu resozialisieren, und die Abschreckung wird vor allem dadurch erreicht, daß möglichst viele Straftaten aufgeklärt werden.

3. Grundsätze eines „gerechten" Strafrechts

(1) Grundgesetz Art. 103 (2) und StGB § 1: „Keine Strafe ohne Gesetz!"
(2) Ein Hauseigentümer betritt wiederholt in Abwesenheit des Mieters dessen Wohnung, obwohl ihm der Mieter dies untersagte. Auf Antrag des Mieters bestraft das Gericht den Vermieter wegen Hausfriedensbruch.
(3) Ein Hauseigentümer möchte erreichen, daß seine Mieter ausziehen. Er ruft deshalb wiederholt nach Mitternacht und in aller Frühe in der Wohnung des Mieters an, obwohl ihm dieser Telefonanrufe vor 9 Uhr morgens und nach 20 Uhr abends untersagt hat. Im Strafprozeß wegen Hausfriedensbruch wird der Hauseigentümer freigesprochen.
(4) StGB: § 123 *Hausfriedensbruch* „(1) Wer in die Wohnung ... eines anderen ... widerrechtlich eindringt, oder wer, wenn er ohne Befugnis darin verweilt, auf die Aufforderung des Berechtigten sich nicht entfernt, wird mit Freiheitsstrafe bis zu einem Jahr oder mit Geldstrafe bestraft.
(2) Die Tat wird nur auf Antrag verfolgt."

Aus der Aufgabe des Rechtsgüterschutzes, dem Zweck, das Rechtssystem selbst als „gerecht" abzusichern und aus den Strafzwecken der Vergeltung, Abschreckung und Resozialisierung ergeben sich Grundsätze, die das gesamte System des Strafrechts und seiner Anwendung bestimmen und formen:
– der Gesetzesgrundsatz,
– der Bestimmtheits- oder Tatbestandsgrundsatz,
– der Schuldgrundsatz.
Von diesen Grundsätzen her läßt sich der Aufbau, das System des Strafrechts, systematisch erklären und verstehen.

Der Gesetzes-grundsatz Die unterschiedlichen Urteile in den Beispielen (2) und (3) sind aus dem in § 1 StGB ausgesprochenen „Gesetzesgrundsatz" erklärbar. Nach diesem Grundsatz kann eine Strafe nur ausgesprochen werden, wenn eine Tat zu dem Zeitpunkt, an dem sie begangen wurde, bereits durch Gesetz unter Strafe gestellt war. Im einzelnen umfaßt der Gesetzesgrundsatz (die Rechtswissenschaftler benützen den Begriff „Legalitätsgrundsatz" nach dem lateinischen Wort „leges" = die Gesetze, „legalis" = gesetzmäßig) das Bestimmtheitsgebot und das Rückwirkungsverbot.

Mit dem *Bestimmtheitsgebot* ist gemeint: Ein Täter kann nur für die Taten bestraft werden, die unter Strafe gestellt sind. Dies gilt z.B. für die Handlung „Hausfriedensbruch". Dazu muß das Strafgesetz möglichst genau beschreiben, was Hausfriedensbruch ist. Aus § 123 StGB (siehe oben (4)) geht hervor, daß der Täter den Tatbestand Hausfriedensbruch nur erfüllt, wenn er körperlich in den Räumen „verweilt" und sich auf Aufforderung nicht entfernt. Der Gesetzestext sagt nichts über ein telefonisches Eindringen; nächtliche Telefonanrufe erfüllen deshalb den Tatbestand, wie ihn das Gesetz bestimmt, nicht. Der Täter „verweilt" bei Beispiel (3) nicht in der Wohnung. Das Gericht darf auch nicht von sich aus eine solche Handlung, die die häusliche Ruhe erheblich stört, mit Hausfriedensbruch gleichsetzen. Es muß sich auf den Wortlaut des Gesetzes beschränken. Der Telefonanrufer kann nicht wegen Hausfriedensbruch bestraft werden. Es wäre allerdings zu prüfen, ob der Telefonanrufer nicht gegen ein anderes gesetzliches Verbot, z. B. gegen § 117 OWiG (Unzulässiger Lärm) verstößt – was mit Geldbuße bis zu 10000 DM geahndet werden könnte.

Bestimmtheitsgebot

Das *Rückwirkungsverbot* verhindert, daß jemand zu einem späteren Zeitpunkt bestraft wird für ein Verhalten, das früher nicht verboten war. Würde also der Gesetzgeber den § 123 StGB so ändern, daß auch unerlaubtes telefonisches Eindringen strafbar wäre, so dürfte der Hauseigentümer dennoch nicht bestraft werden, wenn seine Telefonanrufe schon vor dem Zeitpunkt lagen, zu dem die Gesetzesänderung in Kraft trat.

Rückwirkungsverbot

Im Beispiel (2) dagegen ist klar, daß auch der Hauseigentümer die von ihm vermietete Wohnung nicht ohne Erlaubnis des Mieters betreten darf und sich also des Hausfriedensbruchs schuldig gemacht hat.

(1) Der mittellose Stadtstreicher Erwin Z. nimmt beim Verlassen eines Gasthauses statt seines abgetragenen den hochwertigen Lodenmantel eines Försters im Wert von 800,– DM mit. Im alten Mantel war ihm immer kalt.

(2) Frau M. findet beim Verlassen des Friseursalons im Flughafen an der Garderobe statt ihres 800,– DM teuren Popeline-Mantels einen ähnlichen neuen von geringerer Qualität im Wert von etwa 200,– DM. Sie erstattet Anzeige wegen Diebstahl. 10 Minuten vor ihr hat eine Kundin eilig den Salon verlassen, um ihre Maschine nach Kanada noch zu erreichen.

(3) Frau G. verbringt eine Woche Winterurlaub in Oberstdorf. Im Restaurant bemerkt sie, daß jeden Abend an der Garderobe ein echter Leopardenfellmantel hängt, der ihrem eigenen Kunstfellmantel sehr ähnlich sieht. Von einem solchen Mantel hat sie schon immer geträumt. Am letzten Urlaubsabend geht sie mit ihrem Mantel in das Restaurant und nimmt beim Verlassen den echten Mantel mit.

(4) StGB: *§ 242 Diebstahl* „(1) Wer eine fremde bewegliche Sache einem anderen in der Absicht wegnimmt, dieselbe sich rechtswidrig zuzueignen, wird mit Freiheitsstrafe bis zu fünf Jahren oder mit Geldstrafe bestraft.
(2) Der Versuch ist strafbar."

(5) StGB: § 46 *Grundsätze der Strafzumessung* „(1) Die Schuld des Täters ist Grundlage für die Zumessung der Strafe. Die Wirkungen, die von der Strafe für das künftige Leben des Täters in der Gesellschaft zu erwarten sind, sind zu berücksichtigen.
(2) Bei der Zumessung wägt das Gericht die Umstände, die für und gegen den Täter sprechen, gegeneinander ab. Dabei kommen namentlich in Betracht:
die Beweggründe und die Ziele des Täters,
die Gesinnung, die aus der Tat spricht, und
der bei der Tat aufgewendete Wille,
das Maß der Pflichtwidrigkeit,
die Art der Ausführung und die verschuldeten Auswirkungen der Tat,
das Vorleben des Täters, seine persönlichen und wirtschaftlichen Verhältnisse sowie
sein Verhalten nach der Tat, besonders sein Bemühen, den Schaden wiedergutzumachen."

Schuld begrenzt die Strafe

Die Fälle (1) bis (3) stellen drei äußerlich gleiche Tatbestände – Wegnahme eines Mantels – vor. Dennoch liegt es nahe, daß diese drei Straffälle aufgrund der verschiedenen Umstände, unter denen sie sich ereignen, zu unterschiedlichen Strafen führen. Im Falle der Frau M. (2) ist es sehr wahrscheinlich, daß die vorherige Kundin in der Eile die Mäntel verwechselt hat. Der Tatbestand „Diebstahl" wäre dann nicht erfüllt, da die Absicht einer rechtswidrigen Zueignung als Tatbestandsmerkmal fehlt (s. oben (4)). Sie müßte den Mantel allerdings unverzüglich

zurückgeben, sobald sie die Verwechslung bemerkt. Sonst läge Unterschlagung nach § 246 StGB vor.
Bei den anderen beiden Fällen ist die Wegnahme absichtlich und vorsätzlich erfolgt. Frau G. hat mit ihrem Diebstahl einen zehnfach höheren Schaden bewirkt als Erwin Z. Im Gegensatz zu diesem ist sie jedoch zum erstenmal einer Versuchung erlegen; hinterher bereut sie ihre Tat und lebt bis zur Entdeckung in quälender Angst. Erwin Z. dagegen hat planmäßig zum Winter auf eine solche Gelegenheit gewartet; außerdem stand er schon öfters wegen ähnlicher Delikte vor Gericht. Sollte er nicht als „Denkzettel" und auch zur Abschreckung anderer „Kollegen" härter bestraft werden als Frau G.? Andererseits – Erwin Z. war auf einen wärmenden Mantel angewiesen, Frau G., die sich einen Urlaub in Oberstdorf leisten kann, dagegen nicht. Ist der Diebstahl von Erwin Z. nicht eher aus seiner Notlage entschuldbar?
Diese Überlegungen zeigen, daß eine Strafzumessung am Maßstab der Schuld nicht einfach ist. Schuld kann nicht (allein) nach dem angerichteten Schaden bestimmt sein. Auch wenn man – nach einer Prüfung der Zusammenhänge nach den Bestimmungen in § 46 StGB (siehe oben (5)) – zu der Ansicht käme, daß Frau G. mehr Schuld auf sich geladen habe als Erwin Z., weiß man noch nicht, wie hoch nun die Strafe tatsächlich sein soll. Soll Z. – da er keine Geldstrafe bezahlen kann – vier Wochen oder sechs Monate oder zwei Jahre ins Gefängnis?
Hierüber müssen die Gerichte in jedem Fall einzeln entscheiden. § 46 StGB zählt dazu die Gesichtspunkte auf, nach denen die Schuldhöhe bestimmt werden muß. Ist der Täter unschuldig – z.B. bei unabsichtlicher Verwechslung – tritt keine Bestrafung ein. Trifft den Täter die volle Schuld, gibt es keine Entschuldigung, dann begrenzt das im Gesetz genannte Strafmaß die Strafe.
Ein Dieb kann also nach § 242 StGB mit höchstens fünf Jahren Freiheitsentzug bestraft werden – ein Strafrahmen, der in der Praxis der Rechtsprechung nur selten ausgeschöpft wird. Für besonders schwere Diebstähle sehen die §§ 243 und 244 StGB allerdings noch höhere Strafen vor.

> **Zusammenfassung:**
> Soll Strafrecht seine Aufgaben – Rechtsgüterschutz und Garantie der Rechtsordnung – erfüllen, dann muß die Bestrafung nach Grundsätzen erfolgen, die jedem Bürger ein hohes Maß an Rechtsklarheit und Sicherheit vor willkürlicher Bestrafung garantieren. Deshalb ist nach unserem Strafrecht die Bestrafung an die Grundsätze
> – *Gesetzmäßigkeit* (kein Verbrechen und somit keine Strafe ohne gesetzliche Bestimmung),
> – *Bestimmtheit* (die Tat muß im Strafgesetz möglichst genau beschrieben, also bestimmt sein),
> – *Rückwirkungsverbot* (keine Strafe für Taten, die vor Inkraftsetzung einer Vorschrift begangen wurden)
> gebunden. Aber auch dann, wenn für eine Straftat alle diese Grundsätze zutreffen, kann ein Bürger nur bestraft werden, wenn ihn auch eine *Schuld* an der Tat trifft. Je nach Ausmaß der Schuld werden – unter Berücksichtigung auch der Straffolgen für das künftige Leben des Täters – geringere oder höhere Strafen auferlegt. Die Schuld begrenzt also die Strafe, Unschuldige können nicht bestraft werden.

4. Das materielle Strafrecht – Übersicht über das Strafgesetzbuch

Wer vom „Strafrecht" spricht, meint damit in der Regel die Vorschriften des Strafgesetzbuches (StGB). Es stellt das Strafrecht im engeren Sinne dar. In einem umfassenderen Verständnis gehören hierzu auch das Strafprozeßrecht nach der Strafprozeßordnung (StPO), das Strafvollstreckungsrecht sowie das Ordnungswidrigkeitenrecht (OWiG), in dem die früheren „Bagatelldelikte" wie grober Unfug, ruhestörender Lärm und anderes als Ordnungswidrigkeiten, nicht mehr als Straftaten, mit Geldbußen geahndet werden. Rechtssystematisch muß man diese zuletzt genannten Vorschriften aber vom Strafgesetzbuch (StGB) unterscheiden. Während das sogenannte „formelle" Recht der Strafprozeßordnung nur die Regeln enthält, nach denen die Strafverfolgungsbehörden und die Gerichte vorgehen, wenn sie feststellen müssen, ob eine Handlung nun strafbar war und wie der Täter zu bestrafen ist, und während Ordnungswidrigkeiten gar nicht als eigentliche Straftaten gelten – obwohl sie verboten sind –, sind im StGB die tatsächlichen, d.h. die *materiellen* Voraussetzungen beschrieben, nach denen eine Bestrafung erfolgt.

Materielles Strafrecht sagt also, unter welchen Bedingungen eine Tat strafbar ist und ein Täter überhaupt bestraft werden kann, beschreibt die möglichen Strafarten und umgrenzt die Strafmaße. Seit der Strafrechtsreform von 1975 sind diese Vorschriften deutlich vom früher stärker durchschlagenden Vergeltungsgrundsatz zum Resozialisierungsgrundsatz hin verändert worden.

Die tabellarische Übersicht über das StGB (s. unten) spiegelt die in den voranstehenden Kapiteln vorgestellten Grundsätze des Strafrechts wider. Im „Allgemeinen Teil" finden wir die Regelungen, die eine gleichmäßige und für jeden berechenbare Geltung der Strafrechtsbestimmungen sichern sollen. Es wird hier in der Folge des in § 1 StGB ausgedrückten Gesetzesgrundsatzes im 1. Abschnitt geklärt, wann, wo und für wen die Strafrechtsbestimmungen überhaupt gelten sollen und welche Arten von Straftaten (Verbrechen und Vergehen) das Gesetz berücksichtigt. Der zweite Abschnitt befaßt sich sodann mit der Beschreibung und Definition der Straftat: welche Merkmale müssen erfüllt sein, damit eine Tat als Straftat gilt und ein Täter bestraft werden kann? Im dritten Abschnitt ist schließlich geregelt, welche Folgen aus einer festgestellten Straftat für den Täter eintreten können: verschiedene Strafen (Freiheits- oder Geldstrafen), Nebenstrafen und Nebenfolgen, Maßregeln der Besserung und Sicherung sowie die Grundsätze zur Bemessung und Durchführung dieser Rechtsfolgen.

Der vierte Abschnitt behandelt die Voraussetzungen, unter denen „Strafanträge" gestellt werden können. Dies betrifft jene Straftaten, bei denen die Täter nicht von Amts wegen verfolgt und angeklagt werden, sondern die nur auf Antrag des betroffenen „Verletzten" zur Bestrafung führen (Hausfriedensbruch, Beleidigung, Körperverletzung und Verletzung des Briefgeheimnisses, Bedrohung, Sachbeschädigung und einige Delikte aus dem Wettbewerbsrecht – vgl. § 374 StPO).

Schließlich wird geregelt, nach welchen Verjährungsfristen welche Straftaten nicht mehr verfolgt bzw. die Strafen nicht mehr vollstreckt werden können. Hier finden sich Abstufungen von 30, 25, 20,

Allgemeiner und besonderer Teil des StGB
Allgemeiner Teil

Verbrechen = Taten, die mit mindestens einem Jahr Freiheitsentzug bedroht sind

Strafanträge bei „Antragsdelikten"

Verjährung

Übersicht über das Strafgesetzbuch (StGB) vom 15. Mai 1971 in der Fassung vom 2. Januar 1975	
Allgemeiner Teil §§ 1–79b	**Besonderer Teil** §§ 80–358
1. **Das Strafgesetz: Wann** und **wo** gilt eine Tat als Straftat, **wer** unterliegt dem Strafgesetz? Welche Taten gelten als Verbrechen, welche als Vergehen? §§ 1–12	**Straftaten:** 1.–6. Straftaten gegen den Staat: z.B. Spionage, Sabotage, Widerstand gegen die Staatsgewalt u.ä.
2. **Die Tat:** Wodurch werden Handlungen **strafbar**? Wann sind strafbare Handlungen gerechtfertigt oder entschuldbar? Wie sind Versuche strafrechtlich zu werten? §§ 13–37	7.–8. Straftaten gegen die öffentliche Ordnung, z.B. Geld- und Wertzeichenfälschung
	9.–10. Falsche Aussage, Meineid, falsche Verdächtigung
	11.–12. Straftaten bezüglich Religion und Familie
3. **Rechtsfolgen der Tat:** Strafarten (Geld- und Freiheitsstrafen, Nebenstrafen und Nebenfolgen), Strafbemessung und Strafaussetzung, Maßregeln der Besserung und Sicherung §§ 38–76a	13.–15. Straftaten gegen sexuelle Selbstbestimmung, Ehre, persönlicher Geheimbereich
	16.–18. Straftaten gegen Leben, Gesundheit und persönliche Freiheit
4. **Strafantrag, Ermächtigung, Strafverlangen:** Wer kann Strafanträge stellen? Wann sind Strafanträge zu stellen? §§ 77–77e	19.–26. Straftaten gegen das Eigentum
	27. Gemeingefährliche Straftaten
	28. Straftaten gegen die Umwelt
5. **Verjährung:** Nach welchen Fristen können verschiedene Straftaten nicht mehr verfolgt bzw. können Strafen nicht mehr vollstreckt werden? §§ 78–79b	29. Straftaten im Amte, z.B. Bestechlichkeit

zehn, fünf bis zu drei Jahren. Nur die Verfolgung von Mord und Völkermord verjährt nicht; ebenso kann die Vollstreckung einer lebenslangen Freiheitsstrafe nicht verjähren.

Besonderer Teil Der „Besondere Teil" zählt sodann – nach dem Bestimmtheitsgrundsatz – alle Straftaten und die mit ihnen verbundenen Strafmaße auf. Diese Vorschriften sind fast durchgehend nach einem einheitlichen Schema in zwei Schritten aufgebaut. Der erste

Schritt beschreibt den verbotenen Tatbestand so genau und umfassend wie möglich, der zweite Schritt nennt die Rechtsfolgen der Straftat.

Beispiel § 223 (1) StGB Körperverletzung:

Wer einen anderen körperlich mißhandelt oder an der Gesundheit beschädigt,	Schritt 1: **Tatbestand** als Beschreibung des verbotenen Verhaltens.
wird mit Freiheitsstrafe bis zu drei Jahren oder mit Geldstrafe bestraft.	Schritt 2: **Rechtsfolge**anordnung als Beschreibung der möglichen Strafen. (Strafandrohung)

Eine genauere Übersicht über die einzelnen Tatbestände als in der hier abgedruckten Tabelle erhält man aus dem Inhaltsverzeichnis eines Strafgesetzbuches (als Taschenbuch preiswert erhältlich). Auch in einer Reihe anderer Gesetze (z.B. im Wettbewerbs- und Gewerberecht) tauchen Straftatbestände auf. Die folgenden Abschnitte beziehen sich auf den Allgemeinen Teil des StGB (2. und 3. Abschnitt).

---

(1) Volker B. sitzt ruhig an einer Bar. Er wird von dem angetrunkenen Harald S. angerempelt. Als Volker B. sich beschwert, geht Harald auf ihn los und will ihn verprügeln. Volker nimmt die auf der Bar stehende Whisky-Flasche und schlägt damit Harald auf die Faust. Mit einer schmerzhaften Prellung zieht Harald sich zurück. Die Flasche ist durch den Schlag zu Boden gefallen und zerbrochen, was Volker schon gleich befürchtet hatte, als er sie an sich nahm.
(2) StGB: § 223 *Körperverletzung* „(1) Wer einen anderen körperlich mißhandelt oder an der Gesundheit beschädigt, wird mit Freiheitsstrafe bis zu drei Jahren oder mit Geldstrafe bestraft."
(3) StGB: § 303 *Sachbeschädigung* „(1) Wer rechtswidrig eine fremde Sache beschädigt oder zerstört, wird mit Freiheitsstrafe bis zu zwei Jahren oder mit Geldstrafe bestraft.
(2) Der Versuch ist strafbar.
(3) Die Tat wird nur auf Antrag verfolgt."

Zur strafrechtlichen Beurteilung des Vorfalls zwischen Volker B. und Harald S. muß man die drei Fragen stellen, die sich auf die *drei Merkmale jeder Straftat* beziehen:
(1) *Tatbestandsmäßigkeit:* Erfüllt das Verhalten

Die Straftat

drei Merkmale

einen Tatbestand (oder mehrere), der im Gesetz unter Strafe gestellt, also verboten ist?

(2) *Rechtswidrigkeit:* Ist das Verhalten rechtswidrig oder – weil eine Notstands- oder Notwehrsituation vorlag – gerechtfertigt?

(3) *Schuld:* Ist dem Täter schuldhaftes Verhalten vorzuwerfen oder gibt es Gründe, sein Verhalten zu entschuldigen?

Dieses hier skizzierte Vorgehen kann man nicht unmittelbar aus dem Strafgesetzbuch ablesen – jedoch werden alle drei Fragen durch das StGB beantwortet.

Tatbestand prüfen

Untersuchen wir die Handlungen des Volker B. Nach dem Strafgesetzbuch hat er dem Harald S. durch den Schlag mit der Flasche eine schmerzhafte Prellung zugefügt – Tatbestand: gesundheitliche Schädigung und körperliche Mißhandlung nach § 223 StGB. Außerdem hat er die Flasche zerbrochen und den Inhalt zerstört – Tatbestand: Sachbeschädigung nach § 303 StGB. Volker B. hat also strafbare Handlungen begangen.

Rechtswidrigkeit feststellen

Zunächst sind alle Handlungen, die im Besonderen Teil des StGB aufgeführt sind, rechtswidrig. Nach den Paragraphen 32–34 erkennt das Gesetz jedoch Handlungen, die in *Notwehr* – zur Abwendung eines „gegenwärtigen rechtswidrigen Angriffs von sich oder einem anderen" – oder zur Abwendung einer Gefahr für ein eigenes Rechtsgut *(rechtfertigender Notstand)* erfolgen, als *nicht rechtswidrig* an, wenn die Handlungen das zur Abwehr notwendige Maß nicht überschreiten. Volker B. wurde von Harald S. angegriffen, der Angriff war „gegenwärtig" und „rechtswidrig", denn es ist kein rechtlicher Grund ersichtlich, daß Harald S. den Volker B. verprügelt. Volker B. konnte den Angriff wirksam nur mit Hilfe der Flasche abwehren und hat nur auf die Hand des Angreifers geschlagen – Notwehr.

Mit der Verwendung und der Zerstörung der Flasche hat Volker B. in ein Rechtsgut des Wirtes eingegriffen. Hier kann – gegenüber dem Wirt – nicht Notwehr als Rechtfertigung gelten, aber „rechtfertigender Notstand": die Gefahr war nicht anders als durch die Benützung und dabei Zerstörung der fremden Sache möglich, der Schutz vor eigener Körperverletzung ist ein deutlich schützenswerteres Rechtsgut als die Unversehrtheit der Whiskyflasche. Die Sachbeschädigung war damit zu rechtfertigen, also nicht rechtswidrig.

Stellt man also fest, daß Volker B. nicht rechtswidrig gehandelt hat – sein Handeln war gerechtfertigt –, so ist damit eine Strafbarkeit ausgeschlossen. Man braucht also nicht mehr nach Schuld oder Unschuld von Volker B. zu fragen. Denn ist eine Tat nicht rechtswidrig, dann handelt der Täter auch (strafrechtlich) nicht schuldhaft. Das Schuldmerkmal können wir jedoch bei Harald S. untersuchen. Nach § 15 StGB, wo es heißt: „Strafbar ist nur vorsätzliches Handeln, wenn nicht das Gesetz fahrlässiges Handeln ausdrücklich mit Strafe bedroht", wäre als „Schuldform" der Vorsatz, die Absicht, die Harald hatte, nicht zu bestreiten. Man könnte also in einem zweiten Schritt prüfen, ob nicht Schuldunfähigkeit nach den §§ 19 oder 20 StGB vorläge: Kinder, die zum Zeitpunkt der Tat noch nicht 14 Jahre alt und alle Personen, die „bei Begehung der Tat wegen einer krankhaften seelischen Störung, wegen einer tiefgreifenden Bewußtseinsstörung oder wegen Schwachsinn oder wegen einer schweren anderen seelischen Abartigkeit unfähig [sind], das Unrecht der Tat einzusehen oder danach zu handeln", handeln ohne Schuld. Ist Harald S. gesund, dann müßte in der Situation einer Wirtshausschlägerei überprüft werden, ob zum Tatzeitpunkt Haralds Schuldfähigkeit nicht dadurch vermindert wurde, daß sein *Unrechtsbewußtsein* durch Alkohol oder Medikamente erheblich herabgesetzt war. Er könnte in einem solchen Zustand sich seinerseits von Volker B. bedroht gefühlt und deshalb versucht haben, ihn mit Faustschlägen von sich abzuhalten.

Vorsatz
Fahrlässigkeit

Schuldunfähigkeit

Unrechtsbewußtsein

Zusammenfassung:
Eine Handlung kann nur bestraft werden, wenn alle drei Merkmale einer Straftat zutreffen: Tatbestand, Rechtswidrigkeit, Schuld. In dem Beispiel handelt Volker B. nicht rechtswidrig und also auch nicht schuldhaft. Bei Harald S. dagegen fehlt es am Tatbestand. Der Versuch zur Körperverletzung ist nicht strafbar. Hätte er aber einige Schläge anbringen können, so wäre die Straftat in allen drei Merkmalen erfüllt, es sei denn, Harald S. hätte eine tiefgreifende Bewußtseinsstörung zum Tatzeitpunkt oder die Annahme einer Bedrohung als entschuldigende bzw. rechtfertigende Tatumstände glaubhaft machen können.

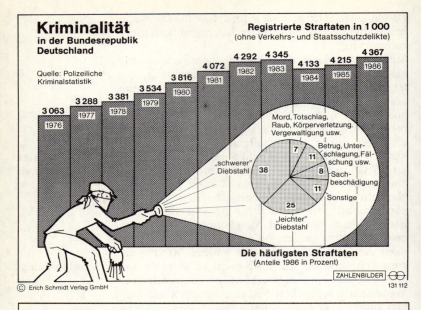

- Der Stadtrat Klaus M., Juwelier und Goldschmiedemeister, fährt innerorts mit ca. 100 km/h grob verkehrswidrig über zwei Kreuzungen und wird von einer Verkehrsstreife der Polizei gestoppt. Eine Blutprobe ergibt 1,25 Promille Blutalkohol. Durch Zufall entdeckt die Polizei in der Reisetasche, die Klaus M. nicht aus der Hand geben wollte, Goldbarren im Wert von 360 000 DM, die er über die nahegelegene Grenze eingeschmuggelt hatte. Die weiteren Ermittlungen ergeben, daß Klaus M. in einem besonderen Geheimfach über dem Kraftstofftank des Autos wiederholt Schmuck und Edelmetalle eingeschmuggelt hat.

Tatvoraussetzungen und Tatfolgen

Am Beispiel des Goldschmieds Klaus M. lassen sich strafrechtliche Zusammenhänge zwischen Straftat, Tatvoraussetzungen und Tatfolgen darstellen. Als objektive Tatbestände liegen vor: Verkehrsgefährdung nach § 315 c StGB und Bannbruch (Schmuggel) nach §§ 372, 373, 375 AO (Abgabenordnung). Rechtfertigungs- oder Entschuldigungsgründe kommen nicht in Betracht. Welche Rechtsfolgen hat Klaus M. zu erwarten?

Zunächst müßte das Gericht nach § 46 StGB die Strafe in dem vom Gesetz vorgesehenen Rahmen bemessen. Hierzu kann man feststellen: Die Beweggründe und Ziele des Täters richten sich beim

Schmuggel auf Bereicherung, beide Taten sprechen für eine Gesinnung der Rücksichtslosigkeit, die wiederholte Ausführung des Schmuggels, die raffinierte Ausführung, die Höhe des Schadens durch die hinterzogenen Zoll-Abgaben und auch die gesicherten wirtschaftlichen Verhältnisse des Täters enthalten wenig, was dem Täter entschuldigend zugute gehalten werden könnte. Das Gericht wird also von einer eher beträchtlichen Schuld ausgehen. § 315 c StGB sieht für Verkehrsgefährdung Freiheitsstrafe bis zu fünf Jahren oder Geldstrafe, § 370 AO ebenfalls Freiheitsstrafe bis fünf Jahre oder Geldstrafe vor. Da Klaus M. bisher jedoch noch nie straffällig war, seine Tat bereut und die hinterzogenen Zollabgaben bereits nachbezahlt hat (wofür er seine Eigentumswohnung verkaufen mußte), bildet das Gericht aus den beiden Delikten eine Gesamtstrafe von zwölf Monaten Freiheitsentzug. Die Strafe wird jedoch gemäß § 56 StGB zur Bewährung ausgesetzt mit der Auflage, 12000 DM an eine gemeinnützige Einrichtung zu überweisen. Als Nebenstrafe erhält er allerdings nach § 44 StGB noch ein Fahrverbot für drei Monate. Damit ist Klaus M. noch einmal davongekommen – er kann seinen Geschäftsbetrieb weiterführen. So besteht eine gute Chance, daß ihm das Urteil eine Warnung ist und er sich zukünftig vor Straftaten hütet.

Allerdings treffen ihn noch weitere rechtliche Nebenfolgen: Nach § 74 StGB bzw. § 375 AO wird das Auto, das für den Schmuggel umgebaut und benützt wurde, eingezogen. Welche weiteren gesellschaftlichen und eventuell außerstrafrechtlichen Folgen noch möglich wären, zeigt die Übersicht. Mit der Bestrafung und ihren Nebenfolgen wird im Fall Klaus M. eine in der *Vergangenheit* entstandene Schuld ausgeglichen. Im Rahmen dieses Schuldausgleichs werden zugleich auch Chancen zur Besserung und Wiedergutmachung durch die Strafaussetzung eingeräumt. Häufig genügt dies. In manchen Fällen – insbesondere bei wiederholter Straffälligkeit oder bei Straftaten, bei denen die Täter keine Schuld trifft, aber bei Wiederholungen eine Gefahr für die Allgemeinheit besteht – sieht das StGB in den Paragraphen 61ff. Maßregeln vor, die in die *Zukunft*

Die Folgen von Straftaten			
Rechtliche Folgen			Gesellschaftliche Folgen
strafrechtlich		außerstrafrechtlich	
Strafen	Maßregeln der Besserung und Sicherung		
Hauptstrafen (1) Freiheitsstrafe mit oder ohne Aussetzung zur Bewährung (2) Geldstrafe **Nebenstrafe** Fahrverbot **Nebenfolgen** Verlust der Amtsfähigkeit, der Wählbarkeit, des Stimmrechts, Verfall/Einziehung von Werten und Sachen, Bekanntgabe der Verurteilung	**Nach § 61 StGB** (1) die Unterbringung in einem psychiatrischen Krankenhaus (2) – in einer Erziehungsanstalt (3) – in einer sozialtherapeutischen Anstalt (4) – in der Sicherungsverwahrung (5) die Führungsaufsicht (6) die Entziehung der Fahrerlaubnis (7) das Berufsverbot	z. B. arbeits- oder mietrechtlich bei Kündigungen, schuldrechtlich bei Schadenersatz, familienrechtlich bei Scheidung, beamtenrechtlich bei Disziplinarverfahren, verwaltungsrechtlich u. sozialrechtl. bei Unterstützung der Angehörigen und des Täters	z. B. Nachbarn grüßen nicht mehr, Freunde dürfen mit Kindern nicht mehr spielen, Kunden bleiben fern, Kaufmann und Bank verweigern Kredit u. v. a.

Maßregeln der Besserung und Sicherung

Unterbringung in Anstalten

Sicherungsverwahrung

gerichtet sind. Diese „Maßregeln der Besserung und Sicherung" werden neben der Strafe ausgesprochen. Mit diesen Maßregeln kommt die Resozialisierungsabsicht des modernen Strafrechts besonders zum Ausdruck. Weil der Strafzweck „Besserung" heute wichtiger erscheint als die Vergeltung, werden immer dann, wenn eine Unterbringung in Anstalten angeordnet ist, diese Maßregeln grundsätzlich *vor* der Freiheitsstrafe vollzogen (§ 67 StGB) und zeitlich auf diese angerechnet. Nur die Sicherungsverwahrung von Tätern, die als hochgefährliche Wiederholungstäter aufgefallen sind, wird erst nach Verbüßung der Freiheitsstrafe vollzogen. Weil hier Besserung kaum zu erwarten ist, tritt der „generalpräventive" Zweck (Schutz der Gesellschaft) in den Vordergrund. Für die Betroffenen ist sie allerdings nur eine Verlängerung der durch die Tatschuld eigentlich begrenzten Freiheitsstrafe. Sie wird deshalb nur noch selten angeordnet (1980 z.B. in 41 Fällen).

Demgegenüber dürfte die *Führungsaufsicht* durch einen Bewährungshelfer zukünftig an Bedeutung gewinnen: der Wiederholungstäter wird nach der Strafverbüßung in Freiheit dazu angehalten, sich eine geregelte Lebensweise aufzubauen. Zugleich wird er – auch im Interesse der Allgemeinheit – während dieser Zeit beaufsichtigt.

Führungsaufsicht

Zusammenfassung:

Das Strafgesetzbuch (StGB) geht in seinem Aufbau von dem aus dem Grundgesetz Artikel 103(2) als § 1 StGB übernommenen Grundsatz der *Gesetzmäßigkeit* aus. Dieser Grundsatz fordert, daß strafbare Handlungen möglichst *bestimmt*, also genau beschrieben werden. So besteht der *Besondere Teil* des StGB mit der Mehrzahl der Bestimmungen (§§ 80–358) aus der Beschreibung jener Rechtsgüter, deren Verletzung als *Straftatbestände* mit Strafe bedroht ist. Neben diesem sogenannten Kernstrafrecht des StGB finden sich noch in anderen Gesetzeswerken (z.B. Abgabenordnung, Gewerbe-, Handels- und Wettbewerbsrecht) solche Straftatbestände. Der das StGB einleitende *Allgemeine Teil* regelt, unter welchen Bedingungen ein Straftatbestand zur Bestrafung von Tätern führt (Tatbestand erfüllt, Rechtswidrigkeit gegeben, Verhalten schuldhaft) und welche Rechtsfolgen von den Gerichten anzuordnen sind. Wenngleich im Strafurteil nur strafrechtliche Folgen angeordnet werden können (Strafen als Geld- und Freiheitsstrafen, Maßregeln der Besserung und Sicherung, Nebenstrafen und Nebenfolgen), berücksichtigt das Gericht auch mögliche weitere Rechtsfolgen und die gesellschaftlichen Folgen für den Täter. Mit jedem Strafurteil wird dem Täter und der Allgemeinheit ausdrücklich klargemacht, daß die Tat auf keinen Fall hätte begangen werden dürfen (Vergeltung und Abschreckung als Straffunktion). Mit der Ausgestaltung der Rechtsfolgen wird jedoch zugleich versucht, dem Täter nach Möglichkeit Wege in eine straffreie Zukunft zu öffnen. Mit der Strafrechtsreform von 1975 wurden jene rechtswidrigen Handlungen, die früher als „Übertretungen" strafbar waren, aus dem Strafgesetzbuch herausgenommen und im *Gesetz über Ordnungswidrigkeiten* neu zusammengefaßt. Ordnungswidrigkeiten wie z.B. unzulässiger Lärm werden durch Geldbußen (und als Nebenfolge z.T. auch mit der Einziehung von Tatgegenständen) geahndet. Da es sich jedoch nicht um Straftaten im Sinne des StGB handelt, werden die Rechtsfolgen nicht durch das Gericht, sondern durch die Verwaltungsbehörde verhängt. Diese Bußverfahren führen auch nicht – wie Strafurteile – zu einer Eintragung in das Strafregister.

5. Das Strafprozeßrecht

> Am 05. März 1981 wurden in Nürnberg nach einer Demonstration 141 überwiegend junge Leute im städtischen Jugendzentrum „KOMM" verhaftet, eingesperrt und verhört. Ihnen wurde unter anderem schwerer Hausfriedensbruch vorgeworfen. Im Januar 1983 wurde in dieser Sache auch für die letzten der damals Festgenommenen das Strafverfahren eingestellt und den Betroffenen eine Entschädigung für die ungerechtfertigte Inhaftierung zugesichert.

Grundsätze für den Strafprozeß

Fragt man bei dem hier angeführten Beispiel, wie es nach einer Massenverhaftung von 141 Personen zu einer allgemeinen Verfahrenseinstellung und einer Entschädigungszusage durch den Justizminister kommen konnte, so müssen zur Beantwortung dieser Frage die Grundsätze, nach denen ein Strafverfahren abläuft, bekannt und verstanden sein.

Gesetzmäßigkeits-, nicht Zweckmäßigkeitsgrundsatz

Wie für das materielle Strafrecht im StGB gilt auch für das *formelle Strafrecht* nach der *Strafprozeß*ordnung der sogenannte „Legalitätsgrundsatz" (Gesetzesgrundsatz). Er wirkt sich darin aus, daß die vom Gesetz bestimmten Organe die ihnen bekanntgewordenen Straftaten verfolgen müssen. Dieser Grundsatz wird verständlich, wenn man ihm den „Opportunitätsgrundsatz" (Zweckmäßigkeitsgrundsatz) gedanklich gegenüberstellt: Es darf nicht von Zweckmäßigkeitsüberlegungen irgendwelcher Amtspersonen abhängen, ob ein Strafverfahren eingeleitet wird oder nicht. Zwar räumen das StGB und die StPO Möglichkeiten ein, Strafverfahren unter bestimmten Bedingungen einzustellen, z.B. wenn die Schuld des Täters gering ist und an der Verfolgung kein öffentliches Interesse besteht. Solche Zweckmäßigkeitsgründe für die Einstellung eines Verfahrens können jedoch für die Aufnahme eines Strafverfahrens nicht gelten. Im Fall der Nürnberger Demonstranten war es in den Augen der Staatsanwaltschaft und der sie unterstützenden Ermittlungsrichter wahrscheinlich zweckmäßig („opportun"), gegen die unbequemen jungen Leute streng vorzugehen. Zugleich konnten sie sich aber auch auf den Legalitätsgrundsatz berufen. Denn bei Verdacht oder tatsächlichen Hinweisen auf Straftaten dürfen sie nicht untätig bleiben, sondern müssen ermitteln.

Der Ausgang dieses Verfahrens verweist auf einen zweiten wichtigen Prozeßgrundsatz: Grundlage einer Verurteilung muß die zweifelsfreie Überzeugung des Gerichts sein, daß die vorgebrachten Beschuldigungen tatsächlich wahr sind. Bestehen Zweifel – ist also eine Beschuldigung nicht zweifelsfrei zu „beweisen" –, dann kann keine Strafe verhängt werden. Dieser Grundsatz „im Zweifel für den Angeklagten" gilt bei jedem Strafprozeß. Im KOMM-Fall hat er bereits vor Prozeßeröffnung dazu geführt, daß die Gerichte die Eröffnung des Hauptverfahrens abgelehnt haben.

„Im Zweifel für den Angeklagten"

Durch den *Anklagegrundsatz* („Akkusationsprinzip", lateinisch accusare = anklagen) werden die beiden Grundsätze der Wahrheit und der Gesetzlichkeit unterstützt. Der Anklagegrundsatz unterteilt das Strafverfahren auf zwei unterschiedliche Organe. Als erstes *ermitteln* zunächst *Staatsanwaltschaft* und *Polizei* die Tatsachen und Tatumstände, auch solche, die zugunsten des Tatverdächtigen sprechen. Sind diese Ermittlungen abgeschlossen, dann erhebt die Staatsanwaltschaft beim zuständigen Gericht schriftlich Anklage gegen den Beschuldigten. Hierbei muß die Staatsanwaltschaft bereits genügend Anhaltspunkte (Beweise) für die Richtigkeit ihrer Anklage vorlegen. Aufgrund dieser Anklageschrift entscheidet nun das Gericht, ob gegen den Angeschuldigten ein Prozeß eröffnet werden soll.

Anklagegrundsatz

Dadurch, daß nun das Verfahren an das Gericht übergeht, wird der Angeklagte davor geschützt, daß die Ermittlungsbehörde eventuell einseitig weiterhin nur die Schuld des Angeklagten zu beweisen versucht, falls sich z.B. – wie in unserem Fall – herausstellt, daß die Ermittlungen zu ungerechtfertigten Beweissicherungsmaßnahmen (z.B. Untersuchungshaft) geführt haben und die Ermittlungsbehörden diesen Irrtum nicht gerne zugeben möchten. Die Staatsanwaltschaft kann also nur ermitteln und gegen die Angeschuldigten Anklage erheben. Im Zweifel kann aber erst das Gericht darüber entscheiden, ob ein Verfahren einzustellen ist.

Andererseits wird auch kein gerichtlicher Strafprozeß eingeleitet und kein Urteil gefällt, ohne daß bei Gericht eine Anklage vorliegt. Im Strafprozeß vor

„Wo kein Kläger, da kein Richter!"

dem Gericht wirkt der Anklagegrundsatz weiter: Es wird dort über keine anderen Sachverhalte verhandelt – selbst wenn sie dem Gericht bekannt wären – als über das, was in der Anklageschrift steht. So weiß der Angeklagte genau, wogegen er sich verteidigen muß. Er kann nicht durch unvorhergesehene Vorwürfe überrascht werden. Im Fall der 141 Jugendlichen in Nürnberg sorgte die Aufteilung nach dem Anklageprinzip dafür, daß die Gerichte, bei denen die Ermittlungsbehörden ihre Anklageschriften eingereicht hatten, bei der Überprüfung und teilweise eigenen Nachermittlung feststellten, daß die Anklagebegründungen für eine Verurteilung nicht ausreichen würden. Deshalb stellte das Gericht das Verfahren ein.

Die einzelnen Schritte eines Strafverfahrens müssen also genau geregelt sein. Denn erst durch die rechtlich geregelte „Justizförmigkeit" des Verfahrens kann garantiert werden, daß Strafrecht immer gleichmäßig angewendet wird.

Grundsatz der Justizförmigkeit

Zusammenfassung:
Mit den Prozeßgrundsätzen ist stichwortartig die „Theorie" des Strafprozeßrechtes dargestellt. Diese Theorie macht den tatsächlichen Verfahrensablauf und die manchmal kleinlich erscheinenden Verfahrensregelungen verständlicher und durchsichtiger. Der gemeinsame Sinn der Verfahrensgrundsätze liegt darin, bei der Durchsetzung der materiellen Vorschriften des Strafrechts den rechtsstaatlichen Schutz des einzelnen vor staatlichen Eingriffen sowie die allgemeinen Grund- und Menschenrechte des einzelnen auch bei Strafverfolgungen zu schützen. An diesem Ziel endet auch der Grundsatz der Wahrheitsfindung; sie darf nicht mit Mitteln erreicht werden, die gegen die Würde oder die körperliche und seelische Unverletzlichkeit des Menschen verstoßen.

Zielsetzung:
An dieser Stelle kann der Ablauf des Strafverfahrens nur in Grundzügen dargestellt werden. Die genaue Regelung umfaßt in der Strafprozeßordnung (StPO) 474 Paragraphen und im Gerichtsverfassungsgesetz (GVG) 202 Paragraphen über den Aufbau der Gerichte.
Im folgenden wird dargestellt:
– die Dreigliederung des ordentlichen Erkenntnisverfahrens in Vor-, Zwischen- und Hauptverfahren,
– der Prozeßverlauf und die Prozeßgrundsätze im Hauptverfahren,
– die Bedeutung unterschiedlicher Gerichtsinstanzen,
– die Rechtsmittel der Berufung und Revision.

Der Ablauf des Strafverfahrens

Ein Strafverfahren umfaßt zunächst rein äußerlich zwei große Abschnitte:
1. Das „Erkenntnisverfahren" bis zur Rechtskraft des Urteils,
2. Das „Vollstreckungsverfahren".

Wir beschränken uns hier auf das ordentliche Erkenntnisverfahren. Daneben gibt es in Sonderfällen noch besondere Verfahren; das bekannteste ist der Strafbefehl, bei dem das Gericht ohne öffentliche Verhandlung den Beschuldigten sofort zu einer Strafe verurteilt. Widerspricht der Beschuldigte dem Strafbefehl, so muß die Sache in einer Hauptverhandlung geklärt werden. Diese stellt den letzten des drei Schritte umfassenden Strafverfahrens dar. Die drei Schritte umfassen:

Ermittlungs- oder Vorverfahren

(1) Das *Ermittlungs-* oder *Vorverfahren* liegt in der Hand der Staatsanwaltschaft. Erhält diese durch die Polizei – die bei frischer Tat auch selbständig ermittelt, Verdächtige und Zeugen festhält und verhört – oder sonstwie Informationen, die Anhaltspunkte für Straftaten enthalten, so ermittelt sie mit Hilfe der Polizei „von Amts wegen" (§ 160 StPO). Sie sammelt vor allem durch Vernehmung beteiligter Personen, von Zeugen und ggfs. Sachverständigen sowie durch Sicherstellung von Beweisgegenständen alle Informationen, die zur Klärung des Tatbestands, der Rechtswidrigkeit und der Schuldfrage nötig sind. Hierbei können die Ermittlungsbehörden z.T. empfindlich in die körperliche Unversehrtheit (z.B. Blutprobe), in das Eigentum oder die Unverletzlichkeit der Wohnung sowie durch die (richterlich genehmigte) Anordnung von Untersuchungshaft in die Freiheit des Beschuldigten eingreifen. Auch gegenüber Zeugen sind Zwangsmittel wie Vorführung und Verhaftung, erkennungsdienstliche Maßnahmen oder körperliche Untersuchungen möglich. Allerdings müssen fast alle diese *Zwangsmittel* von einem Richter angeordnet sein. Nur wenn der Untersuchungserfolg durch eine Verzögerung gefährdet erscheint, dürfen Staatsanwaltschaft und Polizei von sich aus Zwangsmittel anordnen; diese müssen dann im Rahmen des Ermittlungsziels bleiben und sind diesbezüglich richterlich überprüfbar. Freiheitseinschränkende Haft kann nur von einem Ermittlungs-

Richter angeordnet werden. Denn auch im Vorverfahren ist der Beschuldigte wie ein Unschuldiger zu behandeln.

Das Ermittlungsverfahren endet mit der Einreichung der Anklageschrift beim zuständigen Gericht (§§ 199 (2), 200 StPO), wenn durch die Ermittlungen „hinreichender Tatverdacht", d.h. eine hohe Wahrscheinlichkeit zur Verurteilung des Angeschuldigten besteht. Erscheint dem Staatsanwalt der Tatverdacht nicht als hinreichend, so stellt er das Verfahren ein – der Beschuldigte wird nicht weiter verfolgt.

Zwischenverfahren
(2) Im *Zwischenverfahren* prüft nun das Gericht, ob die Anklage zu Recht erhoben worden ist. Erscheint dem Gericht der Tatverdacht durch die vorliegenden Ermittlungsergebnisse als ausreichend begründet, endet das Zwischenverfahren mit dem Beschluß des Gerichts, die Anklage zur Hauptverhandlung zuzulassen und das Hauptverfahren zu eröffnen. Das Zwischenverfahren schützt also den „Angeschuldigten" (wie er nach Erhebung der Anklage genannt wird) vor einer eventuell unberechtigten öffentlichen Verhandlung. Das Gericht lehnt nämlich – wie im obigen KOMM-Prozeß – die Eröffnung des Hauptverfahrens ab, wenn ihm eine Verurteilung als unwahrscheinlich erscheint.

Hauptverfahren
(3) Im Mittelpunkt des *Hauptverfahrens* steht die *Hauptverhandlung* vor einem Gericht. Welches Gericht als erste Instanz in der Sache zuständig ist, ergibt sich aus der vorgeworfenen Straftat und muß in der Anklageschrift angegeben werden (vgl. Übersicht). Zur Hauptverhandlung werden der Angeklagte und seine Verteidiger (bis zu drei Verteidiger sind zulässig), die Zeugen und die Sachverständigen „geladen", d.h. zur Teilnahme aufgefordert und die Beweismittel durch die Staatsanwaltschaft herbeigeschafft. Der Angeklagte ist in der Regel zur Anwesenheit verpflichtet; er kann jederzeit vom Gericht durch Vorführungsbefehl oder Haftbefehl dazu gezwungen werden. Der genaue Ablauf der Hauptverhandlung ist in § 243 StPO geregelt (siehe unten).

Beweisaufnahme
Schwerpunkt der Hauptverhandlung ist die Beweisaufnahme, denn das Gericht muß hinsichtlich der Anklagepunkte zweifelsfreie Ergebnisse erzielen. Der Angeklagte braucht seine Unschuld nicht zu

beweisen; das Gericht muß umgekehrt solange seine Unschuld vermuten, als noch Zweifel am Tatbestand oder der Schuld bestehen.

Damit auch hier zu jeder Zeit der Angeklagte vor willkürlichen Urteilen geschützt wird, gilt für die Hauptverhandlung der Grundsatz der *Öffentlichkeit und Mündlichkeit*. In Protokollen festgehaltene Zeugenaussagen oder Aussagen des Angeklagten sowie Sachverständigengutachten müssen mündlich vorgetragen werden, Beweisgegenstände im Gerichtssaal *unmittelbar* zur Besichtigung durch die Prozeßteilnehmer vorliegen. Das Gericht *untersucht* im Rahmen der Anklagepunkte auch unabhängig von den Ergebnissen der Voruntersuchung. Dazu gehört auch, daß im Strafprozeß jedermann ein Anrecht auf *rechtliches Gehör* hat, d.h., alle Verfahrensbeteiligten, besonders der Angeklagte, sein Verteidiger und der Staatsanwalt können zu jedem

Öffentlichkeit Mündlichkeit

Unmittelbarkeit Untersuchungsgrundsatz

Rechtliches Gehör

Aus der Strafprozeßordnung (StPO)

§ 243 Gang der Hauptverhandlung (1) Die Hauptverhandlung beginnt mit dem Aufruf der Sache. Der Vorsitzende stellt fest, ob der Angeklagte und der Verteidiger anwesend und die Beweismittel herbeigeschafft, insbesondere die geladenen Zeugen und Sachverständigen erschienen sind.
(2) Die Zeugen verlassen den Sitzungssaal. Der Vorsitzende vernimmt den Angeklagten über seine persönlichen Verhältnisse.
(3) Darauf verliest der Staatsanwalt den Anklagesatz.
(4) Sodann wird der Angeklagte darauf hingewiesen, daß es ihm freistehe, sich zu der Anklage zu äußern oder nicht zur Sache auszusagen. Ist der Angeklagte zur Äußerung bereit, so wird er nach Maßgabe des § 136 Abs. 2 zur Sache vernommen.
§ 244 Beweisaufnahme (1) Nach der Vernehmung des Angeklagten folgt die Beweisaufnahme.
(2) Das Gericht hat zur Erforschung der Wahrheit die Beweisaufnahme von Amts wegen auf alle Tatsachen und Beweismittel zu erstrecken, die für die Entscheidung von Bedeutung sind.
§ 258 Schlußvorträge (1) Nach dem Schluß der Beweisaufnahme erhalten der Staatsanwalt und sodann der Angeklagte zu ihren Ausführungen und Anträgen das Wort.
(2) Dem Staatsanwalt steht das Recht der Erwiderung zu; dem Angeklagten gebührt das letzte Wort.
(3) Der Angeklagte ist, auch wenn ein Verteidiger für ihn gesprochen hat, zu befragen, ob er selbst noch etwas zu seiner Verteidigung anzuführen habe.
§ 260 Urteil (1) Die Hauptverhandlung schließt mit der auf die Beratung folgenden Verkündung des Urteils.

Beweisvortrag und zu jedem Gerichtsbeschluß eine Äußerung abgeben, die das Gericht beachten muß. Die Hauptverhandlung endet mit der Urteilsverkündung; das Urteil enthält die genaue Darlegung des vom Gericht festgestellten Sachverhalts und dessen rechtliche Bewertung.

Rechtsmittel

Sind der Verurteilte oder der Staatsanwalt mit dem Urteil nicht einverstanden, so können sie die *Rechtsmittel* der *Berufung* oder der *Revision* bei einem höheren Gericht beantragen. Dann wird das Urteil noch nicht rechtswirksam und kann bis zur endgültigen Entscheidung nicht vollzogen werden.

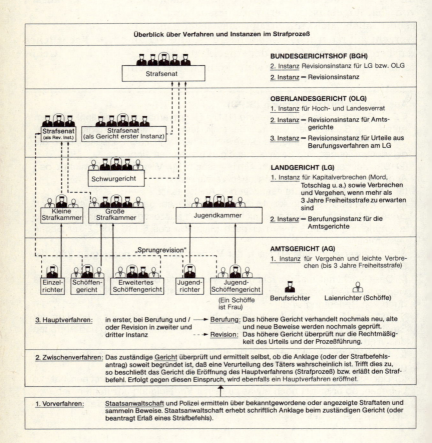

(1) Karl M. hat bei einem Unfall mit seinem Mofa schuldhaft eine Radfahrerin verletzt. Er erhält eine „Ladung" zur Vernehmung bei der Polizei. Sein Freund Michael rät: Da brauchst Du nicht hinzugehen.
(2) Die verletzte Radfahrerin wird einen Monat später von der Staatsanwaltschaft als Zeugin zur Vernehmung geladen. Da sie fürchtet, man werde sie auch über das Fahrrad befragen, das sie – was niemand bisher weiß – kurz zuvor entwendet hatte, geht sie nicht zu der Vernehmung.
(3) Kriminalhauptwachtmeister Kurt Z. vernimmt Gernot L., der ein Auto gestohlen haben soll. Gernot L. sagt zu dieser Sache aus, bestreitet jedoch jede Tatbeteiligung. Nach über zwei Stunden verliert der Polizist die Geduld. Er packt Gernot L. am Arm, dreht ihm diesen auf den Rücken und droht, ihm den Arm auszukugeln, falls er nicht endlich die Tat zugebe. Aus Angst gesteht Gernot L. den Diebstahl, den er auch tatsächlich begangen hat.

Die Stellung der Beteiligten im Strafverfahren

Die Beispiele geben einen kleinen Ausschnitt von Situationen wieder, die im Verlauf eines Strafverfahrens auftreten können. Im Vorverfahren werden verdächtige Personen als Beschuldigte von der Polizei, der Staatsanwaltschaft oder dem Ermittlungsrichter vernommen, Zeugen und Sachverständige werden befragt und sollen Aussagen machen. In der Hauptverhandlung steht neben dem Angeklagten sein Verteidiger. Staatsanwaltschaft und Gericht verhören Zeugen und lassen Sachverständige zu Wort kommen. Die Beispiele beziehen sich hauptsächlich auf die Stellung von Beschuldigten und Zeugen im Strafverfahren. Die StPO enthält hierzu viele Einzelbestimmungen; hier können nur die wichtigsten Grundsätze dargestellt werden.

Grundsätze bei Vernehmungen Keine Pflicht, sich selbst zu beschuldigen

Für jede Vernehmung von Beschuldigten und Zeugen gilt als wichtigster Grundsatz, daß niemand sich selbst zu beschuldigen braucht. Deshalb kann der Beschuldigte grundsätzlich in jedem Prozeßstadium zur Sache schweigen. Zeugen sind zwar zur wahrheitsgemäßen Aussage verpflichtet; sie machen sich sonst der falschen Aussage oder – falls der Zeuge vereidigt wird – des Meineids schuldig (§§ 153, 164 StGB). Besteht jedoch für einen Zeugen die Gefahr, durch seine Aussage sich selbst einer Strafverfolgung auszusetzen, dann kann auch er (nach § 55 StPO) die Aussage verweigern. Dasselbe gilt, wenn ein Zeuge nahe Anverwandte (Ehegatte, Eltern, Kinder) belasten müßte. Angehörige des Beschuldigten können deshalb die Aussage als Zeugen verweigern.

Verhörpersonen müssen Beschuldigten auf Aussageverweigerungsrecht hinweisen

Damit ein Beschuldigter sich nicht ungewollt oder unwissend belastet, müssen ihn Polizei, Staatsanwalt oder Richter vor dem ersten Verhör auf das Recht zur Aussageverweigerung hinweisen. Sie müssen ihn genau darüber informieren, was ihm vorgeworfen wird (§ 136 StPO). Neben dem Recht, zur Sache zu schweigen, hat er auch das Recht, sich zur Sache zu äußern, schon vor der Vernehmung einen Verteidiger seiner Wahl zu befragen und das Recht, Zeugenvernehmungen zu seiner Entlastung zu beantragen. Einer polizeilichen Ladung zur Vernehmung muß niemand – weder Beschuldigter noch Zeugen – Folge leisten, wohl aber, wenn der Staatsanwalt oder ein Richter dies verlangen. Staatsanwaltschaft und Gericht können zur Durchsetzung ihrer Anordnungen sogar „Zwangsmittel" einsetzen.

Zwangsmittel

Übersicht über die wichtigsten Zwangsmittel zur Sicherung des Strafverfahrensablaufs	
Wenn Zeugen, Sachverständige, Beschuldigte nicht zur Vernehmung erscheinen:	Wenn Beweistatsachen sichergestellt werden müssen:
– Polizeiliche Vorführung – Ordnungsgeld – Ordnungshaft – Beugehaft	– Durchsuchung von Räumen und Personen – Körperliche Untersuchung – Lichtbilder und Fingerabdrücke – Beschlagnahme von Gegenständen – Überwachung des Fernmeldeverkehrs – Untersuchungshaft

Diese Zwangsmittel sind jedoch keine Strafen. Dies wird besonders an der Untersuchungshaft deutlich. Untersuchungshaft wird angeordnet, wenn zu befürchten ist, daß der Beschuldigte – der ja bis zur Verurteilung als unschuldig behandelt wird – zu fliehen versucht oder wichtige Beweise zunichte machen und so die Wahrheitsermittlung behindern könnte (Verdunkelungsgefahr). Die Untersuchungshaft ist also – wie die übrigen Zwangsmittel auch – an den *Zweck* gebunden, den ordnungsgemäßen *Gang des Strafverfahrens* zu sichern. Nur unter die-

Zweck der Verfahrenssicherung

sem Zweck – und nicht irgendeinem Strafzweck – sind die Zwangsmittel gerechtfertigt. Ihr Ausmaß muß in einem vertretbaren Verhältnis zum jeweils erstrebten Verfahrenszweck stehen; dies gilt insbesondere bei freiheitsbeschränkender Haft.

Verhältnismäßigkeitsgrundsatz

Aus der Strafprozeßordnung (StPO)
§ 136a *Verbotene Vernehmungsmethoden* (1) Die Freiheit der Willensentschließung und der Willensbetätigung des Beschuldigten darf nicht beeinträchtigt werden durch Mißhandlung, durch Ermüdung, durch körperlichen Eingriff, durch Verabreichung von Mitteln, durch Quälerei, durch Täuschung oder durch Hypnose. Zwang darf nur angewandt werden, soweit das Strafverfahrensrecht dies zuläßt. Die Drohung mit einer nach seinen Vorschriften unzulässigen Maßnahme und das Versprechen eines gesetzlich nicht vorgesehenen Vorteils sind verboten.
(2) Maßnahmen, die das Erinnerungsvermögen oder die Einsichtsfähigkeit des Beschuldigten beeinträchtigen, sind nicht gestattet.
(3) Das Verbot der Absätze 1 und 2 gilt ohne Rücksicht auf die Einwilligung des Beschuldigten. Aussagen, die unter Verletzung dieses Verbots zustande gekommen sind, dürfen auch dann nicht verwertet werden, wenn der Beschuldigte der Verwertung zustimmt.

Die Zwangsmittel dürfen auch nicht mit *verbotenen Vernehmungsmethoden,* wie sie in § 136a StPO aufgeführt sind, verwechselt werden. Die Aussage, die der Polizist in unserem Beispiel erzwungen hat, darf also vor Gericht nicht verwertet werden, denn eine Aussage unter Angst kann ebensooft falsch wie wahrheitsgemäß sein.

Zusammenfassung:
Das Strafprozeßrecht regelt als „formelles" Strafrecht, wie die Ermittlungsbehörden (Staatsanwaltschaft und Polizei) und die Gerichte vorgehen müssen, um die mit dem materiellen Strafrecht beabsichtigten Zwecke zu verwirklichen. Das Strafprozeßrecht wird manchmal auch als „angewandtes Verfassungsrecht" bezeichnet, weil es ganz besonders von rechtsstaatlichen Grundsätzen geprägt ist. Am Strafverfahrensrecht erkennt man, ob es der Staat mit dem Schutz der persönlichen Freiheit und Unverletzlichkeit des einzelnen ernst meint. Neben den *allgemeinen Verfahrensgrundsätzen* der Justizförmigkeit, dem Anklagegrundsatz und dem Grundsatz der Zweifelsfreiheit bietet besonders auch die *Aufteilung des Strafverfahrens* in ein Vor-, Zwischen- und Hauptverfahren dem Beschuldigten größtmöglichen Schutz vor ungerechtfertigter Bestrafung oder strafähnlichen Maßnahmen. Durch die Öffentlichkeit und Mündlichkeit der Hauptverhandlung kann darüber hinaus jedermann kontrollieren, wie eine Verur-

teilung zustande gekommen ist. Mit den *Rechtsmitteln* der Berufung und der Revision können schließlich erstinstanzliche Urteile überprüft und gegebenenfalls geändert werden.

Diesem weitgehenden Schutz des einzelnen – insbesondere als Beschuldigtem – steht andererseits die Notwendigkeit gegenüber, daß Straftaten genau aufgeklärt werden, damit sich die Täter ihrer gerechten Strafe nicht entziehen können. Zu diesem Zweck können die Justizbehörden auch gegenüber Unschuldigen, z. B. Zeugen, *Zwangsmittel* einsetzen. Jeder Bürger sollte jedoch wissen, daß ihn auch hierbei gesetzliche Vorschriften schützen. So haben bei einer ersten Vernehmung die Verhörpersonen die Pflicht, dem Beschuldigten genau anzugeben, welche Beschuldigungen (Verdacht) ihm vorgeworfen werden; sie müssen ihn darüber belehren, daß er das Recht hat, zur Sache auszusagen oder zu schweigen und auch vor seiner Vernehmung einen Rechtsanwalt zu befragen.

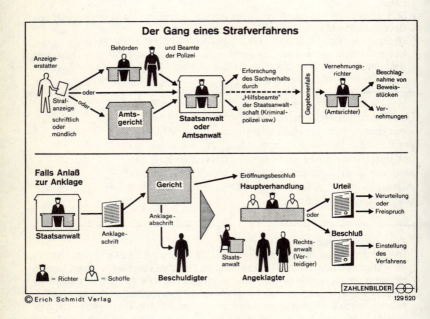

6. Besonderheiten des Jugendstrafrechts

(1) Zwei Männer im Alter von 29 und 22 Jahren wurden zu je 14 Monaten Freiheitsstrafe verurteilt. Sie hatten sich abends in einem Warenhaus versteckt und einschließen lassen. In der Schmuckabteilung räumten sie dann die Schubladen mit Schmuck und Uhren für ca. 60 000,– DM aus.
(2) Zwei Schüler im Alter von 17 und 19 Jahren wurden zu je vier Wochen Jugendarrest verurteilt. Sie hatten sich abends in einem Supermarkt versteckt und in der Nacht vor allem elektronische Geräte im Wert von ca. 15 000,– DM sowie etwa 3000,– DM Bargeld gestohlen und ca. 20 000,– DM Schaden angerichtet.
(3) „Supermarkt teilweise ausgebrannt" – Als die Feuerwehr in den Supermarkt eindrang, fand sie zwei Dreizehnjährige, die sich bei Geschäftsschluß hatten einschließen lassen und zugaben, aus Übermut mehrere der größten Silvesterraketen angezündet und so das Feuer verursacht zu haben. Der Schaden beträgt etwa 600 000,– DM.

Das Jugendgerichtsgesetz

Welche Strafe haben die beiden Dreizehnjährigen zu erwarten? Warum müssen die beiden Jugendlichen nur vier Wochen, die Schmuckdiebe jedoch 14 Monate ins Gefängnis? Die Beantwortung dieser Fragen führt zur Beschäftigung mit dem Jugendstrafrecht.
Werden Straftaten von Jugendlichen oder Heranwachsenden bis zum Alter von 21 Jahren begangen, so ist neben dem StGB das *Jugendgerichtsgesetz* (JGG) anzuwenden. Schon die Benennung dieses Gesetzes drückt aus, daß nicht so sehr Tat-Schuld und Strafe im Vordergrund stehen. Das Jugendgericht soll sich vielmehr mit der *Person des Täters* beschäftigen, indem es herauszufinden versucht, durch welche Einflüsse oder Lebenssituationen der Jugendliche dazu kam, straffällig zu werden. Das Gesetz geht also davon aus, daß bei Jugendstraftaten eher die Lebensumstände als der Jugendliche selbst verantwortlich zu machen sind. *Kinder* bis zu 14 Jahren werden vom Gesetz überhaupt nicht als verantwortlich, also als schuldunfähig betrachtet und können nicht bestraft werden. 14- bis 18jährige trifft nur eine verminderte Schuld. Aber auch 18- bis 21jährige, die rechtlich als voll schuldfähig gelten, werden als „Heranwachsende" in fast allen Fällen nach den Grundsätzen des JGG behandelt. Dies bedeutet für sie vor allem, daß die *Rechtsfolgen* der

Erziehungsstrafrecht

Tat nicht den Bestimmungen des StGB folgen. Denn das als *Erziehungsstrafrecht* gestaltete JGG verzichtet weitgehend auf den Vergeltungs- und Abschreckungszweck; die als Rechtsfolgen vorgesehenen Maßnahmen verfolgen fast uneingeschränkt die auf die zukünftige Straffreiheit gerichtete *Resozialisierungs*absicht. Nur bei sehr schweren Verfehlungen wie Mord, Totschlag, schwere Körperverletzung oder schwere Vermögensdelikte tritt auch der Vergeltungs- und Abschreckungszweck von Strafen wieder deutlicher hervor (vgl. nachfolgende Tabelle „Rechtsfolgen von Jugendstraftaten").

Jugendstrafverfahren finden vor speziellen *Jugendgerichten* statt. Richter und Staatsanwälte sind hierfür besonders ausgesucht und ausgebildet. Das Verfahren läuft zwar wie im Erwachsenenstrafrecht in den drei Schritten Vor-, Zwischen- und Hauptverfahren ab, jedoch gibt es vier zusätzliche Merkmale. Erstens ermitteln im Vorverfahren nicht nur Staatsanwalt und Polizei, sondern auch die beim Jugendamt eingerichtete *Jugendgerichtshilfe* erforscht die Lebensumstände und die persönliche Entwicklung des Täters.

Das Jugendstrafverfahren nicht öffentlich

Zweitens ist die Hauptverhandlung *nicht öffentlich*

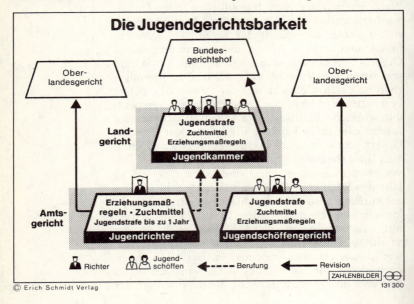

Rechtsfolgen von Jugendstraftaten nach § 5 JGG

Maßnahmen	Art der Durchführung oder Wirkung	Strafgründe
A. Erziehungsmaßregeln (§ 9)	Gelten nicht als Strafen, kein Eintrag ins Strafregister	Besonders bei:
1. Weisungen	Gebote und Verbote zur Regelung der Lebensführung, z. B. Arbeitsstelle annehmen, in einem Heim wohnen u. a.	Einmalige Straftaten, die durch Umstände der Lebensführung wesentlich mitverursacht wurden.
2. Erziehungsbeistandschaft	Durch gerichtlich bestellte Erziehungsbeistände, z. B. Helfer des Jugendamts, Verwandte, Lehrer u. a.	Wenn mangelhafte elterliche Erziehungsmöglichkeit als Tätermerkmal festgestellt wird
3. Fürsorgeerziehung	In Erziehungsheimen oder in fremden Familien	Wenn bei unter 17jährigen die Familie eine drohende Verwahrlosung nicht aufhalten kann.
B. Zuchtmittel (§ 13)	Gelten nicht als Strafen	
1. Verwarnung	Förmliche Zurechtweisung des Täters aufgrund eines Jugendstrafprozesses	Einmalige Straftaten, für die der Jugendliche in seiner Person selbst verantwortlich ist.
2. Auflagen	Verpflichtungen, die dem Jugendlichen das Unrecht eindringlich in Erinnerung rufen, z. B. Dienst in gemeinnützigen Einrichtungen	Schäden aus Übermut – Wiedergutmachung und persönliche Entschuldigung
3. Jugendarrest	Freizeitarrest bis zu 4 Freizeiten, Kurzarrest bis 6 Tage, Dauerarrest bis 4 Wochen.	Delikte aus mangelnder Selbstkontrolle bei besonderer Gelegenheit, z. B. leichter Diebstahl, Körperverletzung u. a.
C. Jugendstrafe (§ 17)	Wenn Erziehungsmaßregeln und Zuchtmittel nicht ausreichen	
1. Freiheitsentzug von bestimmter Dauer	Mind. 6 Monate, höchstens 10 Jahre, Strafaussetzung u. vorzeitige Entlassung möglich zur Bewährung.	Schwere Straftaten mit hohem Schuldgehalt, insbesondere bei Heranwachsenden und Feststellung „schädlicher Neigung" z. B. bei Wiederholungstätern
2. Freiheitsentzug von unbestimmter Dauer	Mind. 6 Monate, höchstens 4 Jahre, wenn Erziehungserfolg nicht vorausschätzbar.	Mittelschwere Delikte
D. Maßregeln der Besserung und Sicherung (§ 7)	Meist begleitend zu den Maßnahmen A bis C, z. B. Entziehungskur bei Drogen, Führungsaufsicht, Entziehung der Fahrerlaubnis.	Im Zusammenhang mit bestimmten Straftaten.

– niemand erfährt etwas aus der Verhandlung. Drittens müssen die oben erwähnte Jugendgerichtshilfe und auch die Eltern oder die sonstigen Erziehungsberechtigten an der Verhandlung beteiligt werden, da die Rechtsfolgen ja in das Erziehungsrecht der Eltern eingreifen. Viertens soll das Jugendgerichtsverfahren rasch erledigt werden, da die Rechtsfolgen ja nur ihre beabsichtigte Erziehungs- oder Hilfswirkung haben können, wenn sie möglichst unmittelbar auf die Tat folgen. Deshalb sind auch Möglichkeiten der Rechtsmitteleinlegung wie Berufung oder Revision gegenüber dem normalen Strafverfahren eingeschränkt.

Rechtsfolgen und Jugendstrafvollzug

Als Rechtsfolgen kommen vor allem *Erziehungsmaßregeln* und *Zuchtmittel* zur Anwendung. Nur wo diese nicht ausreichen, werden *Jugendstrafen* und in Einzelfällen zusätzlich Maßregeln der Besserung und Sicherung (Therapie, Entzug der Fahrerlaubnis) eingesetzt (vgl. Tabelle S. 173). Sind Freiheitsstrafen nicht zu umgehen, dann sollen sie möglichst als *offener Vollzug* durchgeführt werden, d.h. die Jugendlichen sollen ihre schulische oder berufliche Weiterbildung oder ihre Berufsarbeit möglichst außerhalb des Jugendgefängnisses fortführen können. Auch innerhalb der Anstalt werden die Straffälligen in Lehrwerkstätten beruflich gefördert oder ausgebildet und erhalten auch allgemeine Weiterbildungsmöglichkeiten. Hauptziel ist, sie durch intensive Betreuung in die Lage zu versetzen, nach der Strafverbüßung in ein straffreies Leben einzusteigen.

Literaturhinweise
Strafgesetzbuch (mit Nebenvorschriften), Beck-Texte im dtv, 22. Aufl. 1986 (dtv-TB 5007)
Strafprozeßordnung (mit Auszügen aus dem Gerichtsverfassungsgesetz u.a.), Beck-Texte im dtv, 19. Aufl. 1986 (dtv-TB 5011)
Baumann, J.: Grundbegriffe und System des Strafrechts. 5. Aufl. 1979
Lackner, K.: Strafgesetzbuch, 16. Aufl. 1985
Nauke, W.: Strafrecht. Eine Einführung. 4. Aufl. 1982
Eisenberg, U.: Jugendgerichtsgesetz mit Erläuterungen, 2. Aufl. 1985

7 Staatsrecht

1. Aufgaben, Funktionen und Grundsätze des Staatsrechts

> (1) Der Verleger V. gründet eine Partei, die sich zum Ziele setzt, anstelle der „endlosen Debatten" und „Schwätzereien" im Bundestag und anstelle der als „faule Kompromisse" bezeichneten Beschlüsse wieder eine „wahre Volksregierung" mit klarer Entscheidungsgewalt zu bilden. Die Staatsführung sollte nicht mehr alle vier Jahre von den Launen der Wähler bestimmt sein. Eine „moderne Führungsmannschaft" von Fachleuten solle die notwendigen Entscheidungen treffen und ausführen. Nach diesem Führerprinzip organisiert V. auch die Partei. In ihrer Satzung ist bestimmt, daß der Vorsitzende von einem „Parteirat" gewählt wird, dessen Mitglieder zur Hälfte vom Vorsitzenden selbst ernannt werden und dem er selbst auch angehört. Als er hört, man wolle seine Partei verbieten, beruft er sich auf sein Grundrecht der freien Meinungsäußerung nach Art. 5 GG und auf die Freiheit, Parteien zu gründen (Art. 21 GG).
> (2) Klaus K. wird wegen Verstoßes gegen das Wehrpflichtgesetz zu sechs Monaten Freiheitsstrafe verurteilt. Er hatte unter Berufung auf Art. 4 Abs. 3 GG beantragt, ihn als Kriegsdienstverweigerer anzuerkennen, mit der Begründung, daß ihm sein Gewissen verbiete, an der Vorbereitung eines atomaren Angriffskrieges teilzunehmen. Dieses Ziel erkenne er in der Politik, die das westliche Verteidigungsbündnis und die Bundesrepublik Deutschland verfolgten.
> Art. 4 Abs. 3 GG lautet: „Niemand darf gegen sein Gewissen zum Kriegsdienst mit der Waffe gezwungen werden. Das Nähere regelt ein Bundesgesetz."
> (3) Simone L. stirbt, nachdem ihre Eltern eine dringend notwendige Blutübertragung abgelehnt hatten. Als die Eltern wegen unterlassener Hilfeleistung angeklagt werden (§ 323c StGB), begründen sie vor Gericht ihre Haltung damit, daß ihnen ihre Religion eine Bluttransfusion verbiete. Die Verweigerung einer Blutübertragung entspringe ihrer grundgesetzlich garantierten Glaubens- und Gewissensentscheidung.

Die drei Beispiele sollen zunächst anschaulich machen, wie der Bürger vom Staatsrecht betroffen ist, womit es sich befaßt, was Staatsrecht ist. In Kapitel 1, Abschnitt 6 (Überblick über die Rechtsordnung) wurde bereits dargestellt, daß man grundsätzlich unterscheiden kann zwischen Rechtsbeziehungen unter Privatpersonen, die sich mit gleichrangigen Ansprüchen gegenüberstehen (Privatrecht) und Rechtsbeziehungen zwischen Personen und diesen übergeordneten Einrichtungen, die allgemeine Interessen zu wahren haben (öffentliches Recht). „Staatsrecht" ist ein Teil solchen öffentlichen Rechts, jedoch nicht alles öffentliche Recht ist Staatsrecht. Will man Staatsrecht von anderen Bereichen öffentlichen Rechts – z. B. dem Strafrecht, den Verfahrensgesetzen, dem allgemeinen Verwaltungsrecht oder dem Sozialrecht und dem Steuerrecht – unterscheiden, so muß man nach genaueren Merkmalen fragen.

In den Beispielen berufen sich die Bürger, die sich einem staatlichen Anspruch auf Unterlassung (1), auf Ableistung des Wehrdienstes (2) oder auf Bestrafung (3) widersetzen, auf ihre verfassungsmäßigen Grundrechte. Der Verleger V (1) möchte sogar unter dem Schutz dieser Grundrechte für eine Veränderung des staatlichen Aufbaus und des Verfahrens der politischen Willensbildung werben. Die Frage, ob der Staat diese Ansprüche gegen seine Bürger überhaupt erheben darf, wird hier *staatsrechtlich* aufgeworfen und beantwortet; denn man fragt hier nach der staatlichen *Grundordnung*, der rechtlich geregelten „Verfassung" des Staates.

Verfassungsrecht
Grundgesetz

Staatsrecht ist also im wesentlichen *Verfassungsrecht*. Das Staatsrecht der Bundesrepublik Deutschland finden wir im *Grundgesetz für die Bundesrepublik Deutschland* (vom 23. Mai 1949) und in den Verfassungen der Bundesländer. Hierin geht es vor allem um die Festlegung, wie innerhalb eines *Staatsgebietes* die *Staatsgewalt* zur Sicherung des staatlichen Zusammenlebens der *Staatsbürger* (des Staatsvolkes) ausgeübt werden soll. Als grundlegende Gesetze beschreiben Verfassungen also die allgemeine, grundsätzliche Stellung der Bürger zum Staat, den Aufbau des Staates mit seinen Organen, die Funktionen der Staatsorgane und allgemeine Programmsätze, nach denen das Rechtssystem im einzelnen auszugestalten ist. *Völkerrecht* – als überstaatliches Recht – kann Bestandteil des Staatsrechts sein, soweit in der Verfassung die Gültigkeit völkerrechtlicher Regelungen anerkannt ist bzw. Völkerrecht als Bestandteil der staatlichen Rechtsordnung gilt – wie dies Art. 25 GG für die Bundesrepublik Deutschland vorsieht. Ebenso werden völkerrechtliche Verträge mit anderen Staaten, z. B. zur Schaffung übernationaler Sicherheitssysteme, Bestandteil des Staatsrechts,

Programmsätze
für das
Rechtssystem
Völkerrecht

wenn ihre Vereinbarkeit mit der Verfassung festgestellt worden ist.

Um Verfassungsbestimmungen *inhaltlich* einordnen zu können, sollte man sich die *vier wesentlichen Funktionen* vor Augen halten, die das Verfassungsrecht erfüllen soll. In demokratischen Staaten steht die *Schutzfunktion* der Verfassung im Vordergrund, unter rechtsstaatlichem Blickwinkel liefern Verfassungen vor allem die *Rechtfertigung* für staatliches Handeln. Schließlich *einigt* die Verfassung alle Staatsmitglieder innerhalb eines allgemeingültigen *Ordnungsrahmens*.

Ihre *Ordnungsfunktion* erfüllen Verfassungen vor allem dadurch, daß sie den Aufbau, die Zusammensetzung, die Arbeitsweise und die Machtbefugnisse der für den Staat nötigen Staatsorgane beschreiben. Damit ist eine *Rahmenordnung* festgelegt, innerhalb derer sich die konkrete Politik bewegen muß. Ein beständiges Verfassungsproblem liegt darin, daß staatliches Handeln diesen Rahmen einerseits nicht überschreiten oder durchbrechen darf – sonst verlöre die Verfassung ihre Ordnungsfunktion –, daß aber andererseits Veränderungen des gesellschaftlich-politischen Wertbewußtseins eines Staatsvolkes nicht durch die Verfassung für alle Zeiten unmöglich werden dürfen. Ein solcher Wertkonflikt liegt z. B. in der Frage der Mitbestimmung der Arbeitnehmer über Produktions- und Gewinnverteilungsentscheidungen in Großunternehmen. Hier mußte das Bundesverfassungsgericht prüfen, ob das Mitbestimmungsgesetz von 1976 nicht das Eigentumsgrundrecht der Unternehmenseigentümer (Aktionäre) zu stark beschneide, wenn nach diesem Gesetz die Hälfte der Ausichtsratsmitglieder aus Nicht-Eigentümern (Arbeitnehmervertretung) besteht. Da das Gesetz den Vertretern der Kapitaleigentümer jedoch bei Abstimmungen ein Übergewicht dadurch sichert, daß bei Stimmengleichheit der Vorsitzende (ein Kapitalvertreter) zwei Stimmen hat, wurde das Gesetz als verfassungskonform bestätigt. Es bleibt jedoch offen, ob das Grundgesetz auch eine „echte" gleichgewichtige Mitbestimmung von Nichteigentümern am Betriebskapital zuließe, wenn das überwiegende Rechtsbewußtsein der Bevölkerung eine solche

Vier Funktionen

Ordnungsfunktion

Mitbestimmung für nötig und richtig halten würde. Inhaltlich beschränken sich Verfassungen deshalb auf wenige grundlegende Prinzipien, Leitideen und Ziele, die möglichst von allen Staatsbürgern und über zeitliche Entwicklungen hinweg anerkannt bleiben. Verfassungen haben hierin eine wichtige *Einigungsfunktion*, indem sie die Werte und grundlegenden Verhaltensnormen zum Ausdruck bringen, unter denen möglichst alle Staatsbürger sich einig wissen können (sog. Grundkonsens).

Einigungsfunktion

Eng verknüpft mit der Ordnungs- und Einigungsaufgabe ist die *Rechtfertigungsfunktion* des Verfassungsrechts. Denn zur Aufrechterhaltung der Ordnung, unter der die grundlegenden Ziele der Verfassung verwirklicht werden können, brauchen die Staatsorgane die Befugnis, Entscheidungen für die Politik zu treffen und diese Entscheidungen dann – auch gegen Widerstände gesellschaftlicher Minderheiten – durchzusetzen. Verfassungen müssen also möglichst genau beschreiben und angeben, unter welchen Bedingungen Staatsorgane Entscheidungs- und Durchsetzungsberechtigung erhalten und wie diese kontrolliert werden. Dies geschieht besonders dadurch, daß das Grundgesetz für die Entscheidungsfindung und die staatliche Durchsetzung demokratische Verfahrensweisen vorschreibt: Wahl der Staatsorgane, Mehrheitsgrundsatz bei Uneinigkeit, Bindung der staatlichen Ausführungsorgane an gesetzliche Grundlagen, Möglichkeit der richterlichen Nachprüfung staatlichen Handelns, Öffentlichkeit. Staatliche Machtausübung muß sich an diesen Verfahrensvorschriften *rechtfertigen* können.

Rechtfertigungsfunktion

Die Notwendigkeit zur Machtrechtfertigung an der Verfassung verweist schließlich auf die geschichtlich ursprünglichste Aufgabe von Verfassungen, auf ihre *Schutzfunktion*. Nicht persönliche Willkür, sondern nur das auf der Verfassung beruhende Recht und die Verfassung selbst dürfen Grundlage staatlichen Zwangs sein. Obwohl heute so gut wie alle Staaten eine geschriebene Verfassung haben, kann man von *Verfassungsstaaten* im eigentlichen Sinn nur dann reden, wenn die Verfassung jedem einzelnen unabdingbare Rechte zusichert, die ihn auch vor dem Staat selbst schützen. Der Verfassungsstaat muß also

Schutzfunktion

als *Rechtsstaat* organisiert sein, der dem Bürger gegenüber staatlichen Zwangsansprüchen die Möglichkeit des *Rechtsschutzes* durch richterliche Überprüfung sichert. Unantastbare Grundrechte und Aufteilung der Staatsgewalt in Teilgewalten, die sich gegenseitig kontrollieren, sind Voraussetzungen dieser Schutzfunktion der Verfassung.

Zusammenfassung:
Staatsrecht erscheint als Verfassungsrecht, das sich einerseits auf den Teilbereich der staatlichen Grundziele, des Aufbaus der Staatsorgane und auf ihre Zuständigkeiten und Tätigkeiten beschränkt. Andererseits steckt es als allgemeine Grundordnung den Rahmen ab, innerhalb dessen sich jede weitere konkrete Staatstätigkeit bewegen muß. Verfassungen sollen hierbei vier Grundfunktionen erfüllen können. In den Beispielen berufen sich die Bürger auf ihre grundrechtlichen Freiheiten und damit besonders auf die Schutzfunktion. Inhaltlich formulieren die Grundrechte der Meinungs-, Glaubens- und Gewissensfreiheit zugleich allgemeine Grundwerte, in denen die Einigungsfunktion des Verfassungsrechts zum Ausdruck kommt. Der Zeitungsverleger (1) äußert mit seiner Kritik am parlamentarischen Gesetzgebungsverfahren und am Wahlsystem Zweifel an der Rechtfertigungsfunktion des verfassungsmäßigen Entscheidungsvorgangs, weil dieses Verfahren nicht die von ihm gewünschten Ordnungswirkungen habe. Der Wehrpflichtige Klaus K. (2) glaubt, daß die Verteidigungs- und Bündnispolitik nicht mehr den Grundwerten der Verfassung entspricht, eine Verpflichtung zum Wehrdienst also nicht mehr gerechtfertigt sei und er gegen diesen Anspruch den grundgesetzlichen Schutz in Anspruch nehmen könne. An diesen Beispielen zeigt sich, daß die *Schutzfunktion*, die *Einigungsfunktion*, die *Ordnungs-* und *Rechtfertigungsfunktion* des Verfassungsrechts eng miteinander verknüpft sind und sich gegenseitig bedingen.

---

2. Grundsätze des Verfassungsrechts der Bundesrepublik Deutschland

Aus dem Grundgesetz für die Bundesrepublik Deutschland
vom 23. Mai 1949
Art. 1 [Schutz der Menschenwürde, Bindung der staatlichen Gewalt] (1) Die Würde des Menschen ist unantastbar. Sie zu achten und zu schützen ist Verpflichtung aller staatlichen Gewalt.
(2) Das Deutsche Volk bekennt sich darum zu unverletzlichen und unveräußerlichen Menschenrechten als Grundlage jeder menschlichen Gemeinschaft, des Friedens und der Gerechtigkeit in der Welt.
(3) Die nachfolgenden Grundrechte binden Gesetzgebung, vollziehende Gewalt und Rechtsprechung als unmittelbar geltendes Recht.

Die Artikel 1, 20, 28 und 79 aus dem Grundgesetz für die Bundesrepublik Deutschland enthalten alle wesentlichen Grundsätze, die in den übrigen Verfassungsartikeln im einzelnen zu genaueren Bestimmungen ausformuliert sind. Obwohl man der äußeren Einteilung nach (s. Abs. 3) zwischen einem *Grundrechtsteil* – der die Stellung zwischen Einzelnem und Staat festlegt – und dem *Organisationsteil*, der im engeren Sinne das eigentliche Staatsrecht beinhaltet, unterscheiden kann, muß man diese Grundgesetzartikel inhaltlich im Zusammenhang betrachten. Die am Anfang stehenden Grundrechte (Art. 1 bis Art. 19 GG) beschreiben konkret, welche Freiheiten, Gleichheitsrechte und Schutzgarantien die „Würde des Menschen" ausmachen. Zugleich ergibt sich der fundamentale organisatorische Grundsatz für die gesamte Staatsverfassung: Die Grund- und Menschenrechte sind „Grundlage jeder menschlichen Gemeinschaft", sie stehen also höher als jeder staatliche Anspruch. Deshalb sind auch die staatlichen Organe gemäß Art. 1 Abs. 3 GG an diese Grundrechte unmittelbar gebunden. Nach Art. 79 Abs. 3 GG darf dieser Grundsatz auch durch sonst mit Zweidrittelmehrheit mögliche Verfassungsänderungen nicht berührt werden. Die Grundrechte liegen also ihrem Wesen nach außerhalb des Staates, sind „vorstaatliche" Rechte jedes einzelnen. Dieser *Grundrechtsschutz* ist die wichtigste Verfassungsgarantie. Aus ihm lassen sich die weiteren Grundsätze erklären:

Grundrechtsteil Organisationsteil

Grundrechtsschutzgarantie

Nach Art. 20 und Art. 28 GG soll die Bundesrepublik:

Bundesstaatsgarantie
— ein *Bundesstaat* sein, d.h. der Gesamtstaat ist in einzelne Bundesländer mit eigenen Staatsfunktionen (und eigenen Länderverfassungen) gegliedert.

Demokratiegebot
— Bund und Länder müssen *demokratisch* aufgebaut sein, d.h. die Staatsgewalt muß vom Volk ausgehen und durch jeweils *besondere* Organe der Gesetzgebung, Vollziehung und Rechtsprechung ausgeübt werden (*Gewaltenteilung*).

Gewaltenteilungsgebot

Sozialstaatsgebot
— Bund und Länder sollen *sozialstaatliche* Grundsätze verwirklichen, d.h. der Staat muß auch die sozialen (= gesellschaftlichen) Bedingungen dafür herstellen oder sichern, daß alle Bürger in mög-

lichst gleicher Weise menschenwürdig leben, möglichst gleiche Chancen zur Entfaltung ihrer grundrechtlichen Freiheiten haben.

— Die staatlichen Organe (insbesondere Verwaltungen und Polizei, aber auch die Gerichte) dürfen nur auf der Grundlage von Recht und Gesetz handeln; die gesetzgebende Volksvertretung ist an das Grundgesetz als Rahmen „gebunden". Dieses Rechtsstaatsgebot wird durch Art. 79 GG unterstrichen, wenn dort eine Änderung der Grundsätze des Art. 1 und des Art. 20 verboten wird.

Rechtsstaatsgarantie

Im Verhältnis zum Bürger liegt der besondere *staatsrechtliche* Charakter dieser Verfassungsvorschriften darin, daß sie nur für den Staat hinsichtlich seines Aufbaus und seiner Tätigkeit sowie für das Verhältnis des Staates zu seinen Bürgern „als unmittelbar geltendes Recht" bindend sind (Art. 1 Abs. 3 GG). Bürger und gesellschaftliche Gruppen sind untereinander dagegen nicht direkt an die grundgesetzlichen Normen gebunden. So kann sich ein Geschäftsinhaber z.B. weigern, seine Waren an einzelne Personen zu verkaufen, die er wegen ihrer politischen oder religiösen Überzeugungen ablehnt, ohne daß sich diese Menschen ihm gegenüber direkt auf Art. 3 Abs. 3 GG berufen könnten („Niemand darf wegen ... seiner religiösen oder politischen Anschauungen benachteiligt oder bevorzugt werden."). Die Grundrechte haben jedoch eine sogenannte *mittelbare Drittwirkung*, die besonders in das Wirtschafts- und Arbeitsrecht, aber auch in das Bürgerliche Recht hineinwirkt. Kann z.B. der abgelehnte Kunde eine gewünschte Ware sonst nicht oder nur mit großem Aufwand erlangen, dann stellt die private Ablehnung zugleich einen Grundrechtsverstoß dar (der Geschäftsinhaber mißbraucht sein Eigentumsrecht nach Art. 14 GG, beachtet nicht die dort geforderte Sozialpflichtigkeit). In einem Zivilprozeß könnte dann der Geschäftsmann gezwungen werden, an den Kunden zu verkaufen oder ihm den Mehraufwand für eine weite Einkaufsreise zu ersetzen. Kann der Kunde jedoch ohne besonderen Aufwand in einem großen Geschäft einkaufen, so schützt ihn das Grundrecht nicht vor privater Ungleichbehandlung (s. auch Kap. 2, Abs. 6, Vertragsfreiheit). Deshalb

mittelbare Drittwirkung der Grundrechte

wird die Drittwirkung in der Regel erst durch eine richterliche Prüfung festgestellt und durchgesetzt werden können.

> **Zusammenfassung:**
> Obwohl man das Grundgesetz der Bundesrepublik Deutschland in einen *Grundrechtsteil* und in einen *Organisationsteil* unterteilen kann und der Organisationsteil als das eigentliche „Staatsrecht" den größten Umfang beansprucht, ist der Grundrechtsteil mit seinen programmatischen Wertbestimmungen und seinen unveränderlichen Schutzgarantien als Fundament der Verfassung zu betrachten. Die Organisationsgrundsätze des *Demokratie-, Rechtsstaats-* und *Gewaltenteilungsgebots* und der *Sozialstaatsgrundsatz* sind Folgen der auf Menschenwürde gerichteten Staatszweckbestimmung. Auch die *Gliederung in Bund und Länder*, die vor allem geschichtlich begründet ist, dient zugleich dem Demokratie- und Gewaltenteilungsprinzip. Dadurch, daß bei fast allen Gesetzen auch der Bundesrat als Vertretung der Länder zustimmen muß, können die Länder die Politik der Bundesregierung aus ihrer Sicht kontrollieren.
> Im übrigen ist hier anzumerken, daß 1949 die Bezeichnung „Grundgesetz für die Bundesrepublik Deutschland" anstelle von „Verfassung" gewählt wurde, weil dieses Grundgesetz nur solange und vorläufig gelten sollte, bis alle von den Siegermächten nach dem Zweiten Weltkrieg aufgeteilten Gebiete Deutschlands wieder in einem politischen Gesamtgebilde vereinigt sind.

3. Aufbau des Grundgesetzes im Überblick

Das Grundgesetz (GG) umfaßt 146 Artikel, die in 14 Abschnitte gegliedert sind. Der erste Abschnitt enthält in den Artikeln 1 bis 19 die *Grundrechte*. Es folgen im Abschnitt II insbesondere in den Artikeln 20 und 28 die *Verfassungsprinzipien* der Demokratie, des sozialen Rechtsstaats und des Bundesstaats mit weiteren Bestimmungen über das Verhältnis von Bund und Ländern. Daran schließen sich Abschnitte über die *Staatsorgane* Bundestag, Bundesrat, Bundespräsident und Bundesregierung an. Die Abschnitte VII bis IX regeln die *Zuständigkeiten* des Bundes auf den Gebieten der Gesetzgebung, der Vollziehung und der Rechtsprechung. Am Ende findet sich je ein Abschnitt über das *Finanzwesen* (Steuern) und über Sonderregelungen für den *Verteidigungsfall* (Notstandsgesetze) sowie zahlreiche Schlußbestimmungen. Für die nachstehenden Grundinformationen sollte der Leser auch einen Originaltext des Grundgesetzes mitbenützen.

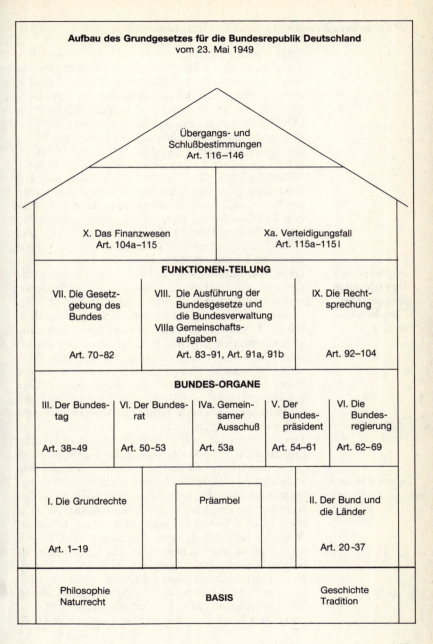

4. Grundrechtsschutz und Rechtsstaatsgebot

Liest man die Grundgesetzartikel 1 bis 19, so fallen bestimmte, sich wiederholende Formulierungen ins Auge: Die Würde des Menschen ist *unantastbar* (Art. 1), die Freiheit des Glaubens und des Gewissens (Art. 4), das Brief-, Post- und Fernmeldegeheimnis (Art. 10) sowie die Wohnung (Art. 13) sind *unverletzlich*; *jeder* hat das *Recht* auf *freie* Entfaltung seiner Persönlichkeit (Art. 2), seine Meinung in Wort, Schrift und Bild *frei* zu äußern (Art. 5); *alle Menschen* sind vor dem Gesetz *gleich*, *niemand* darf benachteiligt werden (Art. 3); *alle Deutschen* haben das Recht, sich friedlich zu versammeln (Art. 8), Vereine und Gesellschaften zu bilden (Art. 9), sich *frei* im ganzen Bundesgebiet zu bewegen (Art. 11), Beruf und Arbeitsplatz *frei* zu wählen (Art. 12), auf Staatsbürgerschaft und Auslieferungsschutz (Art. 16).

Freiheitsrechte Unverletzlichkeitsrechte Gleichheitsrechte

Diese Formulierungen werden oft dazu benutzt, die Grundrechte äußerlich einzuteilen in *Freiheitsrechte*, *Unverletzlichkeitsrechte* und *Gleichheitsrechte*. Mit den Wörtern „jeder" und „alle Menschen" kommt zum Ausdruck, daß hier allgemeine Menschenrechte zu Grundrechten für jeden erklärt sind. Daneben stehen Grundrechte, die nur deutschen Staatsangehörigen zustehen; dies sind vor allem jene Bürgerrechte, die die demokratische Beteiligung und Kontrolle der Staatsmacht durch die Staatsbürger absichern sollen (z.B. Versammlungs- und Vereinigungsfreiheit).

Abwehrrechte

Ihrem Sinne nach weisen Begriffe wie „unantastbar, unverletzlich, gewährleistet" (z.B. Eigentum und Erbrecht, Art. 14) darauf hin, daß die Grundrechte vor allem *Abwehrrechte* für den einzelnen gegen den Staat sind. Dasselbe kommt auch in allen Freiheitsrechten zum Ausdruck – das Freiheitsrecht für jeden oder jeden Deutschen setzt dem Staat Grenzen. Auch wo Einschränkungen vorgesehen sind, dürfen diese nie so weit gehen, daß „ein Grundrecht in seinem Wesensgehalt angetastet" wird (Art. 19 Abs. 2). Den Grundrechten entsprechende, gleichwertige *Grundpflichten* kennt das Grundgesetz nicht. Die in Art. 6 Abs. 2 genannte „Pflicht" der Eltern zur Erziehung ihrer Kinder unterstreicht nur, daß diese Erziehung eben nicht Sache des Staates, sondern ein von diesem zu schützendes Recht der Eltern sein soll. Auch die „Verpflichtung" nach Art. 14 Abs. 2, Eigentum so zu verwenden, daß es zugleich dem Wohle der Allgemeinheit dienen kann, ist keine Grundpflicht. Denn nur bei offenkundiger Sozialschädlichkeit des Eigentumsgebrauchs ist hier dem Staat die Möglichkeit gegeben, zum Schutz der Allgemeinheit, also zur Sicherung der Grundrechte anderer, einzugreifen. Schließlich ist auch die Wehrpflicht nach Art. 12a nicht als eine Grundpflicht des einzelnen formuliert, sondern als ein die Freiheit der Berufsausübung einschränkendes Recht des Staates, wonach „Männer vom vollendeten 18. Lebensjahr an zum Dienst in den Streitkräften, im Bundesgrenzschutz oder in einem Zivilverband verpflichtet werden" *können*. Demgegenüber steht wieder als deutliches individuelles Abwehrrecht, daß (nach Art. 4 Abs. 3) „niemand ... gegen sein Gewissen zum Kriegsdienst mit der Waffe gezwungen werden" darf. Die Bedeutung der Grundrechte geht im modernen Verfassungsstaat über den Gesichtspunkt des Schutzes der Bürger vor unangemessenen staatlichen Eingriffen (Abwehrfunktion) hinaus. Neben der Schutz- und Abwehrfunktion tragen die Grundrechte zugleich auch die Einigungsfunktion (s. Abs. 1) der Verfassung, d.h. sie formulieren zugleich die grundlegenden Werte und Ziele, nach denen Staat und Gesellschaft objektiv gestaltet werden sollen. Sie haben also eine *Doppelnatur*: als *subjektive Abwehrrechte* untersagen sie dem Staat freiheitsschädliche Maßnahmen, als *objektive Gestaltungsgrundsätze* verpflichten sie den Staat, die Freiheit und die menschenwürdige Entfaltung des einzelnen zu fördern: denn diese können ja nicht nur durch den Staat, sondern auch durch nichtstaatliche, gesellschaftliche Mächte gefährdet werden.

Doppelnatur der Grundrechte

Aus dieser Doppelfunktion können die in verschiedenen Grundrechtsartikeln angesprochenen Einschränkungsmöglichkeiten verstanden werden. Eine Grundrechtseinschränkung ist immer dann gerechtfertigt, wenn dadurch ein Mißbrauch, der die Freiheit anderer gefährdet, verhindert wird, wenn also die Einschränkung für einzelne zu mehr Freiheit für viele führt. So rechtfertigt sich z.B. die allgemeine Wehrpflicht, die einen erheblichen Eingriff in persönliche Freiheitsrechte einzelner bedeuten kann, aus dem grundrechtlichen Auftrag an den Staat, die Freiheit jedes einzelnen – hier gegenüber äußerer Bedrohung – zu sichern. Deshalb verpflichtet der Staat durch das Wehrpflichtgesetz jeden dafür geeigneten Mann zu einer militärischen Ausbildung und zur Einsatzbereitschaft als Soldat. Klaus K. (s. Abs. 1, Beispiel (2)) weigerte sich, an dieser Ausbildung teilzunehmen, weil er glaubt, daß sie ihn nicht nur zur Verteidigung des Staates, sondern auch zur – nach Art. 26 GG verbotenen – Teilnahme an der Vorbereitung eines Angriffskrieges verpflichte. Deshalb ist er nur bereit, den für anerkannte Kriegsdienstverweigerer vorgesehenen Ersatzdienst zu leisten. Sein Antrag wird jedoch abgelehnt, da Klaus K. eine Verteidigung mit Waffengewalt im Falle eines Angriffs auf die Bundesrepublik nicht grundsätzlich ablehnt. Nach der Auslegung durch das Bundesverfassungsgericht und nach der Formulierung des Wehrpflichtgesetzes bezieht sich das Grundrecht nach Art. 4 Abs. 3 GG nur auf die ganz persönliche Gewissensentscheidung des einzelnen, in keinem Fall – auch nicht zur Abwehr eines lebensbedrohenden kriegerischen Angriffs – Waffen zur Tötung anderer Menschen einzusetzen. Wer diese Gewissensüberzeugung glaubhaft darlegt – z.B. auch durch sein Verhalten oder seine Aktivität im privaten Bereich – ist durch Art. 4 Abs. 3 GG vor dem Zwang zum Kriegswaffeneinsatz geschützt. Er kann dann zu einem waffenlosen Ersatzdienst herangezogen werden.

Beispiel: Kriegsdienstverweigerer Klaus K.

Beispiel: Unterlassene Hilfeleistung aus Glaubensgründen

Im Fall Simone L. (s. Abs. 1, Fall (3)) bestätigte das Bundesverfassungsgericht den richterlichen Freispruch für die Eltern vom Schuldvorwurf nach § 323c StGB (unterlassene Hilfeleistung), weil den Eltern trotz dieses Verbotes eine Einwilligung in eine Bluttransfusion aus Gewissensgründen nicht „zuzumuten" sei. Das Grundrecht der Glaubens- und Gewissensfreiheit überdeckt in diesem Einzelfall die Vorschrift des einfachen Rechts des StGB und schützt die Betroffenen vor Bestrafung.

Beispiel: Zeitungsverleger V.

Verleger V. (s. Abs. 1, Fall (1)) benützt sein Grundrecht zur freien Meinungsäußerung in Wort, Schrift und Bild und die Freiheit der Parteiengründung (nach Art. 21 GG) dazu, zentrale Verfassungseinrichtungen zu bekämpfen. Seine Vorstellungen würden das Demokratiegebot (Wahlen) und die Gewaltenteilung beseitigen; seine Partei ist in ihrem Aufbau bereits undemokratisch. Als Folge hiervon wäre auch das Recht, auf das er sich beruft (freie Meinungsäußerung, Parteienfreiheit) leicht außer Kraft zu setzen. Deshalb sieht das Grundgesetz sowohl im Grundrechtsteil Art. 18 als auch in Art. 21 vor, daß, wer die Grundrechte oder die Parteienfreiheit zum Kampf gegen die freiheitliche demokratische Ordnung mißbraucht, diese Rechte verlieren kann. Die Aberkennung eines Grundrechts nach Art. 18 GG oder die Feststellung nach Art. 21 GG, daß eine Partei verfassungswidrig sei, kann allerdings nur durch das Bundesverfassungsgericht ausgesprochen werden. Die Feststellung der Verfassungswidrigkeit ist bisher in bezug auf zwei politische Parteien geschehen (1952 Sozialistische Reichspartei SRP mit ähnlichem Aufbau und ähnlichen Zielen wie im Beispiel des Verlegers V., 1956 die Kommunistische Partei KPD).

und die Parteienfreiheit

Zusammenfassung:
Die Grundrechte, wie sie am Anfang des Grundgesetzes aufgeführt sind, haben eine verfassungsrechtliche *Doppelnatur*. Zum einen sind sie „als unmittelbar geltendes Recht" (Art. 1 GG) individuelle *Abwehrrechte* des einzelnen gegenüber dem Staat. Die entsprechenden Unverletzlichkeits-, Freiheits- und Gleichheitsgarantien sind deshalb auch klar und eindeutig formuliert. Selbst die gesetzgebenden Organe sind wie die ausführenden Organe und die Gerichte unmittelbar an diese Grundrechte des einzelnen gebunden. Eine Änderung dieser Grundsätze nach Art. 1 ist gemäß Art. 79 Abs. 3 GG nicht möglich (d.h. es läge ein Verfassungsbruch vor). Neben dem Verbot der Freiheitsverletzung steht jedoch auch das *Gebot* an den Staat, die sozialen Bedingungen für diese Freiheiten *aktiv* herzustellen und zu sichern. Die Grundrechte enthalten also einen objektiven *Gestaltungsauftrag* an den Staat. Unter diesem Auftrag sind *Einschränkungen* von Grundrechten möglich. Vom Bürger sind die Ansprüche auf staatliche Aktivität jedoch nicht – wie die Schutzgarantien – direkt aus der Verfassung einklagbar, sondern hinsichtlich ihrer konkreten Ausgestaltung offen und von den tatsächlichen Möglichkeiten des Staates abhängig. Die Anspruchsrechte z.B. auf schulische und berufliche Ausbildung (zur Persönlichkeitsentfaltung) können nur im Rahmen der hierfür speziell erlassenen Gesetze durchgesetzt werden (s. dazu Kap. 9, Sozialrecht).

5. Organisationsaufbau des Staates nach dem Grundgesetz

Der im Grundrechtsteil schon auffindbare Grundsatz des Rechtsstaats wird im Abschnitt II des GG in Art. 20 genauer ausgestaltet und mit den weiteren *Organisationsgrundsätzen* verknüpft. Diese Grundsätze sind in Abs. 2 im Zusammenhang mit den Grundrechten und mit den dafür zentralen Verfassungsartikeln (Art. 1, 20, 28, 79) bereits dargestellt. Mit der Verknüpfung des den Staat beschränkenden *Rechtsstaatsprinzips* mit dem die Aktivität des Staates fordernden *Sozialstaatsprinzips* muß die Verfassungsordnung dem Staat sowohl Entscheidungsfreiräume ermöglichen als auch wirksame Kontrollmechanismen gegen Machtmißbrauch einbauen.

Mit dem Rechtsstaatsgrundsatz ist immer auch der Demokratiegrundsatz angesprochen. Denn was im einzelnen konkretes Recht sein soll, wird immer erst von den aus Wahlen hervorgegangenen Staatsorganen als Ergebnis politischer Entscheidungsvorgänge bestimmt: Die Gesetzgebungsorgane beschließen die Maßnahmen zur Erfüllung der sich dem Staat stellenden Aufgaben. Die Vollzugsorgane der Regierung – von der Mehrheit der gesetzgebenden Volksvertretung bestellt – setzen diese Beschlüsse über die Verwaltungen in die Praxis um (z.B. Straßenbau, Bildungswesen u.v.a.) und sind dabei an die Gesetze gebunden. Die Gerichte entscheiden bei Streitigkeiten sowohl zwischen Privatpersonen als auch zwischen öffentlich-rechtlichen Einrichtungen bzw. zwischen diesen und Privatpersonen. Jedoch geht alle diese Entscheidungs- und Durchsetzungsgewalt der staatlichen Organe von den Staatsbürgern aus (Art. 20 Abs. 2 GG), indem diese in Wahlen bestimmen, welche Parteien mit ihren politischen Programmen die Politik für die jeweilige Wahlperiode (vier Jahre) bestimmen sollen. Direkte Volksabstimmungen über Sachfragen sind nur unter bestimmten Bedingungen auf Länderebene und in Gemeinden möglich.

indirekte Demokratie

Ihrem Grundsatz nach geht die Verfassung also von einer *indirekten Demokratie* aus, bei der die Entscheidungen von gewählten Volksvertretern in öffentlichen Debatten erarbeitet und beschlossen werden. Die Volksvertreter „repräsentieren" das Volk, das sie gewählt hat. Diese Form der sogenannten *repräsentativen Demokratie* wird oft auch kritisiert, weil die Bürger an der Basis kaum einen direkten Einfluß auf die Entscheidungen der Volksvertretung haben. Denn Abgeordnete sind „an Aufträge und Weisungen nicht gebunden und nur ihrem Gewissen unterworfen". Indirekt formen jedoch Bürger die Entscheidungen der Volksvertreter mit, wenn sie öffentlich ihre politischen Wünsche, Zustimmungen oder Kritik äußern, sich in Bürgerinitiativen zusammenschließen oder sich in einer Partei aktiv an Programmvorschlägen und bei der Kandidatenauswahl beteiligen. Vieles hängt hierbei davon ab, daß sich die Bürger jederzeit über die Staatstätigkeiten informieren können, daß jede kritische Meinungsäußerung erlaubt ist und auch niemand wegen seiner kritischen Haltung verfolgt oder benachteiligt wird. Das Grundrecht der Meinungs-, Informations- und Pressefreiheit hat so gesehen auch eine staatsorganisatorische Bedeutung. Es garantiert, daß das Volk die Entscheidungen seiner gewählten Vertreter verfolgen und so kontrollieren kann.

repräsentative Demokratie

Bereits in Art. 1 spricht das GG von drei unterschiedlichen Staatsfunktionen: *der Gesetzgebung*, der *vollziehenden Gewalt* und der *Rechtsprechung*. Diese drei „Teilgewalten" tauchen auch in Art. 20 GG wieder auf; hier wird vorgeschrieben, daß sie durch jeweils *besondere Organe* ausgeübt werden sollen. Diese Aufteilung der Staatsgewalt wird als Gewalten- oder Funktionenteilung bezeichnet. Eine weitere Gewaltenteilung ergibt sich aus der in Art. 20 festgelegten bundesstaatlichen Form: die Länder haben eigene Länderverfassungen, die den Grundsätzen des Grundgesetzes entsprechen. Auch die Selbstverwaltung der Gemeinden und Kreise durch gewählte Volksvertreter ist in Art. 28 GG festgelegt. So ist die Staatsgewalt mehrfach aufgeteilt. *Horizontale* Gewaltenteilung besteht durch Aufteilung in die drei Teilfunktionen, *vertikale Gewaltenteilung* durch die Gliederung in Bund und Länder.

Funktionenteilung

Gliederung in Bund und Länder

horizontale, vertikale Gewaltenteilung

Die *Staatsorgane*, die in der Bundesrepublik die Teilgewalten ausüben sollen, sind mit ihren wichtigsten Aufgaben in den Abschnitten III bis IX des Grundge-

Staatsorgane

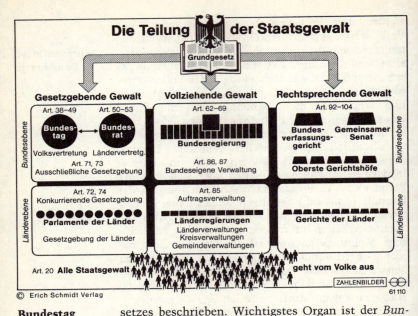

Bundestag

setzes beschrieben. Wichtigstes Organ ist der *Bundestag*. Er besteht aus den 496 vom Volk unmittelbar gewählten Abgeordneten und 22 Vertretern Berlins mit eingeschränktem Stimmrecht. Der Bundestag erarbeitet im Zusammenwirken mit dem Bundesrat die gesetzlichen Normen, mit denen die Regierung ihre politischen Ziele in praktische Politik umsetzt.

Bundesrat

Der *Bundesrat* vertritt hierbei als zweites gesetzgebendes Bundesorgan die besonderen Interessen der einzelnen Bundesländer. Seine 45 Mitglieder werden von den Länderregierungen jeweils zu den Sitzungen entsandt. Je nach Größe haben die einzelnen Bundesländer fünf (Baden-Württemberg, Bayern, Niedersachsen, Nordrhein-Westfalen), vier (Hessen, Rheinland-Pfalz, Schleswig-Holstein) oder drei (Bremen, Hamburg, Saarland) Sitze.

Gemeinsamer Ausschuß

Je ein Vertreter der elf im Bundesrat vertretenen Länder und 22 Abgeordnete des Bundestages, die nicht Regierungsmitglieder sein dürfen, werden in einen *Gemeinsamen Ausschuß* gewählt, der für den Verteidigungsfall als Not-Gesetzgebungsorgan bereitstehen soll. Falls durch kriegerische Ereignisse der Bundestag nicht rechtzeitig zusammentreten kann, übernimmt dieser Ausschuß die Stellung von Bundestag und Bundesrat. Der Gemeinsame Ausschuß muß deshalb von der Regierung über ihre jeweiligen Planungen für den Verteidigungsfall unterrichtet werden (Art. 53a GG).

Die vollziehende Gewalt liegt in der Hand der *Bundesregierung*. Sie wird dadurch gebildet, daß der Bundestag mit der Mehrheit seiner Mitglieder den vom Bundespräsidenten vorgeschlagenen *Bundeskanzler* wählt. Dieser schlägt als „Regierungs-Chef" dem Bundespräsidenten die von ihm ausgewählten Bundesminister zur Ernennung vor. Bundeskanzler und Bundesminister bilden dann zusammen die Bundesregierung. Hierbei bestimmt der Kanzler die Richtlinien der Politik (Art. 65 GG). Innerhalb dieser Richtlinien leitet jedoch jeder Minister seinen Bereich in eigener Verantwortung. Meinungsverschiedenheiten und Zielkonflikte müssen von der gesamten Regierung unter der Leitung des Bundeskanzlers beraten und geklärt werden. In diesen „Kabinettssitzungen" werden auch die meisten Gesetzesentwürfe vorberaten, über die dann im Parlament beraten und abgestimmt werden muß (s. Abs. 7, Gesetzgebung des Bundes). Hat eine Regierung nicht mehr die Mehrheit des Bundestages hinter sich – was dadurch eintreten kann, daß mehrere Fraktionen (d.h. Vertreter verschiedener Parteien) die Regierungsmehrheit bilden und diese sogenannte Koalition an strittigen Fragen zerbricht – dann kann das Parlament die Regierung nur dadurch stützen, daß es mit der Mehrheit seiner Mitglieder einen neuen Bundeskanzler wählt (Art. 67 GG). Man nennt dieses Verfahren *konstruktives Mißtrauensvotum*; es ist konstruktiv (= aufbauend), indem es verhindert, daß – wie in manchen anderen Staaten – durch Mehrheitsverlust einer Regierung der Staat über längere Zeit ohne Regierung bleibt.

Bundesregierung

Der *Bundespräsident* ist das verfassungsmäßige Staatsoberhaupt. Er steht über den im System der Gewaltenteilung aufeinander bezogenen anderen Staatsorganen und über den wechselnden politischen Mehrheiten. In diesem Amt vertritt er die Bundesrepublik völkerrechtlich nach außen. Er schließt also z.B. Verträge, die die Regierung mit anderen Staaten

Bundespräsident

ausgehandelt hat, rechtswirksam ab. Innenpolitisch sind seine Funktionen darauf beschränkt, die ordnungsgemäß verabschiedeten Gesetze auszufertigen (zu unterzeichnen) und zu verkünden, den Bundeskanzler vorzuschlagen und ihn nach seiner Wahl zu ernennen. Ebenso sind die Ernennungen und Entlassungen der Bundesminister, der Bundesrichter und höheren Bundesbeamten und Offiziere erst durch die Ausfertigung durch den Bundespräsidenten rechtswirksam. Hat der Bundespräsident gegen eine Beamtenernennung oder ein Gesetz in Einzelfällen Bedenken oder verweigert er seine Unterschrift, so wird dies von den betroffenen Staatsorganen respektiert und die Ernennung oder das Gesetz werden zurückgenommen. Inhaltlich hat der Bundespräsident jedoch keine politische Entscheidungsgewalt, sondern er handelt eher wie eine Art Staatsnotar, der kontrolliert und bestätigt, daß die Maßnahmen der politischen Entscheidungsorgane dem Wohl des ganzen Volkes dienen.

Eine gewisse politische Entscheidungsgewalt fällt dem Bundespräsidenten dann zu, wenn Parlament oder Regierung nicht in der vorgesehenen Weise funktionieren. So kann der Bundespräsident den Bundestag auflösen, wenn dieser sich auch in einem zweiten Wahlgang nicht mit der Mehrheit seiner Mitglieder auf die Wahl eines Bundeskanzlers einigen kann (Art. 63 Abs. 4 GG). Ebenso kann er auf Vorschlag des Bundeskanzlers den Bundestag auflösen, wenn der Bundeskanzler im Bundestag die Vertrauensfrage stellt und er hierbei nicht die Zustimmung der Mehrheit des Bundestages erhält (Art. 68 GG). In beiden Fällen liegt eine Art „Notstand" vor: Im ersten Fall kommt keine handlungsfähige Regierung zustande, im zweiten Fall erhält die Regierung für ein ihr wichtiges Gesetz nicht die Unterstützung (das Vertrauen) der Parlamentsmehrheit – sie wird also ebenfalls in ihrer Handlungsfähigkeit beschränkt (sog. Gesetzgebungsnotstand). Durch die Bundestagsauflösung wird dann die Entscheidung an die Wähler gegeben; diese entscheiden in einer Neuwahl, welchen Parteiengruppierungen sie eine Mehrheit für eine stabilere Regierung oder zur Durchführung eines wichtigen politischen Programms (z.B. in

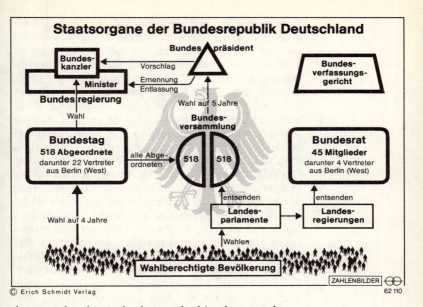

der Sozial- oder Sicherheitspolitik) geben möchten. Gewählt wird der Bundespräsident für jeweils fünf Jahre – eine einmalige Wiederwahl ist zulässig – von der hierzu vorgesehenen *Bundesversammlung*. Diese wird vom Präsidenten des Bundestages einberufen. Sie besteht zur einen Hälfte aus den Abgeordneten des Bundestages, zur anderen Hälfte aus Mitgliedern, die von den Länderparlamenten nach dem Grundsatz der Verhältniswahl gewählt worden sind. Bundespräsident wird, wer im ersten oder in einem eventuellen zweiten Wahlgang die Stimmen der Mehrheit aller Mitglieder (also i.d.R. mehr als 518 Stimmen) erhält. Erreicht keiner der Bewerber die absolute Mehrheit, dann ist nach einem dritten Wahlgang derjenige zum Bundespräsidenten gewählt, der die meisten Stimmen auf sich vereinigt.

Die Rechtsprechung wird als „Dritte Gewalt" vom *Bundesverfassungsgericht* und den *Bundesgerichten* ausgeübt. Dazu kommen die Gerichte der Länder (s. Kap. 10, Aufbau der Gerichte). Während die gesetzgebende Gewalt (Bundestag) und die ausführende Gewalt (Bundesregierung) dadurch eng miteinander verknüpft sind, daß die Regierung von der jeweiligen

Bundesverfassungsgericht und Bundesgerichte

Bundestagsmehrheit gewählt und auf deren Unterstützung bei den Gesetzesvorlagen angewiesen ist, sind die Gerichte deutlich von diesen zwei anderen Teilgewalten abgetrennt. Besonders das Bundesverfassungsgericht, das als fünftes Staatsorgan gilt, muß ja auch den Gesetzgeber daraufhin kontrollieren können, ob seine Entscheidungen grundgesetzkonform sind. Ebenso muß es bei Streitigkeiten zwischen den Verfassungsorganen (z.B. über Zuständigkeiten oder über den Umfang ihrer Rechte und Pflichten) unparteiisch und unabhängig entscheiden. Deshalb dürfen die Bundesverfassungsrichter als „Hüter der Verfassung" keinem anderen Staatsorgan des Bundes oder der Länder (Bundestag, Länderparlamente oder Regierungen) angehören. Die Richter werden je zur Hälfte alle vier Jahre für eine Amtsdauer von zwölf Jahren gewählt, und zwar so, daß jeweils eine Hälfte der Richter durch den Bundestag, die andere Hälfte durch den Bundesrat gewählt wird. Für alle Richter an allen Gerichten gilt, daß sie nach dem Grundgesetz ihr Amt völlig unabhängig ausüben: sind sie erst einmal zum Richter ernannt, kann ihnen niemand Weisungen darüber erteilen, wie sie das Gesetz anzuwenden haben. Sie können gegen ihren Willen auch an kein anderes Gericht versetzt oder abgesetzt werden, es sei denn wegen Verfehlungen, die strafrechtlich in einem ordentlichen Verfahren festgestellt wurden und zum Verlust des Richteramtes führen können. Im Gegensatz zum Richter sind Staatsanwälte weisungsgebunden und z.B. versetzbar. Gleichwohl dürfen auch sie nicht nur gegen, sondern müssen auch zur Entlastung von Beschuldigten, also unparteiisch, ermitteln. Rechtsanwälte üben ihren Beruf frei aus und können sich vor Gericht einseitig, also parteiisch, auf die Geltendmachung der Ansprüche der von ihnen vertretenen „Mandanten" beschränken.

6. Bundestagswahlen

Das demokratische Fundament des Staates liegt in dem Recht der Bürger, das gesetzgebende Organ als Volksvertretung in bestimmten Zeitabständen zu wählen. Mit der Wahl erscheint das Volk als „Souverän", oberste und letzte Entscheidungsinstanz. Art. 38 GG bestimmt deshalb, daß die Abgeordneten zum Deutschen Bundestag „in *allgemeiner, unmittelbarer, freier, gleicher* und *geheimer* Wahl gewählt" werden. Diese *Wahlgrundsätze* beinhalten, daß jeder, der das 18. Lebensjahr vollendet hat, ohne sonstige Bedingungen (= allgemein) aktiv wählen darf (und sich auch zur Wahl stellen kann =passives Wahlrecht). Die Wahl ist frei, d.h. es gibt keine Wahlpflicht, und jede über Wahlwerbung hinausgehende Beeinflussung von Wählern ist untersagt. Geheim sind die Wahlen insofern, als die Stimmabgabe auf einem anonymen Stimmzettel durch ankreuzen so erfolgt, daß niemand nachprüfen kann, wem der Wähler seine Stimme gegeben hat. Die Wahl erfolgt direkt und nicht über irgendwelche Zwischenmänner, und jeder Wähler hat die gleiche Anzahl von Stimmen, also dasselbe Stimmengewicht.

Wahlgrundsätze

Bei der alle vier Jahre stattfindenden *Bundestagswahl* gibt jeder Wähler zwei Stimmen ab. Mit der *Erststimme* kreuzt er den Namen des Bewerbers an, den er als Person für seinen Wahlkreis wählen möchte. Das gesamte Bundesgebiet ist für die Bundestagswahl in 248 Wahlkreise mit möglichst gleicher Wählerzahl und möglichst ähnlicher Wählerzusammensetzung eingeteilt. Wer im Wahlkreis die meisten Stimmen erhält, ist direkt zum Bundestag gewählt (Persönlichkeitswahl, Direktmandat).

Wahlverfahren

Mit der *Zweitstimme* kreuzt der Wähler auf der zweiten Hälfte des Stimmzettels diejenige Partei an, von der er möchte, daß sie im Bundestag vertreten sein soll. Für diese Zweitstimmen haben die auf dem Stimmzettel aufgeführten Parteien in jedem Bundesland eine Liste von Kandidaten zur Wahl angemeldet; die ersten aus diesen *Landeslisten* sind auf dem Stimmzettel ebenfalls angegeben. Aus diesen für die Parteien abgegebenen Zweitstimmen wird dann prozentual errechnet, wieviele der 496 Sitze die einzelnen Parteien erhalten. Dieses Verfahren bewirkt, daß die Zusammensetzung der Volksvertretung möglichst genau dem Verhältnis der für die jeweiligen Parteien abgegebenen Wählerstimmen entspricht (*Verhältniswahl*). Aus diesem Grunde hat gerade die

Zweitstimme besonderes politisches Gewicht. Sind so alle 496 Sitze anteilmäßig verteilt, dann werden die jeder Partei zustehenden Sitze zunächst mit den insgesamt 248 Abgeordneten besetzt, die in ihrem Wahlkreis das Direktmandat gewonnen haben. Die danach verbleibenden Sitze werden auf die Bundesländer im Verhältnis der von jeder Partei dort erzielten Zweitstimme verteilt. Hat dann z.B. die Partei X im Bundesland B noch 7 zustehende Abgeordnetensitze zu besetzen, dann kommen die auf der Landesliste dieser Partei stehenden Kandidaten der Listenplätze 1 bis 7 als Abgeordnete in den Bundestag. Haben einige dieser Listenbewerber in ihrem Wahlkreis bereits das Direktmandat, dann folgen Kandidaten auf den weiteren Listenplätzen. Hat in einem Bundesland eine Partei mehr Direktmandate erreicht, als ihr nach der Verhältnisberechnung überhaupt Sitze zustehen würden, so kommen dennoch alle direkt Gewählten in den Bundestag. Durch solche sogenannten „Überhangmandate" kann sich die Zahl der Abgeordneten im Bundestag leicht erhöhen. Scheidet während der Wahlperiode ein Abgeordneter aus dem Bundestag aus, so rückt für ihn der für diese

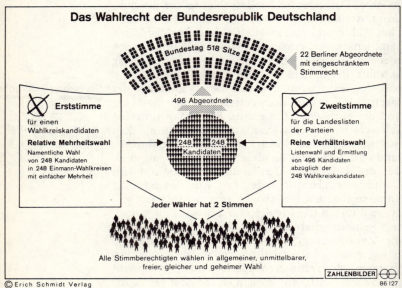

Partei auf derselben Liste stehende nächste Bewerber nach.

Erreicht eine Partei bei der Wahl nicht mindestens 5% der im Bundesgebiet abgegebenen Stimmen oder gewinnt sie nicht mindestens drei Direktmandate, dann scheidet sie bei der Sitzverteilung aus. Dadurch wird verhindert, daß sich der Bundestag in zu viele, politisch unbedeutende Splittergruppen aufteilt.

5%-Klausel

7. Die Gesetzgebung des Bundes

> **Aus dem Grundgesetz für die Bundesrepublik Deutschland**
> *Art. 70 [Gesetzgebung des Bundes und der Länder]* (1) Die Länder haben das Recht der Gesetzgebung, soweit dieses Grundgesetz nicht dem Bunde Gesetzgebungsbefugnisse verleiht.
> (2) Die Abgrenzung der Zuständigkeit zwischen Bund und Ländern bemißt sich nach den Vorschriften dieses Grundgesetzes über die ausschließliche und die konkurrierende Gesetzgebung.

Die Gesetzgebung ist im demokratischen Rechtsstaat die wichtigste Aufgabe, weil die Staatsorgane nicht ohne gesetzliche Ermächtigung handeln dürfen. In den Gesetzen, nach denen der Staat handelt, muß der politische Wille zumindest der Mehrheit der Bevölkerung zum Ausdruck kommen – ohne daß die Minderheiten dabei unterdrückt werden. Daher dürfen die Gesetze nur von den dafür frei gewählten *Volksvertretungen* im Bund (Bundestag) und in den Ländern (Länderparlamente) beschlossen werden. Damit in der Fülle der so entstehenden Rechtsvorschriften keine Widersprüche entstehen, ist in den Art. 70 bis 75 GG festgelegt, für welche Fälle der Bundestag und für welche die Landtage Gesetze beschließen können. Das GG geht in Art. 70 davon aus, daß die Länder die Befugnis zur Gesetzgebung haben (siehe oben), soweit nicht das Grundgesetz dem Bund diese Aufgabe zuweist. Im folgenden wird dann – in Art. 73 GG – aufgeführt, in welchen Bereichen der Bund *ausschließlich* für die Gesetzgebung zuständig ist. Mit 23 Unterpunkten zählt danach Art. 74 GG jene Bereiche auf, in denen eine *konkurrierende* Gesetzgebung vorgesehen ist. In die-

Volksvertretungen

sen Bereichen sollen die Länder die Gesetzgebung übernehmen, solange für den Bund keine Notwendigkeit hierzu gegeben ist.

In den Fällen der konkurrierenden Gesetzgebung gilt selbst in bezug auf die Länderverfassungen der Grundsatz des Art. 31 GG: "Bundesrecht bricht Landesrecht". Damit dennoch möglichst wenig Konflikte zwischen Länder- und Bundesgesetzen entstehen, wirken die Länder über den Bundesrat direkt bei der Bundesgesetzgebung mit. Das folgende Schaubild zeigt den Ablauf des Gesetzgebungsverfahrens. Danach haben sowohl Abgeordnete aus der Mitte des Bundestages selbst (Gruppen von mindestens 15 Unterzeichnern des Entwurfs) als auch die Bundesregierung und der Bundesrat das Recht, Gesetzentwürfe (Gesetzesvorlagen) zur Beratung im *Bundestag* einzubringen. Diese Gesetzesvorlagen werden dann im Bundestag und besonders in den von diesem gebildeten Fachgruppen, den *Ausschüssen*, intensiv besprochen, diskutiert und oftmals abgeändert.

Hat in der Schlußabstimmung die jeweils erforderliche Mehrheit der Abgeordneten der Gesetzesvorlage zugestimmt, dann wird das Gesetz nochmals im *Bundesrat* beraten. Hierbei muß zwischen sogenannten „einfachen" Gesetzen, bei denen keine Länderinteressen berührt werden, und „zustimmungsbedürftigen" Gesetzen unterschieden werden. Die zustimmungsbedürftigen Gesetze kommen nicht zustande, wenn der Bundesrat die Zustimmung verweigert. Bei den einfachen Gesetzen dagegen kann der Bundestag nach dem gescheiterten Vermittlungsversuch und dem Einspruch des Bundesrates diesen Einspruch zurückweisen, wenn im Bundestag mehr als 50% der Abgeordneten (qualifizierte Mehrheit) dafür stimmen. Verfassungsändernde Gesetze müssen vom Bundestag und vom Bundesrat mit einer Zweidrittelmehrheit aller Mitglieder beschlossen werden.

Vermittlungsausschuß

Eine besondere Rolle spielt der *Vermittlungsausschuß*. Er wird immer dann eingeschaltet, wenn die Gefahr besteht, daß ein vom Bundestag beschlossenes Gesetz im Bundesrat abgelehnt wird. Im Vermittlungsausschuß sitzen elf Vertreter des Bundestags und elf Vertreter des Bundesrats; diese sind hier nicht an die Weisungen ihrer Landesregierungen

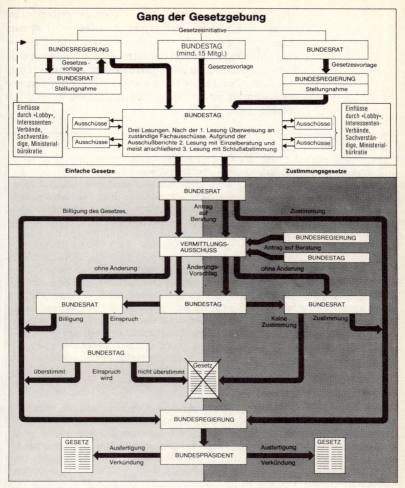

gebunden. Der Vermittlungsausschuß versucht, das Gesetz so abzuändern, daß es der vom Bundestag beschlossenen Absicht noch entspricht und zugleich die Bedenken aus dem Bundesrat berücksichtigt; er kann aber auch die Aufrechterhaltung des vorgelegten Gesetzes oder dessen Aufhebung empfehlen. Bei Änderungen oder einem Aufhebungsvorschlag muß dann der Bundestag erneut über den Vorschlag beschließen, bevor dann im Bundesrat endgültig über das Zustandekommen des Gesetzes entschieden wird. Stimmt der Bundesrat zu oder wird dessen Einspruch gegen ein einfaches Gesetz vom Bundestag zurückgewiesen, dann wird das Gesetz wirksam. Es wird von den jeweils zuständigen Fachministern und vom Bundeskanzler unterzeichnet, vom Bundespräsidenten ausgefertigt und im Bundesgesetzblatt verkündet.

Zusammenfassung:
Der organisatorische Teil des Grundgesetzes ist gekennzeichnet von dem Grundsatz einer rechtsstaatlichen, repräsentativen Demokratie, in der die Staatsgewalt unter dem Recht steht und die Staatsfunktionen auf verschiedene Staatsorgane verteilt sind. Es zeigt sich hierbei, daß die im Verfassungstext vorgesehene klassische Gewaltenteilung in gesetzgebende, ausführende und rechtsprechende Gewalt in der Praxis der parlamentarischen Demokratie nur zwischen der rechtsprechenden Gewalt auf der einen und der von der Parlamentsmehrheit (Gesetzgebung) getragenen ausführenden Gewalt (Regierung) auf der anderen Seite besteht. Allerdings werden die Entscheidungen und Handlungen der regierenden Mehrheit durch die als „Opposition" tätige Parlamentsminderheit dadurch kontrolliert, daß die Opposition in den öffentlichen Parlamentsberatungen ihre Kritik vorträgt und die Massenmedien den Bürger über diese Kritik informieren. Eine zusätzliche Kontrolle der Regierungsmacht besteht durch die „vertikale" Gewaltenteilung in Bund und Länder.
Für die Wahrnehmung der verschiedenen Staatsaufgaben sieht das Grundgesetz fünf *Staatsorgane* vor: den *Bundestag* und den *Bundesrat* als Gesetzgebungsorgane, den *Bundespräsidenten* als Staatsoberhaupt und völkerrechtlichen Vertreter der Bundesrepublik Deutschland, die *Bundesregierung* als ausführendes Organ und schließlich das *Bundesverfassungsgericht* als „Hüter der Verfassung".
Das Gesetzgebungsverfahren erscheint als ein komplizierter und zeitaufwendiger Vorgang, wodurch jedoch ein hohes Maß an Kontrolle durch die verschiedenen beteiligten Instanzen möglich wird. Hat allerdings dieselbe Partei oder Koalition sowohl im Bundestag als auch im Bundesrat die Mehrheit, dann hängt die politische Kontrolle davon ab, daß die Massenmedien den Bürger über die von der Opposition erhobene Kritik eingehend informieren. Denn staatsrechtlich aktiv kann der Bürger nur in der Form werden, daß er bei der nächsten Wahl mit seiner Stimme die bisherige Gesetzgebungsmehrheit nicht mehr unterstützt und der Opposition zur Mehrheit im Bundestag verhilft.

Literaturhinweise
Gundgesetz für die Bundesrepublik Deutschland (z. B. Taschenbuchausgabe Beck-Texte im dtv mit weiteren staatsrechtlichen Vorschriften wie Menschenrechtskonvention, Bundeswahlgesetz, Staatsangehörigkeitsgesetze), 22. Aufl. 1986
Model, O./Creifelds, C.: Staatsbürger-Taschenbuch. München, 22. Aufl. 1985
Doehring, K.: Das Staatsrecht der Bundesrepublik Deutschland. 3. Aufl. 1984
v. Unruh, G.-Ch./Greve, F.: Grundkurs öffentliches Recht. 3. Aufl. 1982

8 Verwaltungsrecht

1. Aufgaben und Arten der Verwaltung

> **Ein Tag im Leben der Susanne A.:**
> Eine erfrischende Dusche und eine flotte Musik aus dem Radio helfen Susanne morgens richtig wach zu werden. Zum Ausbildungsbetrieb fährt sie mit ihrem Motorroller und freut sich, daß sie seit kurzem durch den Ausbau einer Umgehungsstraße dabei 10 Minuten spart. Im Betrieb will sie heute noch einen Bericht für ihr Ausbildungsnachweisheft, das sie demnächst für ihre Prüfung bei der Handwerkskammer vorlegen muß, anfertigen. Für 11.00 Uhr ist der Besuch eines Vertreters des Gewerbeaufsichtsamtes angekündigt, der sich einige Arbeitsplätze auf ihre Sicherheit anschauen will. Nachmittags hat Susanne Unterricht in der Berufsschule. Auf dem Weg nach Hause besucht sie ihre Freundin Sandra, die wegen eines gebrochenen Beines im Städt. Krankenhaus liegt. Zu Hause freut sie sich über einen Brief ihrer Tante, die ihr eine Karte für eine Aufführung des Staatstheaters schenkt. Leider war aber in der Post auch ein Bußgeldbescheid der Polizei wegen einer Geschwindigkeitsüberschreitung.

Öffentliche Aufgaben

Staatliches Handeln begegnet dem Bürger in sehr unterschiedlicher Gestalt. Das Netz öffentlicher Leistungen und Maßnahmen wird ständig dichter. Manche öffentlichen Leistungen erscheinen dem Bürger so selbstverständlich, daß er sich über ihren Charakter als Verwaltungsmaßnahmen keine Gedanken macht. Einige Ausschnitte aus dem Tageslauf der Susanne A. mögen zeigen, wie vielfältig und hautnah sich öffentliche Verwaltung darstellt.

Bei all den obengenannten Ereignissen ist Susanne A. mit Tätigkeiten *öffentlicher Einrichtungen* in Berührung gekommen. Das Wasser wird von den Stadtwerken geliefert, Radio (und Fernsehen) werden von den öffentlich-rechtlichen Rundfunkanstalten betrieben, Straßenbau ist Sache der zuständigen Straßenbaubehörden, die Handwerkskammer regelt u. a. die Prüfungsordnung und die Berufsförderung des Handwerks, die Gewerbeaufsichtsämter überwachen u.a. die Arbeitsschutzvorschriften, die große Mehrzahl der Schulen sind staatlich, die meisten Krankenhäuser werden von der öffentlichen Hand getragen. Dies gilt auch für viele Theater, Museen, Sportplätze usw.

Die Post mit all ihren Dienstleistungen wird in bundeseigener Verwaltung geführt und schließlich ist die Tätigkeit der Polizei der – teils gefürchtete, teils gewünschte – klassische Verwaltungsbereich schlechthin.

Wenn man sich nun fragt, warum man die Arbeit dieser Stellen als „öffentlich" bezeichnet, fällt eine generelle Antwort nicht leicht. Die Polizei (im allgemeinen) und das Gewerbeaufsichtsamt (in einem speziellen Bereich) achten darauf, daß bestimmte Spielregeln des Zusammenlebens eingehalten werden. Die Versorgung der Bevölkerung mit Krankenhäusern, Schulen und Straßen ist für die Erhaltung der Lebens- und Wirtschaftsgrundlage wichtig. Schließlich sind auch die aufgeführten technischen und kulturellen Leistungen für das Allgemeinwohl von besonderer Bedeutung. Es ist mithin das *Interesse der Allgemeinheit*, das den öffentlichen Charakter dieser Aufgaben ausmacht. Teilweise liegt es in der Natur dieser öffentlichen Aufgaben, daß sie nur vom Staat mit seinen besonderen *Machtbefugnissen* wirkungsvoll und gerecht durchgeführt werden können. Neben dem Polizeiwesen sind z. B. das Finanzwesen, das Straßen- und Verkehrsrecht, das Baurecht und der Naturschutz zu nennen. Andere Belange des Allgemeinwohls sind dadurch gekennzeichnet, daß der Staat eine besondere Verantwortung für die *Sicherung der Existenz* seiner Bürger hat. So muß er eine ausreichende Versorgung der Bevölkerung mit Krankenhäusern gewährleisten. Eine Gemeinschaft braucht aber nicht nur eine wirtschaftliche Grundlage. Für ihr Gedeihen ist auch die *geistige* und *kulturelle Entwicklung* (Schulen, Hochschulen, Theater, Museen) wichtig. Dies schließt keineswegs aus, daß auf diesen Gebieten nicht auch Privatpersonen oder private Organisationen tätig werden dürften (private Krankenhäuser, Theater usw.). Soweit jedoch der Staat diese Aufgaben übernimmt, sind dafür verschiedene Gründe maßgeblich. Zum einen sind in diesen Bereichen die *Kosten* vielfach so hoch, daß sie aus sozialen Gründen auf die Allgemeinheit (die Steuerzahler) verteilt werden müssen (man berechne nur einmal, was Eltern bezahlen müßten, wenn sie alle Kosten für die

Interesse der Allgemeinheit

Ordnung durch staatliche Macht

Existenzsicherung

Schule ihrer Kinder zu tragen hätten). Zum anderen will der Staat diese Gebiete durch die öffentliche Verwaltung auch *lenken*, um z. B. gleiche Bildungschancen für Kinder und Jugendliche zu ermöglichen. Es sei hier am Rande erwähnt, daß sich hinter dem Gesichtspunkt der *öffentlichen Daseinsfürsorge* eines der wichtigsten gesellschaftspolitischen Probleme der Gegenwart verbirgt. Dem Staat sind in diesem Bereich eine Vielzahl von Aufgaben zugewachsen, die alle für sich gesehen bedeutsam sind, die aber durch ihre Häufung zu *einem Übergewicht der Verwaltung* geführt haben. Je mehr Aufgaben der Staat wahrnimmt, um so mehr wirkt er auch in die persönliche Sphäre jedes einzelnen Bürgers hinein und begrenzt dessen Möglichkeiten zu selbstverantwortlichem Handeln. Die Fürsorge des Staates kann auf diese Weise zu einer Überbürokratisierung führen, die den Staat als allgegenwärtigen „großen Bruder" erscheinen läßt. Private und öffentliche Aufgaben können nicht immer scharf voneinander getrennt werden. Als Beispiel sei die Aufgabe des Wohnungsbaus genannt. Einerseits handelt es sich hier um die Erstellung oder Beschaffung eines wirtschaftlichen Gutes, eine Aufgabe, die der Staat im allgemeinen dem Privatbereich überläßt. Zunehmende Knappheit und Verteuerung der Grundstücke und Wohnungen führen andererseits dazu, daß die Versorgung der Bevölkerung mit menschenwürdigen Wohnungen staatlich beeinflußt werden muß. Es ist daher in vielen Fällen eher eine politische als eine rechtliche Frage, ob eine Aufgabe öffentlicher oder privater Natur ist, da sich vielfach die Interessen des einzelnen mit denen der Allgemeinheit vermengen.

Sozialstaat und Bürgerverantwortung

Aus dem bisherigen Überblick läßt sich schon erkennen, daß verschiedene *Arten der Verwaltung* zu unterscheiden sind. Wir haben gesehen, daß ein Teil der Verwaltungstätigkeit überwiegend *ordnende Funktion* hat (Polizei regelt Verkehr und verhindert Straftaten). Die ordnende Verwaltung arbeitet überwiegend (keineswegs ausschließlich) mit den Mitteln der *Anordnung*, des *Befehls* und des *Eingriffs*. Dies ist in rechtlicher Hinsicht bedeutsam, weil solche eingreifende Maßnahmen stets einer gesetzli-

Arten der Verwaltung

Ordnungsverwaltung

Gesetzliche Ermächtigung

chen Grundlage (*Ermächtigung*) bedürfen. So ist im Baurecht festgelegt, unter welchen Voraussetzungen bei einem ohne Baugenehmigung errichteten Haus eine Abbruchsverfügung ergehen kann.

Leistungsverwaltung

Ein weiterer Teil der Verwaltung ist dadurch gekennzeichnet, daß dem Bürger *Leistungen* gewährt werden (u. a. Ausbildungsförderung für Studenten, finanzielle Unterstützung – sogenannte Subventionen – für bestimmte Betriebe). Hier hat die Verwaltung mehr eigene Entscheidungsbefugnis. Es genügt nach überwiegender Auffassung, daß das Parlament durch den Haushaltsbeschluß entsprechende Mittel zur Verfügung stellt. Um eine gleichmäßige Anwendung zu sichern, ist jedoch auch der Bereich der Leistungsverwaltung in den allermeisten Fällen gesetzlich geregelt. Wo die Verwaltung allerdings in nicht vorhersehbaren Situationen (Naturkatastrophen u. ä.) schnell zu helfen hat, muß es ihr möglich sein, sofort, ohne langwieriges Gesetzgebungsverfahren, einzugreifen.

planende und gestaltende Verwaltung

Die Verwaltung erschöpft sich schließlich nicht darin, Gesetze nur zu vollziehen. Ebenso notwendig ist ihre *planende* und *gestaltende* Tätigkeit. Die Idee und die Vorbereitung einer Maßnahme kommt in den meisten Fällen nicht vom Gesetzgeber, sondern von Verwaltungsstellen, die auf dem entsprechenden Gebiet besonders fachkundig sind. Dies gilt für örtlich begrenzte Vorhaben (Planung einer Fußgängerzone) genauso wie für die allgemeine Entwicklung eines Bundeslandes, für die in der Regel ein Landesentwicklungsplan von der Verwaltung entworfen und dem Gesetzgeber zur Beschlußfassung vorgelegt wird. Hier sind die Grenzen zur Tätigkeit des Regierens (staatslenkende Tätigkeit) fließend. In diesem Bereich ist die Verwaltung frei, d.h. sie kann nach eigenem Ermessen tätig werden, solange sie dabei nicht gegen bestehende Gesetze verstößt.

Rechtsformen des Verwaltungshandelns

Von der Einteilung der Verwaltungstätigkeit in verschiedene *Arten* ist die Frage zu unterscheiden, in welcher *Rechtsform* die öffentliche Aufgabe durchgeführt wird. Zwischen diesen beiden Merkmalsgruppen gibt es aber einen engen Zusammenhang, wie im einzelnen noch gezeigt wird. Die Verwaltung handelt nicht nur in den Formen des *öffentlichen*

Rechts, sie tritt mitunter auch *privatrechtlich* auf. Dies ist nicht ganz einfach zu verstehen, aber insofern wichtig, als von der rechtlichen Gestaltung u. a. die Frage abhängt, auf welchem Rechtsweg man Streitigkeiten mit der Verwaltung austragen muß. Es sind folgende Fallgruppen zu unterscheiden:

(a) Wie oben erläutert ist die Ordnungsverwaltung gekennzeichnet durch einseitige Anordnungen und Ausübung von Zwang. Darin kommt die *hoheitliche Befugnis* der Verwaltung zum Ausdruck, die sich aus der *Überordnung* des Staates über seine Bürger ergibt (Staat als Obrigkeit). Das Verwaltungsrecht stellt hier Regelungen zur Verfügung, mit deren Hilfe die Verwaltung ihre Anordnungen einseitig und notfalls mit besonderer Gewalt durchsetzen kann. Stellt die Polizei fest, daß ein abgemeldetes (und damit aus dem Verkehr gezogenes) Fahrzeug auf einer öffentlichen Straße abgestellt wurde, so ermittelt sie den Eigentümer und ordnet diesem gegenüber die Beseitigung des Fahrzeugs an (die Straße ist kein Abstellplatz für Schrottfahrzeuge). Wenn der Eigentümer dieser Anordnung nicht folgt, kann die Polizei Zwangsmittel anwenden, etwa die Festsetzung eines Zwangsgeldes oder die sogenannte Ersatzvornahme (Durchführung der Maßnahme auf Kosten des Eigentümers). Das verwaltungsrechtliche Instrument einer solchen einseitigen Anordnung, der Verwaltungsakt, wird noch näher zu betrachten sein (s. Abs. 3).

hoheitliche Verwaltung durch Anordnung

(b) Bei anderen Maßnahmen der Verwaltung ist zwar kein Zwang erforderlich, gleichwohl tritt die Verwaltung dem Bürger gegenüber als Träger öffentlicher Gewalt (Über- Unterordnungsverhältnis) in Erscheinung. Dieses sogenannte *schlichthoheitliche* Tätigwerden der Verwaltung erfolgt überwiegend in der leistenden Verwaltung (Bau einer Straße, Errichtung eines Museums). Auch hier finden die Regeln des Verwaltungsrechts Anwendung.

schlichthoheitliche Verwaltung

(c) Soweit die Art der Aufgabe nicht eine hoheitliche Befugnis erfordert, kann die Verwaltung sich auch auf das Gebiet des Privatrechts begeben und dort wie alle Bürger Rechtsgeschäfte vornehmen, insbesondere Verträge schließen. Man bezeichnet dies als *fiskalische Verwaltung*, wobei unter dem Begriff des Fiskus (fiskus: lateinisch Korb, Geldkorb) der Staat

fiskalische Verwaltung

als Träger von privaten Rechten (insbesondere Vermögensrechten) und Pflichten zu verstehen ist. Solche fiskalischen Geschäfte findet man in zwei verschiedenen Formen:

fiskalische Hilfsgeschäfte
— Die Einrichtungen der öffentlichen Verwaltung haben wie jeder andere Dienstleistungsbetrieb einen bestimmten Bedarf an Ausstattung und Hilfsmitteln. Es müssen z. B. ein Verwaltungsgebäude angemietet, Schreibmaschinen gekauft und Dienstfahrzeuge zur Reparatur gebracht werden. Es liegt auf der Hand, daß die Verwaltung diesen Bedarf wie jeder Bürger durch entsprechende Verträge decken muß. Da diese Maßnahmen nicht unmittelbar der Erfüllung einer öffentlichen Aufgabe dienen, sondern erst die Voraussetzungen für eine Verwaltungstätigkeit schaffen, werden sie als *fiskalische Hilfsgeschäfte* bezeichnet.

Verwaltungsprivatrecht
— Aber auch bei der unmittelbaren Aufgabenerfüllung, insbesondere bei Leistungen im Bereich der Daseinsvorsorge und der Gewährung von Darlehen, kann die Verwaltung privatrechtlich handeln, wenn nicht gesetzliche Vorschriften eine hoheitliche Wahrnehmung vorsehen. Dieses sogenannte *Verwaltungsprivatrecht* begegnet dem Bürger am häufigsten bei der Lieferung von Strom, Gas und Wasser sowie bei dem Betrieb von öffentlichen Verkehrsmitteln. Der Betrieb solcher Leistungen erfolgt häufig in der Gestalt einer Aktiengesellschaft oder einer Gesellschaft mit beschränkter Haftung (Straßenbahn AG, Stadtwerke GmbH). Dies darf nicht darüber hinwegtäuschen, daß es sich inhaltlich um Maßnahmen der öffentlichen Verwaltung handelt, wobei die Verwaltungsträger (z. B. die Stadt) als Gesellschafter der AG oder der GmbH auftreten. Der öffentliche Kern im Verwaltungsprivatrecht zeigt sich in gewissen öffentlich-rechtlichen Bindungen, insbesondere in der Bindung an das Gleichheitsgebot des Art. 3 GG. Während es einem privaten Unternehmer von Ausnahmefällen abgesehen (Kap. 2, Abs. 6) frei steht, mit wem und zu welchen Bedingungen er Verträge abschließt, kann z. B. ein öffentlicher Verkehrsbetrieb keinen Verkehrsgast aus unsachlichen Gründen vom Transport ausschließen.

Zusammenfassung:
Die Verwaltung ist der Teil der staatlichen Tätigkeit, in dem (neben Gesetzgebung und Rechtsprechung) öffentliche Aufgaben durch ordnendes, leistendes, planendes oder gestaltendes Handeln wahrgenommen werden. Soweit Verwaltungsmaßnahmen in Rechte der Bürger eingreifen (hauptsächlich – aber nicht ausschließlich – auf dem Gebiet der ordnenden Verwaltung), kann dies nur aufgrund einer gesetzlichen Ermächtigung geschehen. Als Träger hoheitlicher Gewalt handelt die Verwaltung auf der Grundlage des öffentlichen Rechts. Öffentliche Aufgaben können aber auch in den Formen des Privatrechts wahrgenommen werden.

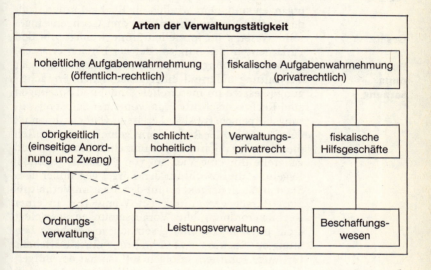

2. Rechtliche Grundlagen der Verwaltung

(1) Das Innenministerium eines Bundeslandes hat in Abstimmung mit dem Finanzministerium Richtlinien an die ihm nachgeordneten Dienststellen erlassen, wonach bei Beschaffungsmaßnahmen Angebote von Firmen aus strukturschwachen Gebieten bevorzugt zu berücksichtigen sind, sofern allgemeine Wirtschaftlichkeitsgründe nicht dagegen sprechen. Ein Regierungspräsidium dieses Landes will eine neue Druckmaschine kaufen. Drei Hersteller reichen ungefähr gleichwertige Angebote ein; einer davon hat seinen Betrieb in einem strukturschwachen Gebiet. Kann dieser Hersteller auf Abschluß des Kaufvertrages klagen?

> (2) In der Landesbauordnung (förmliches Gesetz) ist geregelt, daß gegen den Eigentümer eines ohne Baugenehmigung errichteten und gegen Bestimmungen des Baurechts verstoßenden Gebäudes eine Abbruchsverfügung ergehen kann. Die zuständige Baubehörde teilt dem E. mit, da diese Voraussetzungen bei seinem Wochenendhaus vorlägen und er als notorischer Rechtsverletzer bekannt sei, müsse dieses Gebäude abgerissen werden.

Rechtsquellen des Verwaltungsrechts

Gesetz

Rechtsverordnung

Satzung

Bei einem Blick auf die *Rechtsquellen des Verwaltungsrechts* kann an der allgemeinen Darstellung der Rechtsquellen (Kap. 1, Abs. 5) angeknüpft werden, wobei lediglich einige besondere Gesichtspunkte zu ergänzen sind. Dort wurden die Rechtsnormen nach der Rechtssetzungsbefugnis in drei Gruppen eingeteilt: *Gesetze* im formellen Sinne werden von den Parlamenten (des Bundes oder der Länder) erlassen, *Rechtsverordnungen* ergehen durch Regierung oder Verwaltung aufgrund einer gesetzlichen Ermächtigung (Gesetze im materiellen Sinne) und *Satzungen* sind Rechtsvorschriften, die von einer Selbstverwaltungskörperschaft (Abs. 3) erlassen werden. Ihnen ist der Charakter der Rechtsnorm gemeinsam, nämlich die abstrakte (nicht auf den Einzelfall bezogene) und generelle (für eine Vielzahl von Personen geltende) Regelung, die sowohl für den Bürger gegenüber dem Staat als auch umgekehrt für den Staat im Verhältnis zum Bürger *verbindlich* ist. Wenn also in einer Rechtsverordnung die Voraussetzungen festgelegt sind, unter denen eine gesetzlich vorgesehene Leistung des Staates (etwa Gewährung eines Darlehens für junge Familien) erfolgen soll, so hat der Bürger, der diese Voraussetzungen erfüllt, einen Anspruch auf diese Leistung, den er notfalls auch durch eine Klage geltend machen kann.

Rangordnung der Normen

Über allen genannten Normen steht die Verfassung, an die alle staatliche Gewalt gebunden ist (Kap. 7, Abs. 2). Innerhalb der Rechtsnormenarten ergibt sich die *Stufenfolge*: Verfassung – formelles Gesetz – Rechtsverordnung – Satzung. Widersprechen sich Vorschriften auf verschiedenen Stufen, so geht das höherrangige Recht dem nachgeordneten vor. Daneben gilt der allgemeine Grundsatz des Artikel 31 GG, wonach Bundesrecht das Landesrecht aller Stufen bricht, freilich nur insoweit, als dem Bund auf diesem Gebiet nach der Verfassung eine Rechtssetzungsbefugnis zusteht. Wenn dies der Fall ist, geht also z. B. eine Rechtsverordnung des Bundes selbst einem Landesverfassungsrecht vor (s. Kap. 7, Abs. 8).

Außen- und Innenrecht

Die bisher genannten Arten von Regelungen stellen das sogenannte *Außenrecht* dar, das die Beziehung des Staates zu seinen Bürgern in verbindlicher Weise bestimmt. Im Gegensatz dazu erfaßt das *Innenrecht* die innere Organisation der Verwaltung und den inneren Dienstbetrieb. Insbesondere bei den *Verwaltungsvorschriften* handelt es sich um interne Anweisungen, die entweder von einer übergeordneten an die nachgeordneten Behörden ergehen können (Fall 1) oder die von einer Behörde für die Regelung ihres eigenen Betriebs erlassen werden (Regelung der Arbeitszeit, Verwendung bestimmter Formulare). Als interne Bestimmungen wirken die Verwaltungsvorschriften grundsätzlich nicht unmittelbar auf das Rechtsverhältnis zwischen Verwaltung und Bürger ein. Die vom Innenministerium im Beispielsfall (1) erlassenen Richtlinien sind solche Verwaltungsvorschriften (oft auch Verwaltungsanweisungen oder irreführend Verwaltungsverordnungen genannt), mit denen das Ministerium das Handeln der nachgeordneten Behörden steuern will, um ein bestimmtes Ziel (hier Strukturförderung) zu erreichen. Der außenstehende Bürger kann regelmäßig aus einer Verwaltungsvorschrift keinen Anspruch ableiten. Ausnahmsweise erhält die Verwaltungsvorschrift dann Außenwirkung, wenn sie zu einer ständigen Verwaltungspraxis geführt hat, auf die sich der Bürger z. B. wegen mehrerer Vergleichsfälle berufen kann (Selbstbindung der Verwaltung). Soweit hierfür in Fall (1) keine Anhaltspunkte gegeben sind, hat der im strukturschwachen Gebiet produzierende Hersteller keinen durchsetzbaren Anspruch auf Abschluß des Kaufvertrages.

Verwaltungsvorschriften

Freiheit und Bindung der Verwaltung

Verschiedentlich ist oben schon die Frage aufgetaucht, wie weit die Verwaltung einerseits an Rechtsnormen *gebunden* ist und wo sie sich andererseits *frei* betätigen kann. Selbstverständlich darf die Verwaltung nicht gegen Verfassung und Gesetze verstoßen. Man nennt diesen Grundsatz den *Vorrang des Gesetzes*. Wenn also z. B. der Gesetzgeber eine

Vorrang des Gesetzes

Vorbehalt des Gesetzes

Wohngeldhilfe für bestimmte Personenkreise anordnet, kann die Verwaltung diese Leistung nicht verweigern, weil sie andere soziale Zwecke für wichtiger hält. Davon zu unterscheiden ist der *Vorbehalt des Gesetzes*. Hier geht es um die Frage, ob eine Verwaltungsmaßnahme, für die keine gesetzliche Regelung besteht, überhaupt zulässig ist. Hier gilt, daß bei Maßnahmen, die in die Rechts- und Freiheitssphäre des einzelnen Bürgers eingreifen, eine gesetzliche *Ermächtigungsgrundlage* erforderlich ist. In vielen Fällen räumt der Gesetzgeber der Verwaltung allerdings einen Handlungsspielraum nach eigenem *Ermessen* ein. Die Verwaltung kann hierbei zwischen mehreren möglichen Maßnahmen selbst entscheiden. Solche Rechtsvorschriften sind häufig als „Kann-Bestimmung" formuliert (2). Dies bedeutet aber nicht, daß die Verwaltung nach Belieben entscheiden kann. Sie muß vielmehr ihr Ermessen *pflichtgemäß* ausüben und hat sich dabei am Zweck der Vorschrift zu orientieren. Im Fall (2) des baurechtswidrigen Wochenendhauses bedeutet es einen Ermessensfehler, wenn die Abbruchsverfügung als Strafe für verschiedene Rechtsverstöße des E. dienen soll. Die Baubehörde muß vielmehr das Interesse der Allgemeinheit an der Beseitigung des baurechtswidrigen Zustandes gegen das Interesse des E. an der Erhaltung des Gebäudes abwägen.

Ermessen der Verwaltung

Gebiete des Verwaltungsrechts

Abschließend noch einen Blick auf die verschiedenen *Gebiete des Verwaltungsrechts*. Wie das Bürgerliche Recht und das Strafrecht kennt auch das Verwaltungsrecht die Einteilung in ein allgemeines und ein besonderes Verwaltungsrecht. Allerdings gibt es für die allgemeinen Regeln und Grundsätze kein einheitliches und systematisches Gesetz im Sinne eines „Allgemeinen Verwaltungsgesetzbuches". Vor 1977 war sogar der überwiegende Teil der allgemeinen Regelungen nicht in geschriebenem Recht niedergelegt, sondern beruhte gewohnheitsrechtlich auf den von der Rechtsprechung, der Wissenschaft und der Verwaltungspraxis entwickelten Grundsätzen. Seit 1977 sind viele (keineswegs alle) allgemeinen Vorschriften in den *Verwaltungsverfahrensgesetzen* des Bundes und der Länder (fast gleichlautend) enthalten. Auch das besondere Verwaltungsrecht ist nicht in einem einheitlichen Gesetzbuch zusammengefaßt, sondern auf viele Einzelgesetze verteilt. Nur einige der wichtigsten seien hier aufgezählt: Gewerbeordnung, Polizeigesetze der Länder, Bundesbeamtengesetz, Bundesbaugesetz, Landesbauordnungen, Straßenverkehrsgesetze, Personenbeförderungsgesetz, Wasserhaushaltsgesetz, Schulgesetze der Länder, usw.

> **Zusammenfassung:**
> Im Bereich des Verwaltungsrechts werden Rechtsnormen auf verschiedenen Ebenen der staatlichen Organisation erlassen (Bund, Länder und Gemeinden). Dabei können sich einzelne Vorschriften widersprechen. Um eine einheitliche Ordnung zu gewährleisten, stehen die Normen in einer gestuften Rangordnung zueinander. Es gilt die Stufenfolge: Verfassung – formelles Gesetz – Rechtsverordnung – Satzung; dabei ist der Grundsatz zu beachten, daß Bundesrecht Landesrecht bricht. Keinen Normcharakter haben Verwaltungsvorschriften, die nur interne Verwaltungsanweisungen darstellen. Die gesetzlichen Bestimmungen des Verwaltungsrechts sind auf viele Einzelgesetze verstreut. Das allgemeine Verwaltungsrecht ist nur teilweise gesetzlich geregelt, im übrigen gelten historisch gewachsene und von der Rechtsprechung gefestigte allgemeine Regeln.

3. Der Aufbau der Verwaltung und die für sie tätigen Personen

> (1) Beim Skatabend unterhalten sich die drei Skatspieler über ihre derzeitigen Schwierigkeiten mit dem „Staat". Paul A. ärgert sich über den Bescheid des Bundesamtes für den Zivildienst, durch den sein Antrag auf Zurückstellung vom Zivildienst abgelehnt wurde. Heinz B. betreibt eine Gaststätte. Er muß sich ständig gegen Beanstandungen der Gewerbeaufsichtsbehörde wehren, die ihm sogar schon eine Gewerbeuntersagung angedroht hat. Maja C. streitet sich seit Wochen mit dem Leiter des städtischen Rechtsamtes über die Höhe einer Erschließungsgebühr. Alle drei beklagen, daß sie sich in dem Gestrüpp von Ämtern, Behörden, Beamten und sonstigen Stellen, die offenbar wahllos auf Bund, Länder und Gemeinden verteilt sind, nicht zurechtfinden. Insbesondere fragen sie sich, ob es nicht besser wäre, wenn es nur eine staatliche Verwaltungsstelle gäbe, die für alle öffentlichen Belange zuständig ist.
> (2) In einer Bundestagsdebatte kritisiert die Abgeordnete Bach, daß mit den Sonderrechten der Beamten endlich Schluß gemacht werden müsse. Insbesondere sei nicht einzusehen, wieso Beamte kein Arbeitsplatzrisiko tragen müßten. Im übrigen solle der Staat in Zukunft mehr Angestellte und Arbeiter einstellen, die die Aufgaben der Beamten übernehmen könnten.

Die öffentliche Verwaltung tritt dem Bürger in einer oft verwirrenden *organisatorischen Vielfalt* gegenüber. Meist bezeichnet der einzelne die verschiedenen öffentlichen Stellen, mit denen er es zu tun hat, gemeinhin als den „Staat". Dies ist insofern richtig, als alle hoheitliche Macht letztlich vom Staat ausgeht. Allerdings ist gerade im Bereich der Verwaltung wichtig zu wissen, welche öffentliche Einrichtung für einzelne Aufgaben verantwortlich ist. Danach richtet sich insbesondere die Frage, von wem der Bürger bestimmte Leistungen verlangen kann und gegen wen sich der Bürger wehren muß, wenn er mit einer ihn berührenden Maßnahme nicht einverstanden ist. Man muß sich daher – wenigstens in groben Zügen – die Gliederung der öffentlichen Verwaltung klar machen.

Träger der öffentlichen Verwaltung

Träger der öffentlichen Verwaltung können nur juristische Personen des öffentlichen Rechts sein. Diese nehmen genauso wie die juristischen Personen des Privatrechts selbständig am Rechtsverkehr teil und sind Träger von Rechten und Pflichten. Sie können also z. B. Verträge abschließen und Eigentum erwerben. Darüber hinaus haben sie aber die Befugnis, zur Erfüllung ihrer öffentlichen Aufgaben Hoheitsrechte auszuüben. Man unterscheidet Körperschaften, Anstalten und Stiftungen.

Körperschaften

Bei den meisten täglichen Verwaltungsaufgaben hat es der Bürger mit *Körperschaften* zu tun. Es sind dies rechtsfähige Verwaltungseinheiten, die über ihre Mitglieder hoheitliche Gewalt ausüben können. Zwei Organisationsmerkmale sind zu unterscheiden. Die *Gebietskörperschaften* erstrecken ihre hoheitlichen Befugnisse auf alle Personen, die sich in einem bestimmten Gebiet aufhalten. Dazu gehört der Gesamtstaat Bundesrepublik sowie alle Bundesländer (also alle staatlichen Einheiten), aber auch die Gemeinden und Gemeindeverbände (Landkreise). Für den Bürger ist es nicht immer ganz einfach zu erkennen, welcher Körperschaft er eine Maßnahme zuordnen muß. Von den Skatspielern (1) muß sich Paul A. mit einer Verfügung des Bundes, Heinz B. mit einer Aufsichtsmaßnahme des Landes und Maja C. mit dem Bescheid einer Gemeinde auseinandersetzen.

Dagegen knüpft die Mitgliedschaft bei *Personalkörperschaften* an bestimmte Eigenschaften der Mitglieder (insbesondere beruflicher Art) an. Von den vielen verschiedenen Personalkörperschaften seien die Industrie- und Handelskammern, die Handwerkskammern, die Ärztekammern und die Universitäten nur als Beispiele genannt.

Weniger bekannt ist, daß auch die *rechtsfähigen Anstalten* des öffentlichen Rechts selbständige Träger öffentlicher Verwaltung sind. Sie haben keine Mitglieder, sondern Benutzer, denen sie im Rahmen des Anstaltszwecks Leistungen erbringen. Zu diesen selbständigen Anstalten gehören u. a. die Rundfunkanstalten, die Stadt- und Kreissparkassen und die Studentenwerke. Nur am Rande ist hier zu erwähnen, daß es auch zahlreiche unselbständige Anstalten gibt, die selbst keine Verwaltungsträger sind, sondern zu einem anderen Verwaltungsträger gehören (so ist die städtische Badeanstalt der Körperschaft „Gemeinde" zuzuordnen).

rechtsfähige Anstalten

Schließlich sind auch die *Stiftungen* des öffentlichen Rechts selbständige Träger der öffentlichen Verwaltung. Es handelt sich dabei um rechtlich verselbständigte Vermögensmassen, die einem öffentlichen Zweck zu dienen bestimmt sind. Die 1971 geschaffene Stiftung „Hilfswerk für behinderte Kinder" hat z. B. den Zweck, die contergangeschädigten Kinder zu unterstützen.

Stiftungen

Da die juristischen Personen des öffentlichen Rechts genauso wie die des Privatrechts künstliche Rechtsgebilde sind, können sie nicht selbst handeln. Für sie handeln die *Organe*, deren Aufgaben bestimmten natürlichen Personen als Organwalter zugewiesen sind. Regelmäßig hat die juristische Person mehrere Organe, z.B. eine Gemeinde den Bürgermeister und den Gemeinderat. Die Organe, mit denen die Bürger am meisten in Berührung kommen, sind die *Behörden*. Diese haben dem Bürger gegenüber Verwaltungsaufgaben zu erfüllen. Verdeutlicht sei dies nochmals am Beispiel der Gemeinde. Während der Gemeinderat als Organ der internen Willensbildung die Grundzüge der Verwaltung festlegt (Innenwirkung), vollzieht der Bürgermeister (als Behörde, nicht als natürliche Person) die Verwaltungshand-

Organe

Behörden

lungen nach außen (Außenwirkung). Natürlich kann der Bürgermeister nicht alle Geschäfte allein erledigen, er wird dabei von der Gemeindeverwaltung unterstützt.

Gliederung der Behörden

Der Bürger, der von der Verwaltung etwas haben oder sich gegen deren Handlungen wehren will, muß sich also immer an eine Behörde wenden. Da das Schwergewicht der Verwaltung bei den Ländern liegt, sei deren Verwaltungsorganisation kurz (und vereinfacht) dargestellt:

Regelmäßig sind drei Stufen der Verwaltung eingerichtet. Die Oberstufe besteht aus den *obersten Landesbehörden* (Ministerpräsident, Landesregierung und die einzelnen Ministerien) sowie aus *Landesoberbehörden*, die besondere Verwaltungsaufgaben in unmittelbarer Verantwortung unter dem zuständigen Ministerium durchführen (Statistisches Landesamt, Landeskriminalamt usw.). Auf der Mittelstufe handelt das *Regierungspräsidium* in einem weit gefaßten Zuständigkeitsbereich. Auf dieser Stufe gibt es verhältnismäßig wenig Sonderverwaltungsbehörden. Die Unterstufe der staatlichen Verwaltung bilden die *Landratsämter*, die *kreisfreien Städte* sowie zahlreiche *Sonderbehörden* (Schulamt, Straßenbauamt, Forstamt usw.).

Amt

Bei vielen Verwaltungsvorgängen taucht schließlich noch der Begriff des *Amtes* auf. Er wird mit unterschiedlicher Bedeutung benutzt. Teilweise werden ganze Behörden (Bundeskanzleramt, Finanzamt) oder Teile von Behörden (Rechtsamt der Gemeinde X) als Amt bezeichnet. Im organisatorischen Sinne ist das Amt die kleinste Verwaltungseinheit einer Behörde. Jeder im öffentlichen Dienst arbeitende Mensch, der konkrete Aufgaben der öffentlichen Verwaltung ausführt, übt damit ein Amt aus; man nennt ihn daher auch Amtswalter. Dies muß keineswegs ein Beamter sein (siehe unten), auch Angestellte und Arbeiter können ein Amt in diesem Sinne ausüben.

Wir haben nun eine Grundform der staatlichen Verwaltungsorganisation kennengelernt: Die rechtsfähigen Träger der öffentlichen Verwaltung handeln durch Organe. Soweit diese Aufgaben gegenüber dem Bürger wahrnehmen, nennt man sie Behörden. Behörden sind hierarchisch gegliedert; die kleinste

Verwaltungseinheit einer Behörde bildet das Amt. Ein weiteres Gestaltungsmerkmal der öffentlichen Verwaltung ist die Unterscheidung in *unmittelbare* und *mittelbare* Staatsverwaltung. Bei der unmittelbaren Verwaltung übt der Staat die Verwaltung durch eigene Behörden aus (s. Abb.: Organisation einer Landesverwaltung). Viele wichtige staatliche Aufgaben werden aber nicht von staatlichen Behörden, sondern von anderen selbständigen rechtsfähigen Verwaltungsträgern wahrgenommen. Man nennt dies daher mittelbare Staatsverwaltung. Sie obliegt in den meisten Fällen sogenannten *Selbstverwaltungskörperschaften*, die im Rahmen ihres Selbstverwaltungsrechts nicht den Weisungen des Staates unterliegen (Gemeinden, Ärztekammern, Industrie- und Handelskammern, Universitäten usw.).

Unmittelbare und mittelbare Staatsverwaltung

Selbstverwaltungskörperschaft

Die weitaus wichtigste Rolle spielt in diesem Bereich die kommunale Selbstverwaltung der Gemeinden und Kreise, die auch verfassungsrechtlich abgesichert ist (Art. 28 Abs. 2 GG). Ihr großer Vorzug liegt darin, daß bei vielen Verwaltungsangelegenheiten die örtlichen Gegebenheiten eine besondere Rolle spielen und die betroffenen Bürger über den Gemeinderat auf die Verwaltungstätigkeit der Gemeinde Einfluß nehmen können (Bau einer Gemeindestraße, Einrichtung eines städtischen Museums usw.). Mit dem Selbstverwaltungsrecht eng verbunden ist die Satzungsgewalt, d. h. die Gemeinden (und auch andere Selbstverwaltungsträger) können in ihren eigenen Angelegenheiten Recht setzen.

Mit Hilfe dieses Oganisationsgerüsts läßt sich nunmehr feststellen, mit welchen Einrichtungen der öffentlichen Verwaltung es die drei Skatspieler (1) zu tun haben. Das Bundesamt für den Zivildienst ist eine Sonderbehörde des Bundes, eine eventuelle Klage ist daher gegen die Bundesrepublik Deutschland als Gebietskörperschaft zu richten. Dagegen ist das Gewerbeaufsichtsamt eine Sonderbehörde des Landes. Erschließungsmaßnahmen und die damit verbundenen Erschließungsgebühren sind Angelegenheiten der kommunalen Selbstverwaltung. Wenn es zur Klage kommt, muß diese gegen die Gemeinde (nicht etwa gegen das Rechtsamt) gerichtet werden. Bleibt noch die Frage zu beantworten, ob es nicht besser wäre, wenn alle öffentlichen Aufgaben von einer staatlichen Einheitsverwaltung wahrgenommen würden, denn damit wäre manche organisatorische Unklarheit beseitigt. Ein wesentlicher Vorteil ginge aber verloren: Durch die Aufspaltung hoheitlicher Gewalt in viele verschiedene Glieder unmittelbarer und mittelbarer staatlicher Verwaltung wird staatliche Macht „gebändigt" und die Bürger können insbesondere im Bereich der Selbstverwaltungskörperschaften besser auf die Verwaltung ihrer eigenen Angelegenheiten Einfluß nehmen.

Recht des öffentlichen Dienstes

Zur Organisation der öffentlichen Verwaltung gehört auch das *öffentliche Dienstrecht*. Eine noch so gut gegliederte Verwaltung würde wenig nützen, wenn es nicht Menschen gäbe, die möglichst objektiv, sachkundig und verantwortungsvoll öffentliche Aufgaben erledigen. Nun trifft es zwar zu, daß diese Merkmale auch für alle nichtöffentlichen Berufstätigkeiten erforderlich sind. Es hat sich jedoch die Vorstellung gebildet, daß insbesondere die hoheitlichen Aufgaben an Personen übertragen werden müßten, die in einem besonderen Dienst- und Treueverhältnis zum Staat stehen. Daraus hat sich das *Berufsbeamtentum* entwickelt.

Beamtenrecht

Die Rechtsbeziehungen des Beamten zu seinem Dienstherrn unterliegen nicht dem Arbeitsrecht, sondern einem speziellen öffentlichen Dienstrecht. Dies kommt schon dadurch zum Ausdruck, daß der Beamte mit seinem Dienstherrn keinen Arbeitsvertrag abschließt, sondern von diesem unter Aushändigung einer *Ernennungsurkunde* in ein Amt berufen wird.

Ernennung zum Beamten

Sofern der Beamte nach Ableistung seines Vorbereitungsdienstes und nach erfolgreicher Bewährung in der Probezeit zum *Lebenszeitbeamten* ernannt wird, kann er nicht mehr aus dem Dienst entlassen werden, wenn er nicht eine schwerwiegende Dienstverfehlung begeht. Dies ist ein besonderes Vorrecht des Beamten (kein Kündigungsrisiko wie bei einem „normalen" Arbeitsverhältnis), das ihm eine selbständige und gerechte Amtsführung ermöglichen soll.

Treuepflicht des Beamten

Die besondere *Treuepflicht* des Beamten erfaßt zum einen die volle Hingabe an die Ausübung seines Amtes, zum anderen aber auch eine persönliche Haltung, die über die Dienstleistung hinausgeht: Er muß stets für die freiheitlich demokratische Grundordnung eintreten und auch außerhalb des Dienstes in einer Weise auftreten, die die Achtung vor seinem Amt gebietet. Auch dürfen Beamte zur Durchsetzung von beruflichen Forderungen *nicht streiken*. Dieser engen Treuebindung des Beamten an seinen Dienstherrn entspricht andererseits eine besondere *Fürsorgepflicht* des Dienstherrn, der den Beamten angemessen zu besolden hat und ihn bei Krankheit

Kein Streikrecht des Beamten

Fürsorgepflicht des Dienstherrn

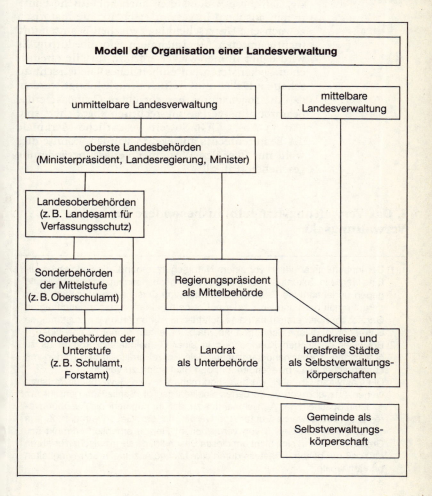

und Unfall versorgen muß. Nun arbeiten in der öffentlichen Verwaltung nicht nur Beamte, sondern auch *Angestellte* und *Arbeiter*. Deren Rechtsbeziehungen zu ihrem Dienstherrn richten sich nach den Regelungen des Arbeitsrechts. Allerdings sind viele Einzelheiten des Arbeitsverhältnisses tarifrechtlich dem Beamtenrecht angenähert. Obwohl ursprünglich für die Angestellten und Arbeiter die nichthoheitlichen Aufgaben vorgesehen waren, ist es zulässig, daß diese Bediensteten auch hoheitliche Funktionen ausüben. Insgesamt erscheint die historisch gewachsene Unterscheidung zwischen Beamten und nichtbeamteten Arbeitnehmern reformbedürftig. Es wird daher immer wieder erörtert, für alle öffentlichen Bediensteten ein einheitliches Dienstrecht zu schaffen. Dabei muß freilich berücksichtigt werden, daß die sogenannten hergebrachten Grundsätze des Beamtentums verfassungsrechtlich abgesichert sind (Art. 33 Abs. 5 GG). Soweit wesentliche Merkmale des Beamtenrechts aufgegeben würden, könnte dies wohl nur über den Weg einer Verfassungsänderung geschehen (Fall 2).

4. Das Verwaltungshandeln, insbesondere der Verwaltungsakt

(1) Der Innenminister erklärt vor einem Naturschutzverband, die Landesverwaltung werde in Zukunft aus Gründen des Landschaftsschutzes unnachsichtig gegen ungenehmigte Gebäude außerhalb von Ortschaften vorgehen. Kurz darauf erhält der Landwirt L., der auf seinem Feld einen nicht genehmigten Geräteschuppen erstellt hat, eine schriftliche Aufforderung der zuständigen Baubehörde, diesen Schuppen innerhalb von einem Monat zu beseitigen.
(2) Bei einer politischen Kundgebung in einer Gemeindehalle kommt es zu gewalttätigen Auseinandersetzungen. Die Polizei greift ein und fordert mit Lautsprecher alle Anwesenden auf, den Saal sofort zu verlassen.
(3) Die Gastwirtin Gretel H. wurde schon mehrfach vom Gewerbeaufsichtsamt wegen Ausgabe von verdorbenen Speisen gerügt. Schließlich geht ihr am 1. 3. ein Bescheid des Aufsichtsamtes zu, daß ihr nunmehr die Ausübung ihres Gastwirtsgewerbes untersagt werde, da der Gast Hermann Z. am 15. 2. durch den Genuß von verdorbenem Fleisch erheblich erkrankt sei. Gretel H. kümmert sich nicht um diesen Bescheid, da sie inzwischen erfahren hat, daß der besagte Gast sie durch eine falsche Anzeige in Schwierigkeiten bringen wollte.

(4) Familienvater Otto V. beantragt für seine drei Kinder den jeweiligen Höchstsatz an Kindergeld, wobei er mit falschen Unterlagen sein Einkommen viel zu niedrig angibt. Nach drei Jahren erhält Otto V. von der das Kindergeld bearbeitenden Behörde eine schriftliche Verfügung, daß er 3600,–DM zuviel ausbezahltes Kindergeld zurückbezahlen müsse, da nunmehr sein tatsächliches Einkommen bekannt geworden sei.

(5) Der Bauherr B. will auf seinem Grundstück ein größeres Mehrfamilienhaus errichten und beantragt eine entsprechende Baugenehmigung. Die Baubehörde hat wegen der engen Zufahrt und des knappen Parkraumes Bedenken. Nach mehreren Verhandlungen schließt die Behörde einen Vertrag mit dem B., in dem sie die Baugenehmigung erteilt und B. sich verpflichtet, die Zufahrt auf seine Kosten zu vergrößern und zehn Einstellplätze zu schaffen.

Aus dem Verwaltungsverfahrensgesetz (VwVfG):
§ 35 Satz 1 *Begriff des Verwaltungsaktes*: „Verwaltungsakt ist jede Verfügung, Entscheidung oder andere hoheitliche Maßnahme, die eine Behörde zur Regelung eines Einzelfalles auf dem Gebiet des öffentlichen Rechts trifft und die auf unmittelbare Rechtswirkung nach außen gerichtet ist."

Genauso verschieden wie die Aufgaben und Tätigkeitsarten der Verwaltung sind auch ihre *Handlungsformen*. In vielen Fällen kommt es bei Verwaltungshandlungen nicht auf eine rechtliche Wirkung, sondern auf einen *tatsächlichen* Zweck an: Ein Streifenwagen der Polizei fährt eine bestimmte Route, um auf eventuelle Verkehrsstörungen zu achten; der Lehrer erteilt Unterricht, um die Schüler auszubilden. Wir haben weiterhin bereits gesehen, daß die Verwaltung im fiskalischen Bereich privatrechtlich handelt (Abs. 1), insbesondere Verträge abschließt. Die Handlungen im hoheitlichen Bereich haben wir zunächst allgemein durch die Merkmale Über-Unterordnungsverhältnis, einseitige Anordnung und Ausübung von Zwang gekennzeichnet. Die zentrale Handlungsform im hoheitlichen Bereich ist der Verwaltungsakt. Ihn gilt es näher zu betrachten.

Auch wenn der Begriff des *Verwaltungsaktes* gesetzlich erst Mitte der Siebzigerjahre in den Verwaltungsverfahrensgesetzen des Bundes und der Länder festgelegt wurde, handelt es sich um ein klassisches Instrument des Verwaltungsrechts. Man hat den Verwaltungsakt in einem Vergleich mit dem Zivilrecht oft als die Willenserklärung der hoheitlich handelnden Behörde bezeichnet. Daran ist soviel richtig, daß auch hier eine einseitige Willenskundgabe (Verfü-

Verwaltungsakt

gung der Behörde) auf eine rechtliche Wirkung (Regelung eines Einzelfalles) gerichtet ist. Mit dem Erlaß eines Verwaltungsaktes will die Behörde die allgemein und für eine Vielzahl von Fällen formulierten Gesetze auf einen konkreten Einzelfall anwenden und gewissermaßen Klarheit schaffen, was der Bürger zu tun hat oder was er vom Staat verlangen kann. Der Verwaltungsakt stellt damit eine *konkrete Rechtsbeziehung* zwischen dem Träger öffentlicher Gewalt und dem Bürger her, auf die sich der Bürger entweder einstellen oder gegen die er sich – notfalls durch gerichtliche Überprüfung – wehren kann. Gerade die Notwendigkeit eines wirkungsvollen Rechtsschutzes gegen Maßnahmen der öffentlichen Verwaltung gebietet es, daß die Verwaltung eine möglichst genau bestimmte Regelung trifft, deren Rechtmäßigkeit vom Gericht nachgeprüft werden kann. Dies wird anhand von Beispielsfall (1) deutlich: Selbst wenn der Landwirt L. aufgrund der Rede des Ministers schon Befürchtungen wegen seines ungenehmigten Schuppens haben sollte, so kann er sich gegen die Erklärung des Ministers nicht wehren, da diese ersichtlich keine Regelung eines Einzelfalles bedeutet, sondern lediglich eine politische Absichtserklärung darstellt. Dagegen sagt die Verfügung der Baubehörde konkret verbindlich, was mit dem Geräteschuppen geschehen soll: er muß beseitigt werden. Diese klare Regelung kann L. gerichtlich anfechten, wenn er sie für rechtswidrig hält.

Gestalt und Form des Verwaltungsaktes

Freilich ist für den Bürger nicht in allen Fällen so leicht wie im Beispiel (1) zu erkennen, ob ein Verwaltungsakt vorliegt. Insbesondere ist in Schriftstücken die Bezeichnung „Verwaltungsakt" zur Kennzeichnung ihrer Rechtsnatur nicht üblich; es werden meist Begriffe wie Verfügung, Anordnung, Bescheid, Regelung, Untersagung, Gestattung usw. gebraucht. Als Empfänger eines behördlichen Schreibens sollte man sich nicht auf die Bezeichnung verlassen, sondern prüfen, ob die gesetzlichen Merkmale eines Verwaltungsaktes vorliegen. Im übrigen können Verwaltungsakte nicht nur in *schriftlicher*, sondern auch in *mündlicher* oder *anderer Form* ergehen (§ 37 Abs. 3 VwVfG). Ein typisches Beispiel dafür ist das Stoppzeichen eines Verkehrspolizisten. Aus seiner

Handlung ergibt sich die verbindliche Regelung (Anordnung), daß der Verkehrsteilnehmer, dem das Zeichen gilt, anhalten muß.

Eine Sonderform des Verwaltungsaktes stellt die sogenannte *Allgemeinverfügung* dar. Diese bezieht sich nicht auf eine ganz bestimmte Person, sondern auf einen nach allgemeinen Merkmalen gekennzeichneten Personenkreis. Bei der Aufforderung der Polizei, den Versammlungssaal zu räumen, liegt zweifellos eine verbindliche Maßnahme einer Behörde vor. Regelt diese einen Einzelfall? Im Sinne einer Allgemeinverfügung ja, da der angesprochene Personenkreis eindeutig bestimmbar ist: Gemeint sind alle im Saal anwesenden Personen.

**Allgemein-
verfügung**

Die rechtlichen Probleme eines Verwaltungsaktes tauchen meist erst auf, wenn ein betroffener Bürger diesen für rechtswidrig hält oder sich aus sonstigen Gründen benachteiligt fühlt. Auch eine noch so gesetzestreue Verwaltung kann nicht verhindern, daß ihr bei der tatsächlichen oder rechtlichen Beurteilung eines Falles Fehler unterlaufen, die zu einem *rechtswidrigen Verwaltungsakt* führen. Doch Vorsicht, solche rechtswidrigen Verwaltungsakte entfalten in der Regel für den betroffenen Bürger solange volle Wirkung, bis sie zurückgenommen oder anderweitig aufgehoben werden. Wer die Wirkungen eines rechtswidrigen Verwaltungsaktes beseitigen will, muß diesen innerhalb einer bestimmten Frist (s. Abs. 5) *anfechten*. Versäumt der durch den Verwaltungsakt Belastete diese Frist, so erlangt der Verwaltungsakt *Bestandskraft*, d.h. er wird unanfechtbar. Lediglich bei (in der Praxis seltenen) schwerwiegenden und offenkundigen Fehlern ist der Verwaltungsakt *nichtig* und damit ohne rechtliche Wirkung. Man kann daher der Gastwirtin Gretel H. (3) nur den Rat geben, innerhalb der Widerspruchsfrist die Untersagungsverfügung des Gewerbeaufsichtsamtes anzufechten. Wenn sich erweist, daß die angebliche Erkrankung des Gastes am 15. 2. nur vorgespiegelt war, um Gretel H. in Schwierigkeiten zu bringen, beruhte die Verfügung auf einer falschen Tatsachenbasis und ist damit rechtswidrig. Einen solchen Bescheid muß die Behörde, wenn er angefochten wird, aufheben. Wehrt sich Gretel H. nicht

**Fehlerhafte
Verwaltungs-
akte**

**rechtswidriger
Verwaltungsakt**

fristgemäß gegen diese Verfügung, so wird die Untersagung unanfechtbar. Die formale Rechtssicherheit erhält dann auch gegen die materielle Ungerechtigkeit den Vorrang.

Widerruf und Rücknahme eines Verwaltungsaktes

Von der zeitlich befristeten Möglichkeit der Anfechtung eines Verwaltungsaktes durch den von ihm betroffenen Bürger ist zu unterscheiden, daß die Verwaltung von sich aus einen Verwaltungsakt *aufheben kann*. Dies ist grundsätzlich auch nach Eintritt der Bestandskraft möglich; allerdings sind dieser Befugnis wegen des oben erwähnten Bedürfnisses nach Rechtssicherheit Grenzen gesetzt. Dabei kann man sich als Faustregel merken, daß die Behörde einen *belastenden* Verwaltungsakt *stets aufheben* oder im Sinne eines günstigeren Bescheides *abändern* kann (nicht muß). Es liegt auf der Hand, daß der von diesem Verwaltungsakt belastete Bürger kein Interesse an dessen Fortbestand hat. In Fall (3) kann also das Gewerbeaufsichtsamt auch nach Eintritt der Bestandskraft die Untersagungsverfügung zurücknehmen (sie muß es aber nicht).

Anders liegen die Dinge bei einem *begünstigenden* Verwaltungsakt. Wer in den Genuß eines vorteilhaften Bescheides kommt, richtet sich oft auf diesen ein. Dieses Vertrauen verdient uneingeschränkten Schutz, wenn es sich um einen rechtmäßigen begünstigenden Verwaltungsakt handelt. Ein solcher kann regelmäßig *nicht widerrufen* werden (den Begriff Widerruf verwendet man für die Aufhebung eines rechtmäßigen Verwaltungsaktes). Auch bei *rechtswidrigen begünstigenden* Verwaltungsakten wird das Vertrauen des Bürgers geschützt, soweit ihm dadurch Geld- oder Sachleistungen gewährt wurden. Eine *Rücknahme* (Bezeichnung für die Aufhebung eines rechtswidrigen Verwaltungsaktes) kann jedoch dann erfolgen, wenn das Vertrauen des Begünstigten nicht schutzwürdig ist, insbesondere wenn er bewußt durch falsche Angaben die Leistung erwirkt hat. Der Kindergeldbescheid (4) war rechtswidrig, weil er auf einer falschen Berechnungsgrundlage beruhte. Diesen begünstigenden Bescheid kann die Behörde zurücknehmen, weil Otto V. die Leistung der Kindergeldstelle durch vorsätzlich unwahre Angaben verursacht hat. Sein Vertrauen darauf, daß er die überhöhten Geldleistungen behalten kann, verdient keinen Schutz.

Obwohl der Verwaltungsakt die für den hoheitlichen Bereich typische Handlungsform ist, kann die Verwaltung auch zur Erfüllung hoheitlicher Aufgaben sogenannte *öffentlich-rechtliche Verträge* abschließen. Wie im Privatrecht (Kap. 2, Abs. 6) werden die Rechtsfolgen durch die Einigung von mindestens zwei Vertragspartnern herbeigeführt. Dies erscheint auf den ersten Blick merkwürdig, denn der Vertrag als Rechtsgeschäft zweier gleichberechtigter Partner paßt zunächst nicht in das Bild der obrigkeitlichen Verwaltung. Der öffentlich-rechtliche Vertrag hat sich aber heute entgegen manchen Bedenken durchgesetzt, weil mit ihm gerade komplizierte Fälle geschickter gelöst werden können als durch einseitige Verwaltungsmaßnahmen. So wird die von B. beantragte Baugenehmigung (5) von der Baubehörde zunächst nicht erteilt, weil die Zufahrts- und Parksituation unzureichend ist. Die Behörde hätte die Genehmigung als Verwaltungsakt mit der Auflage erteilen können, bestimmte Verbesserungen vorzunehmen. Sie konnte in diesem Fall aber auch die strittigen Fragen durch einen Vertrag regeln. Dies hat unter anderem den Vorzug, daß der Bürger stärker in die Lösung eines Problems einbezogen wird und nicht den Eindruck hat, ihm werde von oben herab eine Lösung aufgezwungen.

öffentlich-rechtlicher Vertrag

5. Der Rechtsschutz in der Verwaltung

(1) Renate F. will beim Landratsamt einen vor kurzem gekauften Gebrauchtwagen auf sich ummelden lassen. Der dortige Sachbearbeiter ist in grober Weise unhöflich und verweigert wegen einiger technischer Mängel die Umschreibung. Renate F. hält zwar nichts von einem förmlichen Verfahren gegen das Landratsamt, da sie kein Kostenrisiko eingehen will. Trotzdem möchte sie sich irgendwie wehren.

(2) Der 75jährige pensionierte Gärtner G. verbrennt wie schon immer seine Abfallstoffe auf seinem Grundstück. Am 1. 6. erhält er eine schriftliche Verfügung der Ortspolizeibehörde, mit der ihm künftig Müllverbrennung wegen der damit verbundenen Schadstoffentwicklung und Geruchsbelästigung verboten wird. Die Verfügung schließt mit dem Satz, daß G. gegen diesen Bescheid innerhalb eines Monats Widerspruch einlegen könne. Da G.

sehr ungern Schriftliches erledigt, unternimmt er zunächst nichts. Am 1. 9. fragt er seinen rechtskundigen Neffen, der ihn gerade besucht, ob er sich das gefallen lassen müsse.

(3) Das Studentenehepaar Margot und Werner S. hat beim Bürgermeisteramt einen Antrag auf Wohngeld gestellt. Trotz einiger telefonischer Nachfragen bekommen die Eheleute S. innerhalb eines halben Jahres nach Antragstellung keinen Bescheid.

(4) Die Landespolizeidirektion hat gegen Hary T. wegen des Verdachts der Teilnahme an einer kriminellen Vereinigung erkennungsdienstliche Maßnahmen vorgenommen (Fingerabdrücke, Körpermaße, Fotoaufnahmen usw.). In den weiteren Ermittlungen wird der Verdacht ausgeräumt. Die erkennungsdienstlichen Unterlagen bleiben aber bei der Polizei.

Arten des Rechtsschutzes

In den vorangegangenen Abschnitten war immer wieder die Rede von den besonderen einseitigen Befugnissen, mit denen ein Träger öffentlicher Verwaltung in das Dasein des Bürgers einwirken oder existenzsichernde Leistungen vornehmen kann. Es ist geradezu das Merkmal eines *Rechtsstaates*, daß diese erhebliche Machtstellung der Verwaltung durch ein wirksames System von *Rechtsschutzmöglichkeiten* kontrolliert wird. Je nachdem, ob die Verwaltung selbst die Überprüfung vornimmt oder ob diese von einer außerhalb der Verwaltung stehenden Kontrollinstanz erfolgt, spricht man von verwaltungsinterner oder verwaltungsexterner Kontrolle. Es wird im folgenden dargestellt, welche *Rechtsbehelfe* und *Rechtsmittel* hierbei zur Verfügung stehen. Es soll aber nicht übersehen werden, daß es in einer freien und demokratisch organisierten Gesellschaft eine Reihe von anderen Möglichkeiten gibt, sich gegen fehlerhafte oder mißbräuchliche Verwaltungsmaßnahmen zu wehren: Man kann sich an Abgeordnete wenden, die Hilfe von Verbänden in Anspruch nehmen (Berufsverbände, Interessenverbände) und insbesondere die Presse einschalten.

Verwaltungsinterne Kontrolle
formlose Rechtsbehelfe

Bei der *verwaltungsinternen Kontrolle* unterscheidet man zwischen formlosen und förmlichen Rechtsbehelfen. Die sogenannte *Gegenvorstellung* und die *Aufsichtsbeschwerde* haben als *formlose Rechtsbehelfe* den Vorzug, daß sie weder an eine bestimmte Form noch an eine bestimmte Frist gebunden sind. Mit der Gegenvorstellung wendet man sich an die Behörde, deren Handeln man für fehlerhaft hält, während die Beschwerde an die Aufsichtsbehörde gerichtet wird. Von beiden Möglichkeiten kann die mit dem Landratsamt unzufriedene Renate F. gleichzeitig Gebrauch machen (1), wobei das dienstliche Verhalten des unhöflichen Sachbearbeiters in Gestalt der sogenannten *Dienstaufsichtsbeschwerde* gerügt wird. Der Nachteil der formlosen Rechtsbehelfe besteht darin, daß sie keinen Anspruch auf eine bestimmte Art der Erledigung geben, insbesondere nicht auf einen förmlichen Prüfungsbescheid. Die Behörde muß lediglich mitteilen, daß sie überprüft hat und zu welchem Ergebnis sie gekommen ist.

Der *förmliche Rechtsbehelf* im Rahmen der Selbstkontrolle der Verwaltung ist der *Widerspruch* nach der Verwaltungsgerichtsordnung (VwGO). Er ist insofern wirksamer, als er einen Anspruch auf sachliche Prüfung und Entscheidung gibt (§ 68 Abs. 1 VwGO) und den Weg zur gerichtlichen Überprüfung öffnet. Das Widerspruchsverfahren ist gewissermaßen die Brücke vom Verwaltungsverfahren zum Verwaltungsprozeß, soweit der Bürger sich durch einen Verwaltungsakt belastet fühlt und ihn anfechten will oder den Erlaß eines günstigen Verwaltungsaktes begehrt, den die Behörde zunächst auf seinen Antrag hin abgelehnt hat. Mit dem Widerspruchsverfahren soll die Verwaltung die Gelegenheit haben, in allen den Fällen, wo sie durch Verwaltungsakt entscheidet, ihre Maßnahme nochmals zu überdenken und gegebenenfalls eine andere Entscheidung zu treffen. Dabei hat sie nicht nur die *rechtliche Seite* der Maßnahme, sondern auch deren *Zweckmäßigkeit* zu prüfen. Allerdings steht für den Bürger vor dem Widerspruchsverfahren ein großes Achtungszeichen. Er muß den Widerspruch innerhalb *eines Monats* nach Bekanntgabe des anzufechtenden oder abgelehnten Verwaltungsaktes schriftlich oder zur Niederschrift der Behörde einlegen. Versäumt er diese relativ kurze Frist, so ist regelmäßig eine verwaltungsinterne Kontrolle und darüber hinaus auch ein Gerichtsverfahren ausgeschlossen. Auf den ersten Blick scheint damit in Fall (2) für G. keine Hoffnung zu bestehen, da er nicht innerhalb eines Monats gegen die polizeiliche Verfügung Widerspruch eingelegt hat. Sein rechtskundiger Neffe kann ihm jedoch

förmlicher Rechtsbehelf: Widerspruch

Kontrolle der Rechtmäßigkeit und Zweckmäßigkeit Widerspruchsfrist

helfen. Die kurze Monatsfrist beginnt nämlich nur dann zu laufen, wenn bei einem schriftlichen Bescheid eine ordnungsgemäße Rechtsmittelbelehrung mitgeteilt wird. In der am 1. 6. zugegangenen Verfügung hatte die Polizeibehörde lediglich über die Widerspruchsfrist, nicht aber über die Form belehrt. Die Möglichkeit, den Widerspruch nicht nur schriftlich, sondern auch zur Niederschrift bei der Behörde (mündliche Erklärung bei der Behörde, die dort von einem Amtswalter niedergeschrieben wird) erheben zu können (§ 70 Abs. 1 VwGO), soll gerade jenen Bürgern zugute kommen, die im förmlichen Schriftverkehr ungeübt sind. Ist die Rechtsmittelbelehrung unterblieben oder unvollständig erteilt, ist der Widerspruch innerhalb eines Jahres nach Bekanntgabe des Verwaltungsaktes zulässig. G. kann also bis zum 1. 6. des nächsten Jahres Widerspruch gegen die Untersagungsverfügung erheben.

Gerichtlicher Rechtsschutz

Der *gerichtliche Rechtsschutz* gegen rechtswidrige Handlungen oder Unterlassungen der Verwaltung umfaßt ein breites Band von *Klagearten*, deren Einzelheiten hier nicht dargestellt werden können. Wir knüpfen zunächst an die Fälle an, wo ein Widerspruchsverfahren durchgeführt wurde und ein *ablehnender Widerspruchsbescheid* erging. Nach dessen Bekanntgabe hat der Bürger wiederum eine kurze Frist von *einem Monat* zu beachten, innerhalb der er Klage beim Verwaltungsgericht erheben muß. Die obengenannten Gesichtspunkte der Rechtsmittelbelehrung gelten entsprechend. Mit der *Anfechtungsklage* beantragt der Bürger, daß das Gericht mit seinem Urteil den belastenden Verwaltungsakt aufhebt. Will der Bürger dagegen umgekehrt den Erlaß eines Verwaltungsaktes erzwingen, den die Behörde abgelehnt hat, so macht er dies mit einer *Verpflichtungsklage* geltend. Wie die Bezeichnung ausdrückt, wird das Gericht, falls der Anspruch auf den gewünschten Verwaltungsakt besteht, die Behörde durch Urteil zum Erlaß dieses Verwaltungsaktes verpflichten. Da die Eheleute S. (3) einen Bescheid über die Gewährung von Wohngeld, also einen begünstigenden Verwaltungsakt erstreben, müssen sie ihren Anspruch mit einer Verpflichtungsklage geltend machen. Nun hat allerdings das Bürgermeisteramt auf den Antrag

Klagefrist nach Widerspruchsbescheid

Anfechtungsklage

Verpflichtungsklage

des Ehepaars S. überhaupt nichts unternommen, weder einen günstigen noch einen ablehnenden Bescheid erlassen. Eine solche *Untätigkeit* der Behörde kann natürlich nicht dazu führen, daß dem Bürger wegen des fehlenden Widerspruchsverfahrens der Weg zum Gericht versperrt ist. Der Bürger kann auch ohne einen Bescheid der Behörde regelmäßig drei Monate nach Einlegung des Widerspruchs oder Stellung des Antrags die Anfechtungs- bzw. Verpflichtungsklage erheben. Die Eheleute S. müssen also nicht länger um einen Bescheid „betteln", sondern können das Verwaltungsgericht anrufen.

Untätigkeit der Behörde

Nun gibt es, wie in Abs. 1 erörtert, auch öffentlich-rechtliche Verwaltungsmaßnahmen, die keine Verwaltungsakte sind (schlichthoheitliches Verwaltungshandeln). Hier steht dem Bürger die *allgemeine Leistungsklage* zur Verfügung, die auf Verurteilung der Behörde zu einem Tun (oder Unterlassen) gerichtet ist, das keinen Verwaltungsakt darstellt. Der allgemeinen Leistungsklage ist kein Widerspruchsverfahren vorgeschaltet. Im Beispielsfall (4) hat Hary T. ein berechtigtes Interesse daran, daß die über ihn angefertigten erkennungsdienstlichen Unterlagen beseitigt werden, nachdem der gegen ihn erhobene Verdacht nicht mehr besteht. Sein Begehren richtet sich daher auf ein tatsächliches Handeln der Polizeibehörde (Vernichten der Unterlagen), das er – sofern die Behörde dies nicht von sich aus erledigt – mit der Leistungsklage erzwingen kann. Schließlich sei aus Gründen der Vollständigkeit noch die *Feststellungsklage* genannt, mit der man die Feststellung der Nichtigkeit eines Verwaltungsaktes oder (in engen Grenzen) das Bestehen eines öffentlich-rechtlichen Rechtsverhältnisses verlangen kann.

allgemeine Leistungsklage

Feststellungsklage

Für die genannten Klagen sind die *Verwaltungsgerichte* zuständig. Im Gegensatz zu den Zivilgerichten sind sie nicht an das Vorbringen der Parteien gebunden, sondern haben den Sachverhalt von Amts wegen zu erforschen *(Untersuchungsgrundsatz).* Über die Klage entscheidet das Verwaltungsgericht regelmäßig nach mündlicher Verhandlung durch Urteil. Dagegen können die Beteiligten *Berufung* beim *Oberverwaltungsgericht* (teilweise auch Verwaltungsgerichtshof genannt) einlegen. Die Beru-

Gerichtliches Verfahren

fung führt zu einer vollen tatsächlichen und rechtlichen Nachprüfung des erstinstanzlichen Urteils. Das Rechtsmittel der *Revision* gegen Berufungsurteile ist nur möglich, wenn das Oberverwaltungsgericht diese ausdrücklich zugelassen hat. Das *Bundesverwaltungsgericht* als Revisionsinstanz überprüft das Berufungsurteil nur in rechtlicher Hinsicht.

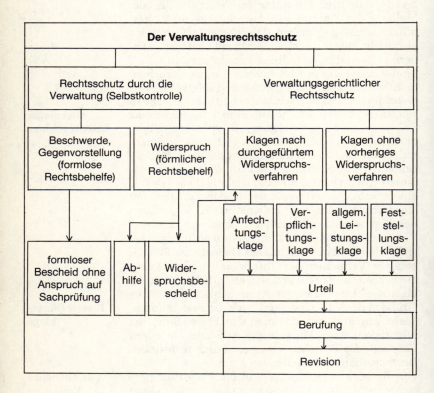

Literaturhinweise
Becker, F.: Grundzüge des öffentlichen Rechts. 3. Aufl. 1986
Unruh, G.-Ch.: Grundkurs Öffentliches Recht. 3. Aufl. 1982
Schweickhard, R. (Hrsg.): Allgemeines Verwaltungsrecht. 4. Aufl. 1985
Maurer, H.: Allgemeines Verwaltungsrecht. 5. Aufl. 1986
Erichsen, H.-U./Martens, W.: (Hrsg.): Allgemeines Verwaltungsrecht. 7. Aufl. 1985

9 Das Recht der sozialen Sicherung

> (1) Die Firma Z. hat zur Modernisierung über 4 Mio. DM Schulden gemacht. Weil ihre bisherigen Erzeugnisse plötzlich aus dem Ausland billiger eingeführt werden, bleiben die erwarteten Aufträge aus. Das Unternehmen wird zahlungsunfähig, muß Konkurs anmelden und 90 von 120 Arbeitnehmern sofort entlassen. Die Löhne und Gehälter der letzten drei Wochen kann Firma Z. nicht mehr bezahlen.
> (2) Elmar O. erkrankt mit 42 Jahren schwer, weil sich von dem im Betrieb früher verarbeiteten Asbest trotz modernster Sicherheitsmaßnahmen feinste Staubteilchen in seiner Lunge festgesetzt haben. Elmar O. kann nicht mehr arbeiten. Er ist erwerbsunfähig.
> (3) Das Ehepaar Gerd und Carola M. hat drei Kinder. Weil Gerd M.s Mutter immer wieder Schwächeanfälle erleidet, ihre geringe Witwenrente für einen Altersheimaufenthalt aber nicht ausreicht, wollen Gerd und Carola M. sie in ihren Haushalt nehmen. Dazu bräuchten sie jedoch eine größere 5-Zimmer-Wohnung. Sie wissen jedoch nicht, wie sie die Mehrkosten aufbringen sollen und fürchten, daß sie dann ihre älteste Tochter nicht auf die Fachhochschule nach M. schicken könnten.

1. Überblick über die soziale Gesetzgebung

Ursprünge der Sozialgesetzgebung

Die obigen Beispiele können sichtbar machen, welche Problembereiche durch Sozialgesetze geregelt werden sollen. In allen drei Fällen geraten Menschen in Notlagen, die sie nicht selbst verschuldet haben und aus denen sie sich andererseits nicht mit eigener Kraft heraushelfen können. Notlagen wie in den Beispielen (1) und (2), wo durch Verlust des Arbeitsplatzes oder durch Krankheit, Unfall oder auch Alter kein Arbeitseinkommen mehr erworben werden kann, sind in Deutschland besonders ab etwa 1870 zu einem gesellschaftlichen und politischen Problem geworden. In jenen Jahren bildeten sich – nach der Gründung eines einheitlichen Deutschen Reiches 1871 – schlagartig viele Industriezentren. Diese boten der in jener Zeit ebenfalls rasch anwachsenden Bevölkerung Arbeitsplätze. Hunderttausende kamen in die Industriestädte. Wer hier allerdings durch Unfall, Krankheit oder Invalidität nicht mehr arbeiten konnte, geriet mit seiner Familie in absolute Not. Denn das Arbeitseinkommen bildete die einzige Lebensgrundlage. Bei den damals sehr niedrigen

Löhnen war eine Familien- oder Verwandtenhilfe oder auch Nachbarschaftshilfe oder kirchliche Almosen nicht mehr möglich.

Kaiserliche Botschaft 1881
Mit der „Kaiserlichen Botschaft" vom 17. Nov. 1881, in der der damalige Reichskanzler Otto v. Bismarck die Einführung einer dreigliedrigen *Zwangsversicherung* ankündigte, begann in Deutschland die auch für viele andere Staaten Vorbild gewordene Sozialgesetzgebung. Mit Beiträgen, die von den Arbeitnehmern und Arbeitgebern prozentual vom Arbeitslohn aufgebracht wurden, sollte für jeden Arbeitnehmer eine *Vorsorge* für Zeiten der Erwerbsunfähigkeit durch

1883–1889 Sozialversicherungen
– Krankheit (Krankenversicherung 1883),
– Unfall (Unfallversicherung 1884),
– Invalidität und Alter (Invalidenversicherung 1889) geschaffen werden.

1911 Reichsversicherungsordnung
Diese Gesetze – nach einer Reihe von Verbesserungen 1911 in der *Reichsversicherungsordnung* (RVO) neu zusammengefaßt – verschafften dem einzelnen Arbeitnehmer einen *Rechtsanspruch* auf Versicherungsleistungen. Als Einrichtungen (Anstalten) des öffentlichen Rechts werden diese Versicherungen von gewählten Vertretern der Arbeitnehmer und Arbeitgeber selbst verwaltet. Die Sozialversicherungen – 1927 wurde zur bestehenden Kranken-, Unfall- und Rentenversicherung als vierte noch die Arbeitslosenversicherung hinzugefügt – bilden die geschichtliche Wurzel des bei uns heute geltenden Rechts der sozialen Sicherung.

---

(1) **Sozialgesetzbuch**
„§ 1 Aufgaben des Sozialgesetzbuchs (1) Das Recht des Sozialgesetzbuchs soll zur Verwirklichung sozialer Gerechtigkeit und sozialer Sicherheit Sozialleistungen einschließlich sozialer und erzieherischer Hilfen gestalten. Es soll dazu beitragen,
ein menschenwürdiges Dasein zu sichern,
gleiche Voraussetzungen für die freie Entfaltung der Persönlichkeit, insbesondere auch für junge Menschen, zu schaffen,
die Familie zu schützen und zu fördern,
den Erwerb des Lebensunterhalts durch eine frei gewählte Tätigkeit zu ermöglichen und
besondere Belastungen des Lebens, auch durch Hilfe zur Selbsthilfe, abzuwenden oder auszugleichen.
(2) Das Recht des Sozialgesetzbuchs soll auch dazu beitragen, daß die zur

> Erfüllung der in Absatz 1 genannten Aufgaben erforderlichen sozialen Dienste und Einrichtungen rechtzeitig und ausreichend zur Verfügung stehen."
>
> **(2) Bundessozialhilfegesetz**
> *„§ 1 Inhalt und Aufgabe der Sozialhilfe* (1) Die Sozialhilfe umfaßt Hilfe zum Lebensunterhalt und Hilfe in besonderen Lebenslagen.
> (2) Aufgabe der Sozialhilfe ist es, dem Empfänger der Hilfe die Führung eines Lebens zu ermöglichen, das der Würde des Menschen entspricht. Die Hilfe soll ihn soweit wie möglich befähigen, unabhängig von ihr zu leben; hierbei muß er nach seinen Kräften mitwirken."

Das heutige System der Sozialgesetzgebung

Um das heute gültige System der sozialen Sicherung richtig einzuordnen, genügt der geschichtliche Rückblick auf Bismarcks Gesetzeswerk nicht mehr. Wie sich schon aus § 1 des am 11. Dez. 1975 bekanntgemachten Ersten Buches zu einem neuen *Sozialgesetzbuch* (SGB) ablesen läßt, wird heute das Recht der sozialen Sicherung als konkrete rechtliche Ausgestaltung des sogenannten *Sozialstaatsgebots* nach Art. 20 und 28 des Grundgesetzes verstanden (s. oben S. 180f.). Dem Staat wird hiermit die Verpflichtung auferlegt, die gesellschaftlichen (d.h. „sozialen") Bedingungen dafür zu schaffen, daß die in den *Grundrechten* (Art. 1 bis 19) jedem einzelnen garantierten Freiheits-, Gleichheits- und Schutzrechte auch tatsächlich erfüllt werden. Die Aufgaben des Sozialrechts sind in § 1 SGB in einer Aufzählung der dafür stehenden Grundgesetzartikel aufgeführt (Art. 1 – Menschenwürde, Art. 2 – Recht auf freie Persönlichkeitsentfaltung sowie auf Leben und körperliche Unversehrtheit, Art. 6 – Schutz und Förderung der Familie und der Kinder, Art. 12 – freie Berufs- und Arbeitsplatzwahl, s. oben (1)).

Sozialstaatsgebot

Grundrechtsverwirklichung

Sozialrecht muß deshalb heute als Ausgestaltung des Sozialstaatsgebots des GG angesehen werden. Im Unterschied zum überwiegend privatrechtlichen Arbeitsrecht ist Sozialrecht somit „öffentliches Recht", d.h. es bindet den Bürger an allgemein verbindliche, inhaltliche Vorschriften (z.B. hinsichtlich der Verpflichtung zur Mitgliedschaft und Beitragsentrichtung im Rahmen der Sozialversicherungen). Bedeutsamer hierbei ist jedoch der Rechtsanspruch des Bürgers auf seine *„sozialen Rechte"* (aufgezählt in den §§ 3–10 SGB) bzw. auf die hierzu vorgesehenen Leistungen, s. oben (2).

Öffentliches Recht

„Soziale Rechte"

Im Rechtssystem ist das Sozialrecht deshalb ein Teil des Verwaltungsrechts (siehe Kap. 8), und zwar der sogenannten *Leistungsverwaltung* (im Unterschied zur Ordnungsverwaltung). Die verschiedenen Einzelgesetze – sie sind im Sozialgesetzbuch I, Artikel II, § 1 aufgezählt – enthalten die einzelnen Ansprüche, Leistungen und Verpflichtungen, mit denen jedem Bürger ein Mindestmaß sozialer Sicherheit und sozialer Gerechtigkeit ermöglicht werden soll. In den folgenden zwei Abb. wird dargestellt, wie dieses System der sozialen Absicherungen auf drei verschiedenen Ebenen wirkt und wie die wichtigsten Einzelgesetze unter drei unterscheidbaren Zielsetzungen systematisiert werden können.

Sozialversicherungen Versorgungsanwartschaften

Sozialversicherungen und Versorgungsanwartschaften vermitteln Ansprüche auf Leistungen, die das regelmäßige Einkommen weitgehend ersetzen, falls der Berechtigte erwerbsunfähig werden sollte. Der Anspruch auf solche Leistungen ist durch vorausgehende Beitragszahlungen und durch Dienstleistungen bzw. durch Opfer (z.B. von Gesundheit oder Leben) für den Staat erworben. Sozialversicherungs- und Versorgungsleistungen sind ihrem Grunde nach also Gegenleistungen für zuvor erfüllte Pflichten; die Höhe der Leistungen orientiert sich an diesen vorausgegangenen Verpflichtungen sowie an dem hierbei erarbeiteten Einkommensniveau. Der Leistungsanspruch hängt dagegen nicht davon ab, ob die Anspruchsberechtigten auf die Leistung auch tatsächlich angewiesen sind oder nicht. Versicherungs- und Versorgungsansprüche dienen also besonders der sozialen Sicherung durch *Vorsorge* (s. Abb. Ebene I).

Nicht wenige Menschen, insbesondere kinderreiche Familien oder Behinderte, sind in ihren Möglichkeiten der Einkommenserzielung und damit auch in der Wahrnehmung ihrer persönlichen Entfaltung – z.B. durch Schul-, Hochschul- oder Berufsausbildung – benachteiligt. Sie müssen in aller Regel höhere Belastungen als der Bevölkerungsdurchschnitt tragen. Besonders in diesen Fällen muß der Staat also das Sozialstaatsgebot unter dem Ziel *sozialer Gerechtigkeit* verwirklichen. Wer seine Chancen nicht selbst ohne Hilfe wahrnehmen kann, soll dies aufgrund staatlicher *Fürsorge* tun können. Diese zweite Ebene

Soziale Gerechtigkeit

Ebenen der Sozialen Sicherung

Sozialversicherungen, Versorgungsansprüche Arbeitsförderung

I. Ebene

Sicherung der durchschnittlichen Lebensverhältnisse und Schadensausgleich

Spezielle Fürsorge bei eingeschränkten Lebensverhältnissen = bedarfsabhängig, hilfsweise = „subsidiär" z.B. Ausbildungsförderung, Jugendwohlfahrt, Schwerbehinderte, Wohngeld,

II. Ebene

Chancenangleichung bei Nachteilen aufgrund besonderer Belastung oder verminderten Entfaltungschancen

Allgemeine Fürsorge durch Sozialhilfe

III. Ebene

Hilfe in besonderen Lebenslagen und Sicherung des Existenzminimums

Menschenunwürdige Lebensverhältnisse

**Angleichungs-
funktion**

hat also eine Ausgleichs- und *Angleichungsfunktion*. Der Leistungsanspruch des Bürgers muß hier nicht erst durch vorausgehende Gegenleistungen erworben und durch ein besonderes Ereignis verursacht sein; er entspringt dem im Grundgesetz abstrakt formulierten Recht auf Menschenwürde, Gleichheit der Entfaltungschancen und Selbstverwirklichung. Die Höhe der Leistungen ist hier allerdings auf das Notwendige begrenzt. Die Leistungen werden „subsidiär", d.h. hilfsweise nur in dem Rahmen geleistet, als der Leistungsbedürftige oder die unterhaltspflichtigen Angehörigen dazu nicht selbst in der Lage sind. Z.B. ist eine kinderreiche Familie mit geringem Einkommen auf einen Mietzuschuß nach dem Wohngeldgesetz angewiesen, um eine ausreichend große Wohnung mieten zu können (Ebene II).

Dasselbe gilt für die dritte Ebene. Wer – aus welchen Gründen auch immer – seinen Lebensunterhalt nicht selbst bestreiten kann, hat Anspruch auf Sozialhilfe nach dem *Bundessozialhilfegesetz* (BSHG). Dieses Gesetz soll wie ein Sicherheitsnetz all jene Bürger „auffangen", die durch die Lücken der ersten beiden Ebenen „hindurchgefallen" sind. Damit wird sichergestellt, daß niemand in menschenunwürdiger Armut zu leben braucht (vgl. oben (2) § 1 BSHG).

**Bundessozialhil-
fegesetz (BSHG)**

Das Sozialgesetzbuch soll alle heute noch in ca. 24 Einzelgesetzen verstreuten sozialrechtlichen Bestimmungen in zehn Teilbüchern systematisch zusammenfassen. Dies würde die Übersicht und die Anspruchsinformation für den Bürger erleichtern. Gegenwärtig (1987) liegen erst das Erste Buch (SGB I – Allgemeiner Teil), das Vierte Buch (SGB IV, Kap. 1 – Gemeinsame Vorschriften der Sozialversicherungen) und das Zehnte Buch (SGB X – Verwaltungsverfahren) vor.

Ziele der sozialen Sicherung im Überblick

Versicherung	Versorgung	Fürsorge
Sachleistungen: nach Bedarf **Geldleistungen:** nach Bedarf und Beiträgen → als Gegenleistung für leistungsabhängige Pflichtbeiträge	**Sachleistungen:** nach Bedarf **Geldleistungen:** nach erworbenem Anspruch bzw. Schadenshöhe → als Gegenleistung für erbrachte Dienste und Opfer für die Allgemeinheit	**Leistungen** nur nach persönlicher Bedürftigkeit und „subsidiär" (= unterstützend) → als Ausgleich von Nachteilen und Sicherung der Menschenwürde
Sozialversicherungen nach RVO Krankenversicherung (KV) Rentenversicherung (RV) Unfallversicherung (UV) Arbeitslosenversicherung (AV)	**z. B.** Beamtenversorgungsgesetz Bundesversorgungsgesetz (für Kriegs-, Wehr- und Zivildienstopfer) Lastenausgleichsgesetz (für Heimatvertriebene u. Flüchtlinge)	**z. B.** Ausbildungsförderung (BAFöG) Wohngeldgesetz Bundessozialhilfegesetz Schwerbehindertengesetz
Merkmale (1) Gefahrengemeinschaft der Versicherten als Träger (2) Risiko-Deckung durch Beiträge (3) Solidarität: der sozial Starke zahlt höhere Beiträge (4) Vorsorgesystem	**Merkmale** (1) Staatliche Finanzierung aus Steuermitteln (2) Staat als Träger der Versorgungseinrichtungen (3) Entschädigungssystem	**Merkmale** (1) Staatliche Finanzierung aus Steuermitteln (2) Staat bzw. Gemeinden u. Kreise als Träger d. Versorgungseinrichtungen (3) Hilfs- u. Förderungssystem
Grundsatz: „Kausalprinzip." d. h. Leistungsanspruch aufgrund von Mitgliedschaft und Beiträgen ohne Bedarfsnachweis	**Grundsatz:** „Kausalprinzip." d. h. Leistungsanspruch aufgrund erbrachter Dienste und Opfer ohne Bedarfsnachweis	**Grundsatz:** „Finalprinzip." d. h. Leistungsanspruch zum Zwecke des Nachteilsausgleichs nach persönlicher Bedürftigkeit

2. Das Recht der Sozialversicherungen

(1) *Gleiche Ursachen – Ungleiche Folgen:* Volker S. benutzt am Samstagvormittag auf seinem Weg ins Büro wie immer die Treppe am Marktplatz; er mißachtet das Schild „Bei Vereisung Begehen auf eigene Gefahr", rutscht aus und erleidet einen komplizierten Ellbogenbruch. Etwa eine Stunde später trifft Tilo K. genau dasselbe Schicksal, als er seine Frühstücksbrötchen einkaufen will. Beide behalten eine gewisse Versteifung des Gelenks zurück. Volker S. erhält über ein Jahr lang kostenlose Heilgymnastik, alle Kosten für eine Weiterbildung zum Maschinenbuchhalter und eine monatliche Verletztenrente von 660 DM. Tilo K. wurde lediglich kostenlos ärztlich behandelt und erhielt während seiner Arbeitsunfähigkeit weiterhin seinen Arbeitslohn. Sein Antrag auf eine vom Arzt empfohlene Bäderkur wurde zwar genehmigt, der Antrag auf Berufsunfähigkeitsrente jedoch abgelehnt.

(2) *Lehrlinge wehren sich gegen Lohnerhöhung:* Zum 01. 07. 1987 wurde für die Auszubildenden im 2. Jahr bei der Pharma-Firma Z. die Ausbildungsvergütung von 550,– auf 580,– DM erhöht. Die Auszubildenden sind darüber empört und fordern eine Rücknahme auf 565,– DM.

(3) Der Rentner Karl M. regt sich immer wieder auf, daß der Brauereiinhaber und Millionär Alois R. dieselbe Kriegsversehrtenrente von z. Z. 182,– DM für das im Krieg verlorene Auge erhält wie er.

Überblick

Zur Beurteilung der drei Fälle sind Einzelkenntnisse aus dem Sozialversicherungsrecht nötig. Im Fall (1) ist erkennbar, daß das Sozialversicherungsrecht betroffen ist – es geht um Unfälle und deren Heilbehandlung, es geht um Wiederherstellung der Verdienstmöglichkeiten bzw. um die Gewährung und Versagung von Renten. In den Fällen (2) und (3) ist der Zusammenhang zum Sozialversicherungsrecht nicht ohne weiteres erkennbar.

Im folgenden werden die allgemeinen Grundsätze und die wichtigsten Bestimmungen der einzelnen Sozialversicherungszweige dargestellt. Ähnlich wie im Arbeitsrecht können komplizierte Einzelfälle oft erst vor Gericht genau geklärt werden. Das Grundwissen kann aber dem Leser eine allgemeine Orientierung geben, mit deren Hilfe er seine Ansprüche wahren und die dafür vorausgesetzten Pflichten beachten kann.

Vorsorge durch Versicherung

Im Zentrum des Rechts der sozialen *Vorsorge* stehen die Sozialversicherungen, d.h. die Vorsorge ist nach dem Versicherungsgrundsatz gestaltet: die Mitglieder entrichten Beiträge, deren Höhe von ihrem Einkommen abhängig ist, und die Versicherungen finanzieren aus diesen Beiträgen die notwendigen Leistungen. Den Arbeitnehmern werden die Beiträge wie Steuern von ihrem Arbeitsentgelt abgezogen; auch sozialversicherungspflichtige Selbständige (z.B. selbständige Handwerksmeister, Landwirte und freie Berufe) müssen ihre Beiträge wie eine Art Steuer entrichten. Angehörige nichtversicherungspflichtiger Berufsgruppen (z.B. Ärzte, Anwälte) können sich in der Renten- und Krankenversicherung auch freiwillig versichern.

Die Beitragsgelder gehen jedoch nicht an den Staat. Denn die Sozialversicherungen sind Anstalten, die als *Selbstverwaltungskörperschaften* eingerichtet sind und also ihre Mittel selbst verwalten. Alle sechs Jahre werden in den sogenannten Sozialwahlen Vertreter von Arbeitnehmern und Arbeitgebern (getrennt je zur Hälfte) in *Vertreterversammlungen* gewählt. Diese wählen dann gemeinsam einen Vorstand. Die Vertreterversammlung ist das beschließende Organ; sie regelt durch Satzungsbestimmungen alle Angelegenheiten, die nicht schon durch Gesetz festliegen. Der jeweilige Vorstand bestellt und überwacht die Geschäftsführung der einzelnen Versicherungen.

Selbstverwaltungskörperschaften

In der nachstehenden Übersicht und in den folgenden Textabschnitten werden nur die für die Arbeitnehmer wichtigen Sozialversicherungszweige dargestellt:

(1) Arbeiterrentenversicherung und Angestelltenversicherung,
(2) Krankenversicherung,
(3) Unfallversicherung,
(4) Arbeitslosenversicherung.

Die folgende Tabelle faßt die wichtigsten Regelungen dieser Versicherungen stichwortartig zusammen.

Die rechtlichen Grundlagen der Rentenversicherung finden sich in der Reichsversicherungsordnung (RVO von 1911 i.d. Fassung von 1924 mit vielen Änderungen) und im Angestelltenversicherungsgesetz (AVG). Obwohl die Versicherungsträger der Rentenversicherung der Arbeiter (LVA, s. Tab. „Übersicht") und der Rentenversicherung der Angestellten (BfA) organisa-

Die Rentenversicherung

Übersicht über die Sozialversicherungen
(geregelt in der Reichsversicherungsordnung RVO von 1911)

	Krankenversicherung (seit 1883)	Unfallversicherung (seit 1884)	Arbeiter-Rentenversicherung (seit 1889) Angestellten-Versicherung (seit 1911)	Arbeitslosenversicherung (seit 1927)
Zweck:	Versicherungsschutz bei – Krankheit – Mutterschaft – Tod	Vorsorge und Hilfe bei – Arbeits- und Arbeitswegeunfällen – Berufskrankheiten	Vorsorge für – Berufs- bzw. Arbeitsunfähigkeit durch Invalidität – Alter – Hinterbliebene bei Tod des Versicherten	Hilfe bei – Arbeitslosigkeit – Kurzarbeit – Betriebsstillegung (Konkurs)
Versicherungspflichtige	Alle Arbeiter, Auszubildende, Sozialrentner, Wehrpflichtige Angestellte nur bis best. Höchsteinkommen	– Alle im Betrieb Beschäftigten – Hebammen, Heimarbeiter u. ä. – Jeder Unfallhelfer u. ä.	Alle Arbeiter, Angestellten, Auszubildende, einzelne Gruppen von Selbständigen	Alle Arbeiter, Angestellten, Auszubildenden
Versicherungsbeiträge	Je nach Versicherungsträger zwischen 10–13% v. Bruttolohn, höchstens von 4275,– DM/Monat (1987), Arbeitnehmer u. Arbeitgeber je ½, bei Geringverdienern AG allein	Beitragshöhe unterschiedlich, Umlage der Kosten in einzelnen Wirtschaftszweigen auf Arbeitgeber allein	18,7% v. Bruttolohn, höchstens von 5700,– DM/Monat (1987) Arbeitnehmer u. Arbeitgeber je ½, bei Geringverdienern vom Arbeitgeber allein	4,3% (1987) vom Bruttolohn, höchstens von 5700,– DM/Mon. Arbeitnehmer u. Arbeitgeber je ½, bei Geringverdienern vom Arbeitgeber allein

Versicherungs-leistungen	– Vorsorgeuntersuchungen und -Maßnahmen – Arzt-, Arznei-, Krankenpflege- und Krankenhauskosten bei Krankheit und Mutterschaft – Krankengeld – Sterbegeld	– Unfallverhütungsmaßnahmen – Maßnahmen zur Wiederherstellung der Erwerbsfähigkeit: Heilbehandlung, Umschulung u.a. – Verletztengeld ab 7. Woche – Renten (Teil-, Vollrente, Hinterbliebenenrente)	– Maßnahmen zur Erhaltung, Besserung, Wiederherstellung der Erwerbsfähigkeit – Bei Invalidität: Berufs- oder Erwerbsunfähigkeitsrente – Altersrente – Hinterbliebenenrente	– Arbeitslosengeld (68% v. Nettolohn, ohne Kinder 63%) – Arbeitslosenhilfe (58% v. Nettolohn, ohne Kinder 56%) – Konkursausfallgeld – Beiträge zur Kranken- u. Rentenversicherung des Arbeitslosen Umschulung
Pflichten des versicherten Arbeitnehmers	– Bei Ersatzkasse: An- und Abmeldung – Arbeitsunfähigkeit innerhalb 3 Tagen mit ärztl. Attest melden – Arzneikosten, Anteil Rezeptgebühr bezahlen	– Unfallverhütungsvorschriften beachten – Jeden Unfall über Betrieb melden auf Vordruck	– Versicherungsausweis gut aufbewahren – Vers. Nachweisheft im Betrieb abgeben – Vers. Nachweis-Durchschriften kontrollieren und gut aufbewahren	– Antrag auf Arbeitslosengeld bzw. Arbeitslosenhilfe sofort persönlich beim Arbeitsamt stellen – sich für Zuweisung neuer Arbeit bereit halten
Versicherungs-träger	– Allgemeine Ortskrankenkassen (AOK), Betriebs- und Innungskrankenkassen – Ersatzkassen (z. B. DAK, TKK, BEK u. a.)	– Berufsgenossenschaften, fachlich gegliedert (z. B. Süddt. Eisen- und Stahl Berufsgenossenschaft)	– Landesversicherungsanstalten (der Arbeiterrentenversicherung) (LVA) – Bundesversicherungsanstalt für Angestellte Berlin (BfA)	– Bundesanstalt für Arbeit (Nürnberg) – Landesarbeitsämter – Arbeitsämter

torisch getrennt sind, gelten sowohl für die Pflichten (Beiträge, Versicherungszeiten) als auch für die Rechte und Ansprüche beider Arbeitnehmergruppen inhaltlich dieselben Bestimmungen. Darüber hinaus werden die Berechnungsgrundlagen für die Beiträge zur Rentenversicherung auch auf die Krankenversicherung und z. T. auf die Arbeitslosenversicherung angewendet. Die Informationen zur Rentenversicherung enthalten also auch allgemeine sozialversicherungsrechtliche Grundlagen.

Ihrem Zweck der Vorsorge bei Berufs- und Arbeitsunfähigkeit sowie der Alters- und Hinterbliebenenvorsorge entsprechend, gewährt die Rentenversicherung folgende Leistungen:

Leistungen: Vorbeugung und „Rehabilitation"
— *Vorbeugung:* Um frühzeitige Invalidität zu vermeiden, haben Versicherte bereits nach kurzer Mitgliedschaft Anspruch auf Heil- und Kurmaßnahmen, Umschulungen und damit verbundene finanzielle Hilfen (Übergangsgeld), wenn die Maßnahmen einer drohenden Erwerbsunfähigkeit vorbeugen sollen.

Berufsunfähigkeitsrente
— *Renten* wegen *Berufsunfähigkeit*, wenn infolge von Krankheit die Erwerbsfähigkeit auf weniger als die Hälfte vergleichbarer Berufstätigkeiten abgesunken ist.

Erwerbsunfähigkeitsrente
— *Renten* wegen *Erwerbsunfähigkeit*, wenn der Versicherte infolge von Krankheit auf absehbare Zeit keine regelmäßige Erwerbstätigkeit mehr ausüben kann.

Altersrente
— *Altersruhegeld* kann – unabhängig vom Gesundheitszustand – jeder Versicherte bei Erreichen des 65. Lebensjahres beanspruchen, falls er die Wartezeit von 60 Monaten (Beitragsmonate oder Ersatzzeiten) erfüllt hat. Wer mindestens 35 Jahre versichert war, kann bereits ab dem 63. Lebensjahr Rente beantragen (sogenannte „flexible" Altersgrenze). Für Schwerbehinderte und Berufsunfähige wird die Altersrente ab dem 62. Lebensjahr gewährt. Frauen können, wenn sie in den vorangegangenen 20 Jahren mindestens 121 Monatsbeiträge entrichtet haben, bereits mit dem 60. Lebensjahr Altersrente erhalten. Dasselbe gilt für Männer und Frauen, wenn sie in den letzten 52 Wochen vor ihrem 60. Geburtstag arbeitslos waren.

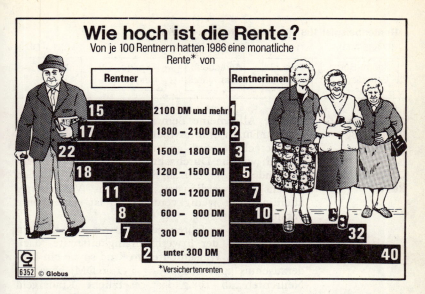

– *Hinterbliebenenrente* erhalten überlebende Ehegatten und Kinder.

**Hinterbliebenenrente
Rentenhöhe**

Die *Höhe der Rente* ist von vier Voraussetzungen abhängig:

(1) Vom mittleren Verdienst aller Versicherten in den vorangegangenen drei Jahren (= Allgemeine Bemessungsgrundlage z. B. 1987 = 27 885,– DM).

(2) Von der Höhe des persönlichen versicherungspflichtigen Einkommens im Verhältnis zum Durchschnitt aller Versicherten (= persönliche Bemessungsgrundlage). Hierbei wird für jedes Versicherungsjahr der Verdienst des Versicherten mit dem Durchschnittsverdienst aller Versicherten verglichen. Aus den jeweiligen Prozentsätzen wird dann der durchschnittliche Prozentsatz des Versicherten errechnet, z. B. 115% bei einem etwas besser Verdienenden.

(3) Von den anrechenbaren Versicherungszeiten, z. B. 50 Jahre, wenn alle Zeiten vom 15.–65. Lebensjahr anrechenbar waren.

(4) Von der Rentenart: Berufsunfähigkeitsrente (1%) oder Erwerbsfähigkeits-, Alters- oder Hinterbliebenenrente (1,5% Rente pro anrechenbarem Versicherungsjahr)

Rentenbeispiel 1987 (Vereinfachte Rentenformel):								
27 885,- DM	×	115%	×	50 J.	×	1,5%/J.	=	24 051,- DM
Allgem. Bem. Grundlage	×	Persönl. Verdienst	×	Anrechenb. Vers.-Jahre	×	Steigerungssatz	=	Jahres-Rente

Allgemeine Bemessungsgrundlage

„Dynamische Rente"

Da die Allgemeine Bemessungsgrundlage jährlich aus den Durchschnittsverdiensten aller Versicherten neu berechnet wird, ändern sich auch die Renten ähnlich wie die Durchschnittsverdienste. Die Renten sind also *dynamisch*, d.h. sie wachsen mit den Durchschnittsverdiensten. Hat ein Versicherter allerdings nur wenig verdient, so ist seine Rente entsprechend gering.

Witwen über 45 Jahren oder Witwen mit Kindern erhalten 60% der Erwerbsunfähigkeitsrente; dazu kommen 10% Waisenrente pro Kind sowie ein Kinderzuschuß (z.B. 1983/84 = 152,90 DM) bzw. bei Neurenten ab 1984 das gesetzliche Kindergeld (DM 50,- für das erste, DM 100,- für das zweite, DM 220,- für das dritte und DM 240,- für das vierte und jedes weitere Kind).

Versicherungsunterlagen

Zur Sicherung seiner Rentenansprüche ist es wichtig, daß der Versicherte seine *Versicherungsunterlagen* gut aufbewahrt und prüft, ob der Arbeitgeber den maßgebenden Jahresverdienst richtig eingesetzt hat. Jeder Versicherungspflichtige erhält bei erstmaliger Beschäftigungsaufnahme von der Rentenversicherung ein Versicherungsnachweisheft mit einem Versicherungsausweis und den Versicherungskarten. Den Ausweis mit der Versicherungsnummer behält der Versicherte für sich, die Versicherungskarten gibt er dem Arbeitgeber ab. An jedem Jahresende und bei Wechsel des Arbeitgebers erhält der Versicherte eine Durchschrift der Versicherungskarte, mit der der Arbeitgeber der Versicherung gegenüber die versicherungspflichtigen Einkommensbeträge abgerechnet hat. Damit hat der Arbeitnehmer einen kontrollierbaren Nachweis seiner anrechenbaren Jahresverdienste.

Neben der Pflichtmitgliedschaft für alle Arbeitnehmer und einzelne Gruppen von Selbständigen kann jeder freiwillig der Rentenversicherung beitreten und sich auch freiwillig höher versichern. Die Rente wird dann nach den bezahlten Beiträgen errechnet.

Auch die Versicherungsbeiträge hängen von der Entwicklung der Durchschnittsverdienste aller Versicherten ab. Aus dem doppelten Durchschnittsverdienst aller – aufgerundet auf die nächste durch 1200 teilbare Zahl – wird die *Beitragsbemessungsgrenze* errechnet. Für 1987 beträgt sie z.B. 5700,– DM/Monat. Bis zu diesem Monatsverdienst führt der Arbeitgeber 18,7% Beitrag ab. Ein höherer Verdienst wird nicht berücksichtigt. So steigen jährlich nicht nur die Renten, sondern auch die Höchstbeiträge und die Mindesteinkommen, ab denen die Arbeitnehmer Versicherungsbeiträge leisten müssen. Hier finden wir die Lösung zum Fall (2): Nach den Vorschriften der RVO muß bei Geringverdienern mit weniger als 10% der Beitragsbemessungsgrenze der Arbeitgeber die Sozialversicherungsbeiträge voll übernehmen. Erst ab 570,– DM pro Monat darf er (1987) den Auszubildenden die Hälfte der Beiträge zur Renten-, Kranken- und Arbeitslosenversicherung von ihrem Entgelt abziehen. Bei rund 18% Abzug würden die Lehrlinge von ihren 580,– DM noch rund 466,– DM statt bisher 550,– DM ausbezahlt erhalten.

Versicherungsbeiträge

Zur gesetzlichen Rentenversorgung kommen heute – besonders für Arbeitnehmer in Großbetrieben – nicht selten auch betriebliche Zusatzrenten oder tarifvertraglich ausgehandelte Zusatzversorgungen hinzu. Auch für Arbeiter und Angestellte im öffentlichen Dienst bestehen solche Zusatzversorgungsmöglichkeiten. Die hieraus entstehenden Ansprüche sind in der Regel wesentlich von der Dauer der Betriebs- bzw. der Tarifzugehörigkeit abhängig.

Tarifliche Vorsorgeleistungen

Nach dem am 01.05.1984 in Kraft getretenen *Vorruhestandsgesetz* können Arbeitgeber eine Vorsorgeleistung erbringen, indem sie mit einzelnen Arbeitnehmern vereinbaren, daß diese schon nach Vollendung ihres 58. Lebensjahres in den „Vorruhestand" treten. Der Arbeitgeber zahlt dann dem Arbeitnehmer so lange ein Vorruhestandsgeld von mindestens 65% des letzten durchschnittlichen Brutto-Arbeitsentgelts, bis der Arbeitnehmer Anspruch auf (eventuell vorgezogene) Altersrente hat. Wird der dadurch freigewordene Arbeitsplatz wieder mit einem gemeldeten Arbeitslosen oder einem Jugendlichen nach Abschluß seiner Ausbildung besetzt, so zahlt das Arbeitsamt dem Arbeitgeber einen Zuschuß von 35% vom Vorruhestandsgeld. Die Vorruhestandsregelungen können auch tariflich (s. Kap. 5 Abs. 2) ausgehandelt werden. Die Anwendung dieser Möglichkeit bleibt allerdings für beide Seiten – Arbeitgeber und Arbeitnehmer – freiwillig, das Gesetz ist bis Ende 1988 befristet.

Die gesetzliche Krankenversicherung

Die Krankenversicherung (KV) trägt – bei geringen Selbstanteilen der Versicherten – alle notwendigen Kosten für die ärztliche Versorgung des Versicherten und seiner Familienangehörigen bei *Krankheit, Mutterschaft* und bei Maßnahmen zur *Krankheitsfrüherkennung* (Kinder bis zum 4. Lebensjahr, Krebsvorsorgeuntersuchungen ab 30. Lebensjahr). Hierbei werden ohne zeitliche Begrenzung ärztliche und zahnärztliche Behandlung sowie die Versorgung mit Arznei und notwendigen Hilfsmitteln (Brillen, Prothesen u.a.) sowie Krankenhauspflege bei freier Krankenhauswahl übernommen.

Erhält der Versicherte während seiner Arbeitsunfähigkeit keinen Lohn oder Gehalt, so bezahlt die KV ein *Krankengeld*. Es beträgt in den ersten sechs Wochen 65%, ab der 7. Woche 75% des „Regellohns". Der Regellohn wird aus dem regelmäßigen Bruttolohn als Tagessatz errechnet, z.B. Monatslohn dividiert durch 30 = Regellohn, und dann kalendertäglich bezahlt. Sind Angehörige zu versorgen, so kommen für den ersten Angehörigen 4%, für jeden weiteren 3% bis zur Höchstgrenze von 85% hinzu. Ebenso wird auch ein Mutterschaftsgeld gewährt, falls kein Anspruch auf Lohnfortzahlung besteht. Das Krankengeld darf jedoch nicht höher als der Nettolohn sein; außerdem ist seine Dauer auf 78 Wochen wegen derselben Krankheit innerhalb von drei Jahren begrenzt. Dauert die Krankheit länger, so wird die Versorgung des Versicherten von der Rentenversicherung übernommen. Bei Tod des Versicherten wird zur Bestreitung der Bestattungskosten ein *Sterbegeld* – das 20 bis 40fache eines Regel-Tageslohns – bezahlt.

Versicherungspflicht

Krankenversicherungspflicht besteht für Arbeiter ohne Rücksicht auf ihr Einkommen, für Angestellte nur bis zu einem Höchsteinkommen, das 75% der Beitragsbemessungsgrenze in der Rentenversicherung nicht übersteigt (für 1987 = 75% von 5700,– DM/Monat = 4275,– DM/Monat). Arbeitslose, Studenten, Rentner und wenige kleinere Gruppen von Selbständigen (z.B. Artisten, Hebammen) sind ebenfalls pflichtversichert. Eine freiwillige Weiterversicherung ist möglich, wenn ein Angestellter z.B. die Höchsteinkommensgrenze überschreitet oder ein Arbeitnehmer Beamter wird oder sich selbständig macht. Unter bestimmten Bedingungen ist auch eine freiwillige Selbstversicherung möglich.

Neben der Renten- und Krankenversicherung sieht die Reichsversicherungsordnung eine gesonderte *Unfallversicherung* (UV) vor. Obwohl ihre Leistungen gegenüber dem einzelnen Versicherten den Leistungen von Kranken- und Rentenversicherung sehr ähnlich sind, gibt es doch wichtige Unterscheidungsmerkmale.

Die gesetzliche Unfallversicherung

Zunächst haben die Unfallversicherungen einen größeren Kreis von Pflichtmitgliedern. Wer in einem gewerblichen Betrieb beschäftigt ist, in kleineren Betrieben auch der mitarbeitende Unternehmer, ist unabhängig von einer schon erfolgten Anmeldung automatisch unfallversichert. Dies gilt nicht nur während der beruflichen Tätigkeit, sondern auch auf dem üblichen Weg zur und von der Arbeitsstätte. Ebenso sind Kindergartenkinder, Schüler und Studenten, Strafgefangene, Entwicklungshelfer und jeder, der bei Unglücksfällen Erste Hilfe leistet, unfallversichert.

Kreis der Versicherten

Im weiteren unterscheidet sich die UV von der RV und KV dadurch, daß sie ihre Kosten im Umlageverfahren auf die Unternehmen direkt überträgt, d.h. die Unternehmen müssen das Unfallkosten-Risiko allein übernehmen. Die Ausgaben einer Berufsgenossenschaft als Träger der UV im abgelaufenen Jahr werden so auf die Unternehmen verteilt, daß Gewerbezweige mit hohem Unfallrisiko (z.B. Abbruch-Unternehmen, Brückenbauer) bis zu 20fach so hoch belastet werden wie Betriebe in der geringsten Gefahrenklasse.

Beiträge und Finanzierung

Ein dritter Unterschied liegt darin, daß die Unfallversicherungen durch Zwangsmittel und Strafbestim-

Versicherungsleistungen

mungen Unternehmen und Arbeitnehmer zur Beachtung und Einhaltung von *Unfallverhütungsvorschriften* zwingen können. Mit Ordnungsstrafen bis zu 10000,– DM und ggfs. mit der finanziellen Haftung für Unfallfolgen können Unternehmer belegt werden, die Gebäude, Arbeitsstätten, Maschinen, Einrichtungen und Geräte nicht so einrichten, daß Arbeitnehmer weitestmöglich vor Unfällen und Berufskrankheiten geschützt sind. Auch müssen die Arbeitnehmer immer wieder auf die Beachtung aller Unfallverhütungsvorschriften hingewiesen werden. In Betrieben mit mehr als 20 Beschäftigten hat der Unternehmer einen oder mehrere Sicherheitsbeauftragte – zusammen mit dem Betriebsrat – zu bestellen. Die Berufsgenossenschaften können technische Aufsichtsbeamte zur Überwachung und Beratung in die Betriebe schicken. Damit ist die Unfallverhütung die wichtigste Aufgabe der Unfallversicherungen. Tritt ein Unfall ein, so muß ihn der Unternehmer auf einem vorgeschriebenen Formular melden.

Unfallfolgen

Als Unfallfolgen im Sinne der RVO gelten Verletzungen durch Unfälle bei der Arbeit (Arbeitsunfälle), auf dem üblichen Weg von der Wohnung bis zur Arbeitsstätte und zurück (Wegeunfälle) sowie Berufskrankheiten (z.B. Staublunge). In solchen Fällen wird nicht die Kranken- oder Rentenversicherung, sondern die Unfallversicherung beansprucht. Der Arzt kann dem Verunglückten sofort die besten *Heilmaßnahmen* verordnen und bei Bedarf den Patienten in Spezialkliniken einweisen. Erhält der Verunglückte keine Lohnfortzahlung, dann wird für die Dauer der Arbeitsunfähigkeit *Verletztengeld* nach denselben Bestimmungen wie für das Krankengeld bezahlt. Darüber hinaus leistet die UV *Berufshilfe*, d.h. sie führt Maßnahmen zur vollen Wiedereingliederung in das Arbeitsleben durch und bezahlt hierzu auch Unterhaltsbeihilfen. Bleibt eine Erwerbsunfähigkeit von mindestens 20% als Unfallfolge zurück (d.h. daß ein Verletzter z.B. durch Verlust des rechten Daumens als so behindert gilt, daß er nur noch etwa 80% aller vergleichbaren Berufstätigkeiten ausführen kann), so erhält der Verletzte eine *Unfallrente* von 20% der Vollrente. Vollrente wird bezahlt, wenn eine 100%ige Erwerbsminderung eingetreten ist. Die

Unfallrente

Rente beträgt dann zwei Drittel des vorangegangenen Brutto-Jahresverdienstes. Hatte der Verletzte vor dem Unfall kein Einkommen, so wird als Jahresverdienst bei Personen, die das 18. Lebensjahr vollendet haben, 60%, für Personen unter 18 Jahren 40% der zum Unfallzeitpunkt geltenden Bezugsgröße für die Sozialversicherung (= Durchschnittsverdienst aller Versicherten der Rentenversicherung, für 1987 z.B. 36120,– DM) zugrunde gelegt. Für Kinder unter 14 Jahren gelten besondere Berechnungen.

Schwerverletzte mit über 50% Erwerbsminderung erhalten, wenn sie keine regelmäßige Erwerbstätigkeit mehr finden, eine 10%ige Zulage. Hat der Verletzte Kinder, so erhält er für diese bis zum 18. bzw. 25. Lebensjahr eine Kinderzulage.

Stirbt der Versicherte an den Folgen eines Unfalls oder einer Berufskrankheit, so erhalten der überlebende Ehegatte und die Kinder Hinterbliebenenrenten. Die Witwenrente beträgt 30%, bei Vollendung des 45. Lebensjahres oder wenn mindestens ein Kind zu erziehen ist, 40% des Jahresarbeitsverdienstes. Halbwaisen erhalten 20% als Waisenrente. Die Hin-

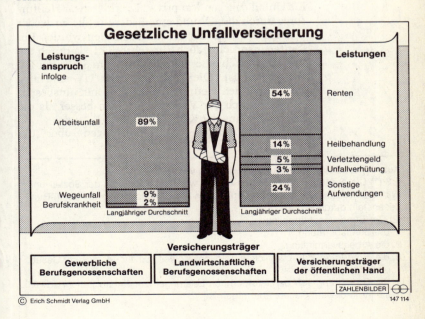

terbliebenen können jedoch zusammen höchstens 80% des Bruttoeinkommens als Rente beziehen. Wie in der Rentenversicherung sind auch die Unfallrenten dynamisch, d.h. sie steigen jeweils um die Zunahme des mittleren Einkommens aller Versicherten.

Kapitalisierung Unfallrenten können auch „kapitalisiert", d.h. als Abfindung in einem Gesamtbetrag ausbezahlt werden. Art und Höhe der Kapitalisierung sind je nach dem Prozentsatz der Erwerbsunfähigkeit unterschiedlich. Das Kapital muß existenzsichernd verwendet werden (z.B. Haus- oder Wohnungskauf, Betriebsgründung) oder als Abfindung bei Wiederverheiratung des Hinterbliebenen oder durch Umzug ins Ausland begründet sein.

Die oben in Fall (1) herausgestellten Unterschiede zwischen dem Armbruch des Volker S. und des Tilo K. ergeben sich aus den Unterschieden zwischen Unfallversicherung und Kranken- bzw. Rentenversicherung. Volker S. hat sich seine Armverletzung auf dem Weg zur Arbeit zugezogen (Wegeunfall) und hat deshalb Anspruch auf die Leistungen der UV. Tilo K.s Unfall dagegen war privat. Er erhält zwar Heilfürsorge durch die KV und eine Bäderkur (die entweder von der KV oder der RV übernommen wurde). Ein Rentenanspruch jedoch entsteht nicht, da durch die Verletzung keine Berufsunfähigkeit im Sinne der RV eingetreten ist. Die Leistungen der UV sind also sowohl bei den Heilmaßnahmen als auch insbesondere bezüglich der Verletzungsfolgen besser als die Leistungen aus der KV und der RV.

Die Bestimmungen und Regelungen über die

Aus dem Arbeitsförderungsgesetz (AFG v. 1969)

§ 3 (1) Die Aufgaben nach diesem Gesetz werden im Rahmen der Sozial- und Wirtschaftspolitik der Bundesregierung von der Bundesanstalt für Arbeit (Bundesanstalt) durchgeführt.

(2) Der Bundesanstalt obliegen

1. die Berufsberatung,
2. die Arbeitsvermittlung,
3. die Förderung der beruflichen Bildung, soweit sie ihr in diesem Gesetz übertragen ist,
4. die Gewährung von berufsfördernden Leistungen zur Rehabilitation, soweit sie ihr in diesem Gesetz übertragen ist,

> 5. die Gewährung von Leistungen zur Erhaltung und Schaffung von Arbeitsplätzen,
> 6. die Gewährung von Arbeitslosengeld,
> 7. die Gewährung von Konkursausfallgeld.
> Die Bundesanstalt hat Arbeitsmarkt- und Berufsforschung zu betreiben.
> (3) *[gestrichen]*
> (4) Die Bundesanstalt gewährt im Auftrage des Bundes die Arbeitslosenhilfe.
> (5) Die Bundesregierung kann der Bundesanstalt durch Rechtsverordnung weitere Aufgaben übertragen, die im Zusammenhang mit ihren Aufgaben nach diesem Gesetz stehen.

Die Arbeitslosenversicherung Arbeitsförderungsgesetz

Arbeitslosenversicherung sind Bestandteil des *Arbeitsförderungsgesetzes* (AFG von 1969, mit späteren Änderungen). Nach diesem Gesetz soll die *Bundesanstalt für Arbeit* (BA) durch Förderung der beruflichen Ausbildung, Fortbildung und Umschulung, durch Beratung und Arbeitsvermittlung sowie durch finanzielle Unterstützung bei der Bereitstellung zusätzlicher Arbeitsplätze, Arbeitslosigkeit verhindern und auch benachteiligten Gruppen – z.B. Behinderten, Hausfrauen und älteren Menschen – zur beruflichen Eingliederung in das Wirtschaftsleben verhelfen. Die Aufgabe der *Arbeitslosenversicherung* (AV) steht danach an zweiter Stelle. Auch hierbei geht es in erster Linie darum, dem einzelnen den Arbeitsplatz und das Arbeitseinkommen nach Möglichkeit auch dann zu sichern, wenn die Beschäftigung durch Auftragsmangel oder Witterungsbedingungen gefährdet ist: das Arbeitsamt zahlt bei Kurzarbeit – die Arbeitnehmer können nur zu einem Teil der regelmäßigen Arbeitszeit beschäftigt werden – *Kurzarbeitergeld* als Ausgleich für den entstandenen Lohnausfall. Durch finanzielle Förderung von Baumaßnahmen auch im Winter und durch *Schlechtwettergeldzahlungen* soll die BA in Bauberufen die Arbeitsplätze ganzjährig sichern.

Kurzarbeitergeld

Schlechtwettergeld

Wer trotz all dieser Maßnahmen arbeitslos geworden ist, soll durch Zahlung von Arbeitslosengeld oder Arbeitslosenhilfe versorgt werden.

Arbeitslosengeld kann beanspruchen, wer in den letzten drei Jahren vor der Arbeitslosigkeit mindestens 360 Kalendertage versicherungspflichtig beschäftigt war (Wartezeit). Eine freiwillige Mitgliedschaft ist in der Arbeitslosenversicherung nicht mög-

Arbeitslosengeld

lich. Je nach Dauer der vorangegangenen Erwerbstätigkeit erhält der kinderlose Arbeitslose 63%, mit Kindern 68% des zuletzt erzielten Nettoeinkommens für die Dauer der Arbeitslosigkeit, höchstens bis zu einem Jahr (bei über 45jährigen bis max. 2 Jahre). Der Anspruch auf Arbeitslosengeld wird allerdings für ein bis drei Monate gesperrt *(Sperrzeiten)*, wenn

Sperrzeiten

– der Arbeitnehmer selbst gekündigt oder durch vertragswidriges Verhalten die Kündigung verschuldet hat,
– der Arbeitnehmer eine vom Arbeitsamt angebotene zumutbare Arbeit nicht angenommen oder angetreten hat,
– der Arbeitnehmer sich einer Maßnahme zur beruflichen Förderung (z.B. Umschulung) entzogen hat.

Arbeitslosenhilfe

Arbeitslosenhilfe ist zu gewähren, wenn die Wartezeit für das Arbeitslosengeld noch nicht erfüllt war oder die Arbeitslosigkeit länger als 1 bzw. 1½ Jahre dauert. Der Arbeitslose muß die Arbeitslosenhilfe – wie das Arbeitslosengeld – selbst beantragen, und er muß der Arbeitsvermittlung zur Verfügung stehen.

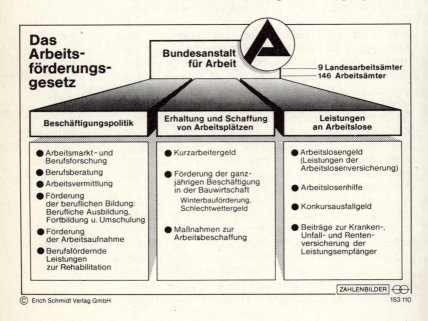

Im Unterschied zum Arbeitslosengeld wird Arbeitslosenhilfe jedoch nur gewährt, wenn der Arbeitslose *bedürftig* ist. Bedürftigkeit liegt vor, wenn das sonstige Einkommen oder das Vermögen des Arbeitslosen oder seiner Familienangehörigen zur Erhaltung des durchschnittlichen Lebensstandards nicht ausreichen. So kann z.B. das Einkommen des Ehegatten zur Aussetzung der Arbeitslosenhilfe führen. Arbeitslosenhilfe hat demnach den Charakter einer Fürsorgeleistung. Sie wird deshalb auch nicht aus den Versicherungsbeiträgen, sondern aus dem Bundeshaushalt finanziert. Ist die Bedürftigkeit festgestellt, erhalten Arbeitslose ohne Kinder 56%, mit Kindern 58% des maßgeblichen Nettolohns als Arbeitslosenhilfe, solange die Bedürftigkeit besteht. Außerdem zahlt die Arbeitslosenversicherung die jeweils entsprechenden Beiträge zur Kranken- und Rentenversicherung.

nur bei Bedürftigkeit

Renten- und Krankenversicherungsbeiträge

Muß ein Unternehmen Konkurs anmelden und haben die Arbeitnehmer aus den letzten drei Monaten vor Eröffnung des Konkursverfahrens noch Lohnansprüche, die das Unternehmen nicht mehr begleichen kann, so wird der ausgefallene Lohn auf Antrag beim Arbeitsamt durch das Konkursausfallgeld ersetzt. Ebenso werden die fehlenden Beiträge zur KV und RV beglichen.

Konkurs-Ausfallgeld

Versorgungsansprüche an den Staat entstehen aufgrund von Diensten, die z.B. als Beamter oder Wehrpflichtiger und Soldat über längere Zeit geleistet wurden. Hier beruht der Versorgungsanspruch also nicht auf vorherigen Geldbeiträgen, sondern auf persönlichem Einsatz für das Allgemeinwohl. Empfänger von Kriegsopferrenten oder Beamtenpensionen, von Lastenausgleichszahlungen oder Flüchtlingshilfe haben dem Staat durch ihren Dienst oder durch politisch bedingte Opfer Vorleistungen erbracht, die ihre Versorgungsansprüche begründen. Deshalb kann auch bei der Kriegsversehrtenrente im Beispiel (3) kein Unterschied zwischen dem Rentner M. und dem Millionär Alois R. gemacht werden.

Versorgungsanwartschaften

Fühlt sich ein Bürger in seinen Versorgungsansprüchen ungerecht behandelt, so steht ihm der Rechtsweg über die *Sozialgerichtsbarkeit* offen. Diese besonderen Gerichte sind darauf spezialisiert, aus

Sozialgerichtsbarkeit

der Vielzahl der Rechtsvorschriften im Einzelfall zu entscheiden, ob ein Sozialversicherungsträger eine vom Betroffenen erwartete Leistung verweigern kann. Das Verfahren entspricht dem vor den Verwaltungsgerichten (s. Kap. 8), ist jedoch in einem eigenen Sozialgerichtsgesetz (SGG, vgl. Abb. unten) geregelt. Für den Sozialversicherten ist das Verfahren – abgesehen von seinen außergerichtlichen Kosten – gerichtskostenfrei.

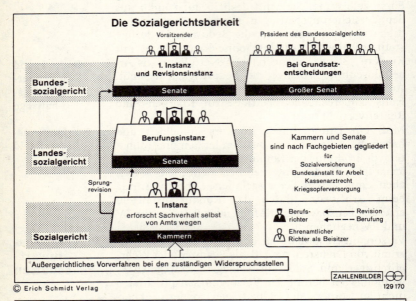

Zusammenfassung:

Mit dem Recht der Sozialversicherungen ist durch Gesetz ein Vorsorgesystem geschaffen, durch das zumindest alle abhängig Beschäftigten sowie ein Teil von Selbständigen verpflichtet werden, mit von ihrem Einkommen aufzubringenden Beiträgen jene Versicherten mitzuversorgen, die wegen Krankheit, Unfallverletzung oder Arbeitslosigkeit Lohnausfälle erleiden bzw. wegen Invalidität oder Alter kein Einkommen mehr erwerben können. Aus der gesetzlichen Beitragspflicht entsteht für jeden Versicherten das Recht auf Versicherungsleistungen, d.h. der Versorgungsanspruch ist durch vorangegangene eigene Beitragsleistungen begründet. Staatliche Versorgungsleistungen beruhen dagegen auf persönlich erbrachten Opfern oder Diensten. Vor den Sozialgerichten (als speziellen Verwaltungsgerichten) kann der Bürger seine Versorgungsansprüche gegebenenfalls gerichtlich überprüfen lassen.

So stehen in den im Abs. 1 aufgeführten Beispielen den Arbeitnehmern des wegen Konkurs stillgelegten Unternehmens Z. nach dem Arbeitsförderungsgesetz Konkursausfallgeld zum Ausgleich der nicht bezahlten Löhne sowie Arbeitslosengeld und Arbeitslosenhilfe bis zur Neuvermittlung zu. Die Asbeststaublunge von Elmar O. ist eine Berufskrankheit; deshalb erhält er von der zuständigen Berufsgenossenschaft neben Heil- und Kurbehandlung eine Rente von zwei Dritteln seines Bruttolohns als Versorgungsleistung. Gerd und Carola M. können zur Anmietung einer größeren Wohnung Wohngeld nach dem WoGG beantragen. Zur Ausbildung ihrer Tochter wäre zu prüfen, welche BAFöG-Leistungen der Familie zustehen. Schließlich müßte auch Gerd M.s Mutter mit dem Sozialamt ihrer Gemeinde klären, ob ihr nicht durch Sozialfürsorgeleistungen ein Altenheimplatz mitfinanziert oder ihre für eine menschenwürdige Lebensführung eventuell zu geringe Witwenrente aufgebessert werden könnte.

3. Sozialfürsorgerechte – Konkretisierung sozialer Grundrechte

(1) Harald S. (22) und Sabine H. (18) wundern sich. Harald studiert in M. Maschinenbau und erhält monatlich 469,– DM Ausbildungsbeihilfe nach dem BAFöG. Sabine erhält ebenfalls einen Zuschuß von 390,– DM pro Monat, da sie zum Besuch des musischen Gymnasiums auswärts wohnen muß. Obwohl Haralds Vater als Frührentner ein geringeres Einkommen hat als Sabines Eltern, muß Harald seine Beihilfe später wieder zurückzahlen, während Sabines Zuschuß nicht zurückgezahlt werden muß. Kann das mit rechten Dingen zugehen?

(2) **Aus dem Bundessozialhilfegesetz (BSHG 1976)**
§ 3 *Sozialhilfe nach der Besonderheit des Einzelfalles* (1) Art, Form und Maß der Sozialhilfe richten sich nach der Besonderheit des Einzelfalles, vor allem nach der Person des Hilfeempfängers, der Art seines Bedarfs und den örtlichen Verhältnissen.
§ 4 *Anspruch auf Sozialhilfe* (1) Auf Sozialhilfe besteht ein Anspruch, soweit dieses Gesetz bestimmt, daß die Hilfe zu gewähren ist. Der Anspruch kann nicht übertragen, verpfändet oder gepfändet werden.
(2) Über Form und Maß der Sozialhilfe ist nach pflichtmäßigem Ermessen zu entscheiden, soweit dieses Gesetz das Ermessen nicht ausschließt.

Grundsätze und Überblick

Auf den ersten Blick kann es verwundern, daß zu demselben Abschnitt ein Beispiel über Ausbildungsbeihilfen zum Fachhochschulbesuch und Auszüge aus dem Bundessozialhilfegesetz zusammengestellt werden. Sozialrechtlich gehören Ausbildungsförderung und Sozialhilfeanspruch jedoch systematisch insoweit zusammen, als beide (und noch weitere) Gesetze in Situationen eingreifen, wo der einzelne nicht aus eigener Kraft in der Lage ist, ihm grundgesetzlich zugestandene Menschenrechte auch tatsächlich wahrzunehmen. Die Menschenwürde nach Art. 1 GG beinhaltet die Forderung des Art. 2 GG, wonach jedem möglichst in gleichem Maße „die Entfaltung seiner Persönlichkeit gewährleistet" sein muß. Dazu gehört – über die Sicherung eines Existenzminimums hinaus – insbesondere auch das Recht auf freie Berufs- und Arbeitsplatzwahl (Art. 12 GG). Unter dem „Recht der sozialen Fürsorge" werden deshalb jene Rechtsregelungen zusammengefaßt, die staatliche Hilfen vorsehen, wenn durch zu geringes Einkommen oder aufgrund persönlicher Behinderungen eine Wahrnehmung der sozialen Grundrechte sonst nicht möglich wäre.

Somit handelt es sich bei den nachfolgenden Sozialgesetzen ebenfalls um Rechtsansprüche, die dem einzelnen zustehen. Im Unterschied zu Sozialversicherungs- und Versorgungsansprüchen sind *Fürsorgeansprüche* jedoch von der *Förderungs-* und *Hilfsbedürftigkeit* des Anspruchsstellers abhängig. Diese Hilfsbedürftigkeit muß beim jeweils zuständigen Amt offengelegt und nachgewiesen werden. Besonders ältere Menschen, die nicht wissen, daß sie einen grundrechtlichen Anspruch auf Hilfe für ein menschenwürdiges Leben haben, scheuen und schämen sich oft, diese Hilfe in Anspruch zu nehmen. Zwar verlangen die gesetzlichen Bestimmungen, daß jeder nach Kräften selbst bei der Überwindung seiner Notlage mithelfen soll (vgl. oben § 1 BSHG). Wo dies jedoch die eigenen Möglichkeiten übersteigt, sollte man seine Scheu und auch eventuelle Ängste vor Behörden überwinden und Hilfe beantragen. Nachstehend sind diesbezüglich einige Informationen zusammengestellt zur

Fürsorgeansprüche bei Bedürftigkeit

Ausbildungsförderung

– Ausbildungsförderung nach dem Bundesausbildungsförderungsgesetz (BAFöG i. d. Fassung v. 06. 06. 1983) und nach dem Arbeitsförderungsgesetz (AFG v. 1969),

Öffentliche Jugendhilfe

– Chancenangleichung durch öffentliche Jugendhilfe nach dem Jugendwohlfahrtsgesetz (JWG i. d. Fassung v. 25. 07. 1977),

Eingliederung Schwerbehinderter

– Eingliederung Schwerbehinderter in Arbeit, Beruf und Gesellschaft nach dem Schwerbehindertengesetz (SchwbG v. 08. 10. 1979),

- Wohnraumsicherung nach dem Wohngeldgesetz (WoGG i.d. Fassung v. 21. 09. 1980),
- Sicherung in Notlagen nach dem Bundessozialhilfegesetz (BSHG i.d. Fassung v. 13. 02. 1976).

Wohnraumsicherung Sozialhilfe in Notlagen

Das BAFöG kann in Anspruch genommen werden, wenn eine förderungsfähige Ausbildung begonnen wurde und die Mittel hierzu nicht aus eigener Kraft erbracht werden können. Als förderungsfähige Ausbildung im Sinne des BAFöG gilt fast jede Schul- und Hochschulausbildung nach der 10. Klasse.

Das Bundesausbildungsförderungsgesetz

Die Höhe des Förderungsanspruchs hängt zum einen von den im Gesetz festgelegten *Bedarfssätzen*, zum anderen vom *Einkommen* der Eltern und des Auszubildenden selbst – oder, falls er verheiratet ist, vom Einkommen des erwerbstätigen Ehepartners – ab.

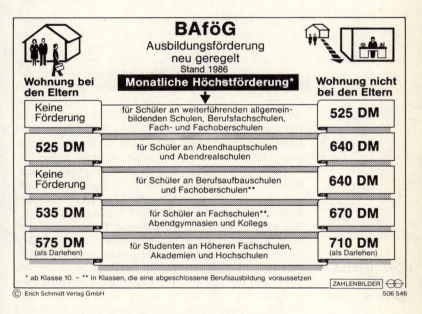

Die Übersicht zeigt die ab Juli 1986 geltenden Bedarfssätze. Das Beispiel enthält die wichtigsten Grundfreibeträge des Elterneinkommens. Im einzelnen berät das Amt für Ausbildungsförderung des Land- oder Stadtkreises, in dem der Auszubildende wohnt.

Beispiel zum BAFöG: Harald S., Student (s. oben (1))		
Bedarfssatz (ab Juni 1986)		710,– DM
Einkommen der Eltern		3 000,– DM
Grundfreibeträge davon (ab Juli 1987)		
– für die Eltern	1 600,– DM	
– für Harald	90,– DM	
– für Bruder Kl.	380,– DM	
– für Schwester E.	380,– DM	
Gesamtfreibetrag	2 450,– DM	2 450,– DM
Restbetrag		550,– DM
davon zusätzlich anrechnungsfrei		
25% f. d. Eltern, 10% pro Kind = 55% v. 490		302,50 DM
Selbst zu tragender Eigenanteil am Bedarf		247,50 DM
		247,50 DM
Anspruch auf BAFÖG-Leistungen (abgerundet)		462,50 DM

Förderungsarten

Liegt die Höhe der Förderung fest, muß allerdings auch die *Förderungsart* berücksichtigt werden: die Förderung wird für *Schüler* als nicht rückzahlbarer *Zuschuß*, für *Studenten* der höheren Fachschulen, Akademien und Hochschulen als zinsloses *Darlehen* gewährt – siehe oben Fall (1). Das Darlehen muß in Raten von mindestens 120,– DM pro Monat in längstens 20 Jahren zurückgezahlt werden, wobei die ersten fünf Jahre nach Studienabschluß jedoch rückzahlungsfrei bleiben. Durch vorzeitigen Studienabschluß oder überdurchschnittliche Examensnoten kann der Rückzahlungsbetrag verringert werden.

Bei nichtschulischer Ausbildung, Fortbildung oder Umschulung gewährt das Arbeitsamt ähnliche Beihilfen nach dem Arbeitsförderungsgesetz.

Das Jugendwohlfahrtsgesetz

Das *Jugendwohlfahrtsgesetz* (JWG i.d.F. v. 25.04.1977) soll die Chancenangleichung insbesondere für jene Kinder und Jugendlichen fördern, deren Entwicklung durch den Ausfall familiärer Erziehung (z.B. durch Krankheit, Inhaftierung oder Tod der Eltern) gefährdet ist. Die dafür zuständigen Jugendämter leisten persönliche *Erziehungshilfen* derart,

Persönliche Erziehungshilfen

daß die von den Eltern begonnene Erziehung unterstützt und ergänzt wird durch Beratung, Anregungen, Hilfen bei der Schul- und Berufswahl, bei der

Ausbildung und der Berufstätigkeit. Diese Hilfe können sowohl Eltern als auch Jugendliche selbst in Anspruch nehmen. Ist eine Unterbringung außerhalb des Elternhauses in einer Pflegefamilie oder einem Heim erforderlich, so stellt das Jugendamt die finanziellen Mittel für den Lebensunterhalt bereit. Es beaufsichtigt auch die Pflegekinder, um deren leibliches, geistiges und seelisches Wohlergehen zu sichern. Auch werdende Mütter werden – insbesondere wenn zu erwarten ist, daß das Kind nichtehelich geboren wird – vom Jugendamt beraten und unterstützt (zu Pflegschaft/Vormundschaft s. auch Kap. 2, Familienrecht).

Allgemein sollen die Jugendämter auch Träger der nichtstaatlichen Jugendhilfe (Vereine, Religionsgemeinschaften u.ä.) unterstützen sowie durch eigene Aktivitäten und Veranstaltungen der Jugend Möglichkeiten bieten, ihre Interessen in für sie förderlicher Weise zu entfalten, z.B. in Jugendhäusern, durch Kultur-, Sport- oder politische Veranstaltungen.

Allgemeine Jugendförderung

Schließlich wirkt das Jugendamt auch bei gerichtlichen Entscheidungen des Vormundschaftsgerichts und im Jugendstrafverfahren im Interesse des Jugendlichen mit, um die Wahrscheinlichkeit zu erhöhen, daß gerichtliche Anordnungen und Entscheidungen die Entwicklung des Jugendlichen nicht gefährden, sondern fördern helfen.

Durch das *Schwerbehindertengesetz* (SchwbG letzte Änderung 1986) sollen den Personen, die durch eine körperliche, geistige oder seelische Behinderung zu mehr als 50 Prozent, mindestens jedoch zu 30% erwerbsunfähig sind, die Eingliederung in die Berufs- und Arbeitswelt erleichtert werden. Dazu verpflichtet das Gesetz allgemein alle privaten und öffentlichen Arbeitgeber, jede 16. Arbeitsstelle mit einem Schwerbehinderten zu besetzen. Diese Verpflichtung ist mit einem besonderen Kündigungsschutz gekoppelt: Schwerbehinderte können nach 6monatiger Beschäftigung nur noch mit Zustimmung der Hauptfürsorgestelle (zuständiges Amt) entlassen werden. Betriebe, die keine für Schwerbehinderte geeigneten Arbeitsplätze einrichten können oder aus anderen Gründen keine Schwerbehinderten beschäftigen,

Das Schwerbehindertengesetz

Beschäftigungspflicht

müssen für jeden 16. Arbeitsplatz eine Abgabe von monatlich 150,– DM entrichten. Ein „Freikauf" von der Beschäftigungspflicht ist hierdurch allerdings nicht möglich.

Zusammen mit dem Arbeitsamt werden auch berufliche Förderungsmaßnahmen für Einzelpersonen organisiert. Betriebs- und Personalräte sollen die Interessen der Schwerbehinderten besonders beachten. In Betrieben mit mindestens fünf Schwerbehinderten wählen diese deshalb auch einen Vertrauensmann in den Betriebsrat.

Das Wohn-geld-Gesetz

Durch das *Wohngeldgesetz* (WoGG i.d. Fassung v. 21.09.1980) werden Einzelpersonen und Familien unterstützt, wenn sie für eine angemessene Wohnung so viel bezahlen müssen, daß ihr Einkommen dadurch unverhältnismäßig belastet wäre. Für die Festlegung, wie hoch die zumutbare Mietbelastung sein kann und welche Zuschüsse dann zu zahlen sind, enthält das Gesetz umfangreiche Tabellen. Das Wohngeld kann dort direkt in Abhängigkeit von der Familiengröße, dem Familieneinkommen und der tatsächlich zu zahlenden Miete abgelesen werden.

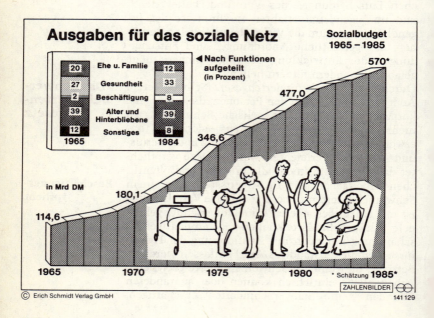

Der Antrag auf Wohngeld muß bei der Kreisverwaltung bzw. auf dem Bürgermeisteramt der kreisfreien Städte gestellt werden.

Wie in der Abb. „Ebenen der Sozialen Sicherung" in Abs. 1 dargestellt, tritt der Staat durch die im *Bundessozialhilfegesetz* (BSHG i.d. Fassung v. 13.02.1976) enthaltenen Regelungen dann ein, wenn Einzelpersonen trotz aller zuvor dargestellten Vorsorge- und Angleichungshilfen in Not geraten. Daß diese *Grundsicherung* notwendig ist, wird daraus deutlich, daß sich seit 1970 der Anteil der Sozialhilfeaufwendungen bezogen auf das Sozialprodukt von 0,5 % auf 1,13 % mehr als verdoppelt hat (vgl. dazu Abb. unten). Das Ziel des BSHG wird in § 1 grundsätzlich formuliert (siehe oben (2)). Aus dem ausdrücklichen Rückbezug auf eine Lebensführung, „die der Würde des Menschen entspricht", ergibt sich gemäß § 4 ein *Rechtsanspruch* auf Sozialhilfe. Dies bedeutet allerdings nicht, daß – wie beim Wohngeld oder BAFöG – bei bestimmten allgemeinen Voraussetzungen Anspruch auf eine bestimmte Leistung bestünde. Sozialhilfe ist immer Einzelfallhilfe, die nur „subsi-

Das Bundessozialhilfegesetz

Rechtsanspruch

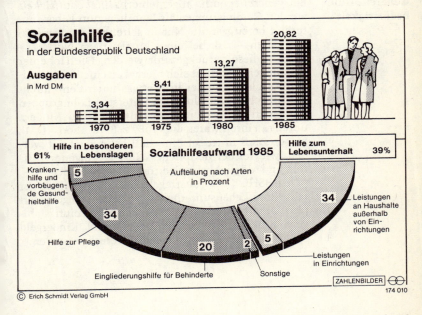

Einzelfallhilfe subsidiär

diär", d.h. unterstützend gewährt wird, soweit sich der einzelne nicht selbst helfen kann. Daraus ergibt sich für den Hilfeberechtigten die Pflicht, nach Kräften selbst mitzuhelfen, aus der Notsituation wieder herauszukommen. Weigert sich z.B. der Bedürftige, eine zumutbare Arbeit anzunehmen, so ist – nach § 25 (1) BSHG – der Anspruch auf Hilfe zum Lebensunterhalt ausgeschlossen. Auch müssen unter Umständen eigenes Vermögen und Hilfen nächster Verwandter ausgeschöpft werden, bevor Sozialhilfeleistungen einsetzen.

spezielle Hilfebedürftigkeit

Die Abb. „Sozialhilfe" zeigt, daß Leistungen überwiegend für Fälle *spezieller Hilfebedürftigkeit* in Anspruch genommen werden: Kranken-, Tuberkulose- und Blindenhilfe (§§ 37, 48 ff., 67 BSHG), Schwangerschafts- und Mutterschaftshilfen (§§ 37 a, 38 BSHG), Behinderungen, Wartungs- und Pflegebedürftigkeit infolge Hilflosigkeit (§§ 39 ff., 68 ff.), Altenhilfe und Hilfe bei Unfähigkeit zur Fortführung des Haushalts (§§ 75, 70 f. BSHG). In allen diesen Fällen können die Sozialämter der Stadt- und Landkreise auch vorbeugend Leistungen gewähren.

Generelle Hilfebedürftigkeit

Bei *genereller* (d.h. allgemeiner) *Hilfebedürftigkeit* werden Geldleistungen als Beihilfen zum Lebensunterhalt bereitgestellt. Nur in seltenen, eng begrenzten Fällen – z.B. bei einer kurzfristigen Notlage – müssen diese zurückgezahlt werden. Die Höhe der Leistungen orientiert sich hierbei an einem allgemeinen Regelsatz. Dieser liegt etwas unter dem durchschnittlichen Nettolohn der untersten Lohngruppen (für einen Vierpersonenhaushalt mit zwei Kindern unter 14 Jahren waren dies 1987 z.B. rd. 1200,– DM). Jedoch muß in jedem Einzelfall berücksichtigt werden, wieviel der Betroffene selbst aus eigenen Mitteln und Möglichkeiten beitragen kann (s. oben, Abs. 3, § 1 BSHG). Als Faustregel für die Berechnung der Hilfe zum Lebensunterhalt kann gelten: Regelbedarf plus Unterkunftskosten abzüglich anrechnungsfähigem Einkommen mit Wohngeld und Kindergeld sowie zumutbar einzusetzenden Vermögensteilen.

Zusammenfassung:
Fürsorgeleistungen entspringen dem *Sozialstaatsgebot* des Grundgesetzes. Rechtsansprüche leiten sich nicht aus zuvor erbrachten Leistungen ab, sondern dienen dem Zweck der *Chancenangleichung* und der *Grundsicherung* einer menschenwürdigen Lebensführung. In dieser Abhängigkeit von der Erfüllung dieses bestimmten Zweckes unterscheiden sich diese Gesetzesregelungen von den Sozialversicherungs- und Versorgungssystemen. In der juristischen Fachsprache heißt dies: Sozialversicherung und Versorgung folgen einem „kausalen" (d.h. ursächlichen) Anspruchsgrundsatz, die Gesetze mit Fürsorgecharakter dagegen einem „finalen" (d.h. zweckbestimmten) Anspruchsgrund.
Diese Unterscheidung wirkt sich auch auf die gesetzliche Zuständigkeit bei Rechtsstreitigkeiten aus. Fühlt sich ein Anspruchsberechtigter in seinen Ansprüchen gemäß dem BAFöG, dem JWG, dem SchwbG, dem WoGG und dem BSHG vom jeweils zuständigen Amt nicht rechtmäßig behandelt, so kann er seine Ansprüche vor einem *Verwaltungsgericht* (nicht vor einem Sozialgericht) klären lassen (s. Kap. 8). Auch das Verwaltungsgerichtsverfahren ist – wie das Sozialgerichtsverfahren – „bürgerfreundlich": Der Bürger kann seine Beschwerden mündlich beim Gericht vortragen, das für ihn die Klageschrift fertigt und von sich aus die Zusammenhänge im Interesse des Antragstellers erforscht.

Literaturhinweise
Eine geschlossene Sammlung von Gesetzestexten liegt nicht vor; zur Vertiefung des Gesamtgebiets eignen sich die angegebenen juristischen Lehrbücher.
Arbeitsförderungsgesetz (und Nebenvorschriften), Beck-Texte im dtv, 13. Aufl. 1986 (dtv-TB 5037)
Bundesausbildungsförderungsgesetz (BAFöG) u.a., Beck-Texte im dtv, 13. Aufl. 1986 (dtv-TB 5033)
Jugendrecht (mit Auszügen aus dem Sozialgesetzbuch, Jugendwohlfahrtsgesetz, BAFöG u.a.), Beck-Texte im dtv, 16. Aufl. 1986 (dtv-TB 5008)
Bley, H.: Sozialrecht. 5. Aufl. 1986
Jäger, H.: Einführung in die Sozialversicherungen und die sonstigen Bereiche des Sozialgesetzbuchs. 9. Aufl. 1986
Richter, A.: Grundlagen des Rechts der Sozialen Sicherheit. 1979
Zacher, H. F.: Einführung in das Sozialrecht der Bundesrepublik Deutschland. 3. überarb. Aufl. Heidelberg 1985

10 Aufbau der Gerichtsbarkeit

(1) Der Friseurmeister F. erhielt vom Gewerbeaufsichtsamt eine Verfügung mit Strafandrohung, die ihm nach § 18 Ladenschlußgesetz untersagte, sein Friseurgeschäft auch montagvormittags offen zu halten. Da F. diese Vorschrift für grundgesetzwidrig hielt, klagte er vor dem Verwaltungsgericht. Gegen das Urteil, das der Gewerbeaufsicht recht gab, legte F. Revision beim Bundesverwaltungsgericht in Berlin ein. Als er auch diesen Prozeß verlor, wandte er sich mit einer Verfassungsbeschwerde an das Bundesverfassungsgericht. Erst dieses entschied, daß die Ladenschlußfestlegung für Friseure verfassungswidrig sei. Demnach können Friseure nun wählen, ob sie am Samstagnachmittag oder montagvormittags ihr Geschäft öffnen wollen.
(2) Art. 19 Abs. 4 GG – Auszug: „Wird jemand durch die öffentliche Gewalt in seinen Rechten verletzt, so steht ihm der Rechtsweg offen. Soweit eine andere Zuständigkeit nicht begründet ist, ist der ordentliche Rechtsweg gegeben..."
(3) Art. 95 Abs. 1 GG (Oberste Bundesgerichte): „Für die Gebiete der ordentlichen, der Verwaltungs-, der Finanz-, der Arbeits- und der Sozialgerichtsbarkeit errichtet der Bund als oberste Gerichtshöfe den Bundesgerichtshof, das Bundesverwaltungsgericht, den Bundesfinanzhof, das Bundesarbeitsgericht und das Bundessozialgericht."
(4) Art. 101 GG (Verbot von Ausnahmegerichten): „(1) Ausnahmegerichte sind unzulässig. Niemand darf seinem gesetzlichen Richter entzogen werden.
(2) Gerichte für besondere Sachgebiete können nur durch Gesetz errichtet werden."

Für den rechtsunkundigen Bürger ist es oft verwirrend, wenn ihm Begriffe wie „2. Instanz", „Revisionsverfahren", „Sozialgerichtsbarkeit" u. ä. begegnen. Verschiedene Gerichtszweige und Gerichtsebenen erschweren die Orientierung darüber, an welchen Gerichtszweig ein Bürger sich wenden soll, wenn er sein Recht sucht. Auch Rechtspolitiker und Rechtswissenschaftler erarbeiten immer wieder Vorschläge, den Gerichtsaufbau zu vereinfachen. Solche Reformversuche sind bisher jedoch nicht verwirklicht worden. Es gibt eine Reihe guter Gründe für die Aufgliederung der Gerichte nach verschiedenen Sachbereichen und Funktionen; organisatorische Vereinfachungen würden i. d. R. den Rechtsschutz für die Bürger beeinträchtigen.

Die Aufteilung in verschiedene Gerichtszweige, wie sie Art. 95 GG aufzählt (s. oben (3)), ist dadurch gerechtfertigt, daß verschiedene öffentliche Aufgabenbereiche immer speziellere und kompliziertere Rechtsregelungen nach sich ziehen, die von „Einheitsgerichten" gar nicht mehr überblickt werden könnten. Deshalb bestehen neben den *ordentlichen Gerichten*, bei denen zum einen alle Strafsachen (Strafgerichtsbarkeit, s. Kap. 6, Abs. 5) und zum anderen alle allgemeinen privaten Streitigkeiten verhandelt sowie Aufgaben der sogenannten „freiwilligen Gerichtsbarkeit" (wie z. B. Vereins- und Handelsregistersachen, Grundbuch, Erbangelegenheiten u. a.) erledigt werden (Zivilgerichtsbarkeit s. Kap. 4), noch vier *besondere Gerichtsbarkeiten*. Die (zivilrechtlichen) Streitigkeiten aus Arbeitsverhältnissen (also zwischen Arbeitnehmern und Arbeitgebern), aber auch zwischen Tarifparteien und in betrieblichen Mitbestimmungsangelegenheiten (s. Kap. 5, Abs. 4) werden vor speziellen *Arbeitsgerichten* (s. Kap. 5, Abs. 5) verhandelt. Für öffentlich-rechtliche Streitigkeiten mit den Sonderverwaltungsorganen der Sozialen Sicherung (s. Kap. 9) und mit der Finanzverwaltung bestehen neben den allgemeinen *Verwaltungsgerichten* (s. Kap. 8, Abs. 5) die *Sozialgerichte* (s. Kap. 9, Abs. 2) und die *Finanzgerichte* als besondere Verwaltungsgerichte.

ordentliche Gerichte

besondere Gerichte

Etwas komplizierter erscheint der vertikale Aufbau der Gerichte von unten nach oben, wie die folgende Abb. zeigt. Rein äußerlich hat das System der *ordentlichen* Gerichtsbarkeit vier, die *besonderen* Gerichte haben drei bzw. zwei Stufen (Finanzgerichte). Die verschiedenen Stufen unterscheiden sich darin, daß sie für verschiedene *Funktionen* zuständig sind. In allen Fällen ist die *Zuständigkeit* gesetzlich festgelegt. Dies erfüllt die Forderung des Art. 101 GG (s. oben (4)), daß für jeden Rechtsstreit schon vorher gesetzlich festliegen muß, welches Gericht zuständig ist. Somit kann eine Regierung ihr mißliebige Personen nicht etwa vor ein Gericht bringen, von dem sie eventuell besonders regierungsfreundliche Urteile erwarten könnte. Ausnahmegerichte sind zudem ausdrücklich verboten, und besondere Gerichte kann nur das Parlament durch Gesetz, nicht die Regierung, einrichten. Selbst innerhalb der einzelnen Gerichte besteht ein Geschäftsverteilungsplan, nach dem feststeht, welcher Richter für

AUFBAU UND INSTANZEN DER GERICHTE

BUNDESVERFASSUNGSGERICHT

1. SENAT 2. SENAT

nach dem Bundesverfassungsgerichtsgesetz (BVerfGG) zuständig für

ORGANSTREITIGKEITEN	NORMENKONTROLLE	VERFASSUNGSBESCHWERDEN	ANKLAGEVERFAHREN	SONSTIGE VERFAHREN
zwischen obersten Bundesorganen (B'Präsident, B'Tag, B'Rat, B'Regierung) und zwischen Bund und Ländern über Rechte und Pflichten nach dem Grundgesetz	als Prüfung, ob Landes- oder Bundesrecht mit dem Grundgesetz übereinstimmen – nach Vorlage durch ein Gericht, Bundes- oder Landesregierung, B'Tag	von Bürgern, die sich durch Gesetzgebung, Verwaltung oder Gerichte in ihren Grundrechten verletzt fühlen – nach Erschöpfung des Rechtsweges	bezüglich Verwirkung von Grundrechten, Verfassungswidrigkeit von Parteien, Anklage gegen B'Präsidenten und B'Richter wegen vorsätzlicher GG-Verletzung	Wahlprüfung, Entscheidung über Mandatsverlust von B'Tags-Abgeordneten und über Zulässigkeit von Volksbegehren

ORDENTLICHE GERICHTE

STRAFGERICHTSBARKEIT		ZIVILGERICHTSBARKEIT	
Zuständigkeit	Gerichtszusammensetzung	Gerichtszusammensetzung	Zuständigkeit
Revisionsinstanz für Landgerichte bzw. Oberlandesgerichte	BUNDESGERICHTSHOF – STRAFSENAT	ZIVILSENAT	Revisionsinstanz bei Streitwert über 40 000,– DM und Grundsatzfragen

BESONDERE GERICHTE

ARBEITSGERICHTSBARKEIT	VERWALTUNGSGERICHTSBARKEIT	SOZIALGERICHTSBARKEIT	FINANZGERICHTSBARKEIT
BUNDESARBEITSGERICHT	BUNDESVERWALTUNGSGERICHT	BUNDESSOZIALGERICHT	BUNDESFINANZHOF
in Kassel	in Berlin	in Kassel	in München

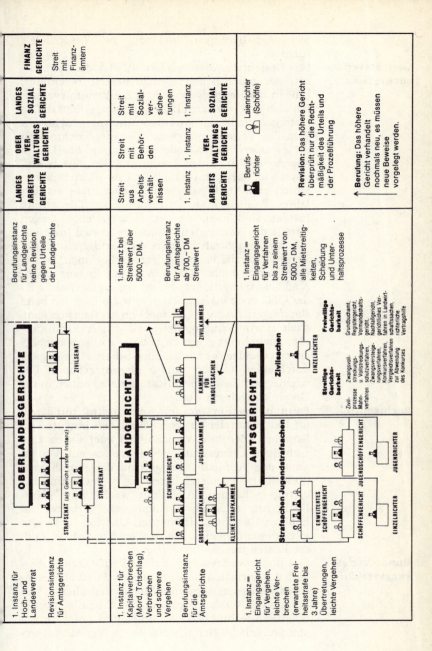

welche Fallgruppen zuständig ist (gesetzlicher Richter).

Gerichtsverfassungsgesetz

Das *Gerichtsverfassungsgesetz* (GVG), das den Aufbau der ordentlichen Gerichtsbarkeit beschreibt, geht in der Regel davon aus, daß Erkenntnisverfahren über drei Instanzen laufen können (s. Kap. 4). Die erste Instanz ist das jeweilige „Eingangsgericht", in dem das Verfahren beginnt. Eingangsgerichte sind die *Amtsgerichte* (AG) oder die *Landgerichte* (LG), je nachdem, ob in einem Zivilprozeß der „Streitwert" unter oder über 5 000,–DM liegt, bzw. ob im Strafverfahren eine Strafe von weniger oder mehr als drei Jahren Freiheitsstrafe zu erwarten ist. Die zweite Instanz sind dann die *Berufungsgerichte*. Gegen Urteile des Amtsgerichts sind dies sowohl im Zivil- als auch im Strafverfahren die *Landgerichte*. Für Zivilsachen, die beim Landgericht beginnen, ist das *Oberlandesgericht* (OLG) Berufungsinstanz, während bei Strafverfahren, für die das Landgericht oder das OLG erste Instanz waren, nur die *Revision* beim *Bundesgerichtshof* (BGH) möglich ist. Revision kann nach einem Berufungsurteil als dritter Rechtszug, aber auch direkt gegen Urteile des Amtsgerichts beantragt werden, ohne daß zuerst die zweite Instanz durchlaufen werden müßte *(Sprungrevision)*. Die wichtigsten Zuständigkeitsmerkmale können in der Graphik abgelesen werden.

Rechtsmittel

Berufung und Revision sind *Rechtsmittel*, mit denen die Prozeßparteien entweder durch eine erneute Verhandlung (Berufungsverhandlung) oder durch eine rechtliche Überprüfung des Prozesses auf Verfahrens- und Rechtsmängel anhand der Prozeßakten (Revision) ein anderes Urteil als in der Vorinstanz erstreben können. Allerdings wächst mit jedem Rechtszug auch das Kostenrisiko; Verfahren an höheren Gerichten sind teurer. Und für die Kosten gilt: Immer derjenige, der im Prozeß unterliegt, muß die Kosten tragen.

Bundesverfassungsgericht

Das Bundesverfassungsgericht (BVerfG) steht außerhalb des normalen Gerichtsaufbaus. Es ist als besonderes Verfassungsorgan nur für Angelegenheiten *verfassungsrechtlicher* Art zuständig, d.h. alle anderen öffentlich-rechtlichen Streitigkeiten *nicht*verfassungsrechtliche Art gehören an die Verwaltungsgerichte oder die entsprechenden Sondergerichtsbarkeiten. In der Graphik sind die wichtigsten Aufgaben des BVerfG nach dem Bundesverfassungsgerichtsgesetz zusammengestellt. Für verfassungsrechtliche Entscheidungen, die sich nur auf Landesrecht beziehen, haben die Bundesländer eigene Staatsgerichtshöfe eingerichtet.

Literaturhinweise
Eine geschlossene Sammlung von Gesetzestexten liegt nicht vor; das unten angegebene GVG enthält die Grundzüge für die ordentlichen Gerichte, das Handbuch ist etwas ausführlicher als das Grundwissen-Kapitel.
Gerichtsverfassungsgesetz (GVG), in: Strafprozeßordnung, Beck-Texte im dtv, 19. Aufl. 1986 (dtv-TB 5011)
Model, O./Creifelds, C.: Staatsbürger-Taschenbuch. 22. Aufl. 1985

Stichwortverzeichnis

Abnahme des Kaufgegenstandes 48
Abschreckung 142, 145
Absolute Rechte 56
Abstraktionsprinzip 38
Akkusationsprinzip 161
Aktiengesellschaft 89f.
Allgemeine Geschäftsbedingungen 39ff.
Allgemeinverfügung 221
Amt 214
Anfechtung einer Willenserklärung 33f.
Anfechtungsklage im Verwaltungsrecht 226
Angebot 35f.
Angestelltenversicherungsgesetz 105
Anklage 161
Annahme 35f.
Anstalten des öffentlichen Rechts 213
Antragsdelikt 151
Anwaltszwang 93
Arbeitgeber 100ff.
– verbände 111ff.
Arbeitnehmer 100ff.
– verbände 111ff.
Arbeits – förderungsgesetz 249
– gerichtsbarkeit 135ff.
– kampf 112ff.
– losenversicherung 238f., 249ff.
– platzschutzgesetz 118
– recht – Übersicht 103ff.
– schutzgesetze – Übersicht 120ff.
– verhältnis 100, 106ff.
– vertrag 102f., 106ff.
– zeitordnung 104, 122f.
– zeugnis 119
Auflassung 63
Aufsichtsbeschwerde 224f.
Augenschein 94
Ausbildungs – förderung 254ff.
– ordnung 127
– rahmenpläne 127
– vertrag 126f.
Auslegung von Verträgen 36f.
Aussageverweigerung 167f.
Aussperrung 113

Beamtenrecht 101
Beamter 101, 216
Behörde(n) 213
Behördenaufbau 214
Berufsbildungsgesetz 105, 125ff.
Berufung 96, 165f., 266
beschränkt dingliche Rechte 63f.
Besitz 61

Bestimmtheitsgebot 147, 150
Betriebs – rat 118
– vereinbarung 102f.
– verfassungsgesetz 104, 129ff.
Bewährung 141
Beweisaufnahme 94
BGB-Gesellschaft 86f.
Brauch 12
Bürgerliches Gesetzbuch 22f.
Bürgerliches Recht 20ff.
Bundesausbildungsförderungsgesetz 255ff.
Bundes – gerichtshof 96, 264
– präsident 191ff., 194
– rat 190, 194, 198f.
– regierung 191, 194
– staatsgarantie 180
– tag 190, 194f., 197ff.
– urlaubsgesetz 104, 122f.
– verfassungsgericht 186f., 193f., 264ff.
– versammlung 193

Demokratiegebot 180, 188f.
Delikts – fähigkeit 28
– im Strafrecht 171
– recht 56ff.
Diebstahl 148f.
Dienstaufsichtsbeschwerde 225

Ehe – fähigkeit 29
– recht 66f.
– scheidung 67
– schließung 66f.
Eigentum
– als absolutes Recht 56
– als umfassendes Herrschaftsrecht 61
Eigentumsvorbehalt 62
eingetragener Verein 30
Einigung 35f., 62
Einsichtsfähigkeit 28
Elterliche Sorge 68f.
Eltern-Kind-Recht 68f.
Enterbung 74f.
Erb – folge 73f.
– recht 72ff.
– unwürdigkeit 75f.
– vertrag 74
Erkenntnisverfahren
– im Strafprozeß 163ff.
– im Zivilprozeß 92ff.
Ermessen der Verwaltung 210
Ethik 11

Fälligkeit der Leistung 54
Fahrlässigkeit 58, 155
Familienrecht 65ff.
Fehler des Kaufgegenstandes 48
Finanzgerichtsbarkeit 263ff.
Firma 79f.
Fiskalische Verwaltung 205f.
Formkaufmann 79
Friedenspflicht 112
Führungsaufsicht 158f.

Gattungskauf 49
Gebietskörperschaften 212
Gefährdungshaftung 59f.
Gemeinsamer Ausschuß 183, 190f.
Generalprävention 145
Genossenschaften 85
Gerechtigkeit, soziale 232
Gerichts – aufbau 262ff.
– verfassungsgesetz 266
Gesamthandsvermögen 87
Gesamtrechtsnachfolge 72
Geschäftsfähigkeit 26f.
Gesetzesgrundsatz 146f.
Gesetzgebung 197
Gesellschaft mit beschränkter Haftung 88f.
Gesellschaftsrecht 83ff.
Gesetz, förmliches 14
Gesetzlicher Vertreter 27, 69
Gesetztes Recht 14
Gewährleistung im Kaufrecht 48f.
Gewaltenteilung 180, 189f.
Gewerbeaufsicht 121f.
Gewerkschaften 112ff.
Gewohnheitsrecht 14
Gläubiger 51
Grund – buch 63
– gesetz 176, 179ff.
– pfandrechte 64
– rechte 181, 184ff., 231, 254
– schuld 64
Günstigkeitsgrundsatz 103
Güterstand in der Ehe 66f.
Gutgläubiger Erwerb 62f.

Handels – gesetzbuch 78
– recht 77ff.
– register 81
Handlungsfähigkeit 26ff.
Hauptverfahren 164f.
Hausfriedensbruch 146f.
Hoheitliche Verwaltung 205
Hypothek 64

Inhaltskontrolle vom AGB 40
Instanzen (Gerichte) 263ff.
Integrationsfunktion 140

Jugend – arbeitsschutzgesetz 104, 120ff.
– gerichtsgesetz 171ff.
– strafrecht 171ff.
– strafverfahren 172f.
– vertretung 129, 133
– wohlfahrtsgesetz 254, 256f.
Juristische Person 30f.
– des Handelsrechts 85, 88ff.
– des öffentlichen Rechts 212
Justizförmigkeit 162

Kapitalgesellschaft 85, 88ff.
Kaufmannseigenschaft 78
Kaufvertrag 46ff.
Gewährleistungsrecht im KV 48f.
Pflichten im KV 47f.
Klage im Zivilprozeß 93
Koalitionsfreiheit 115
Körperschaften 212
Kollektivvertragsrecht 85, 106ff., 110, 111
Kommanditgesellschaft 88
Kommanditist 88
Komplementär 88
Kontrolle der Verwaltung 224ff.
Krankenversicherung 238f., 244f.
Kriegsdienstverweigerung 185f.
Kriminalität 156
Kündigungsschutzgesetz 105, 115ff., 125

Leistungsklage im Verwaltungsrechtsschutz 227
Leistung im Schuldverhältnis 51
Leistungs – störung 51ff.
– verwaltung 231
Letztwillige Verfügung 74f.
– Formerfordernis 41f.
Lohnfortzahlungsgesetz 105

Mängel der Kaufsache 48f.
Mahnung 54
Maßregeln der Besserung und Sicherung 158f.
Menschenwürde 179
Minderjährige 26f.
Minderung 48
Mitbestimmung 128ff., 134f.
Miterbengemeinschaft 73
Mittelbare Staatsverwaltung 215
Mündliche Verhandlung 93f., 165
Mündlichkeitsgrundsatz 97, 165
Mußkaufmann 78f.
Mutterschutzgesetz 104, 123ff.

Nachbesserung 49
Nachgiebiges Recht 39
Nachlieferung 49
Nichteheliche Kinder 70f.
Normenkontrolle 264
Notarielle Beurkundung 41

Öffentlicher Dienst 216
Öffentliches Recht 231
Öffentlichkeitsgrundsatz 98, 165
Öffentlich-rechtlicher Vertrag 223
Offene Handelsgesellschaft 87f.
Ordnungswidrigkeit 150
Organ der juristischen Person 30
Organstreitigkeiten 264

Parteien im Zivilprozeß 93
Parteienverbot 186f.
Personalvertretungsgesetz 129
Personengesellschaft 84, 86ff.
Pfandrecht 64
Pflegschaft 71
Pflichtteil 75
Positive Vertragsverletzung 54
Privat – autonomie 20
– recht 20
Prokura 80
Prozeß – kosten 93
– vergleich 95

Rangordnung der Normen 208
Rechtfertigender Notstand 154
Rechtlicher Vorteil 27
Rechtliches Gehör 98, 165
Rechtsanwalt 92
Rechtsfähigkeit
– der natürlichen Person 24f.
– von juristischen Personen des öffentlichen Rechts 212
– von juristischen Personen des Privatrechts 30f.
Rechtsfolgen von Straftaten 156ff., 173f.
Rechtsgebiete, Einteilung 15ff.
Rechtsgefühl 10
Rechtsgeschäft 34
Rechts – geschichte 12f.
– güterschutz 139
Rechtsmittel 266
– gegen verwaltungsgerichtliche Entscheidungen 227f.
– gegen Entscheidungen der Zivilgerichte 96
Rechts – quellen 13f.
– schutz in der Verwaltung 224ff.
– staatsgarantie 181
– verordnung 14

Rechtswidriger Verwaltungsakt 221f.
Rechtswidrigkeit 57, 154
Regelunterhalt 71
Reichsversicherungsordnung 230
Religionszugehörigkeit, Bestimmung der 30
Rentenversicherung 237f.
Resozialisierung 142ff., 145, 172ff.
Revision 96, 165, 266
Richter 193, 266
Römisches und germanisches Recht 13
Rückwirkungsverbot 147, 150

Sachen 60ff.
Sachverständiger 95
Satzung 14, 208
Schaden 58
Schadensersatz 58
Schlechterfüllung 54
Schlichthoheitliche Verwaltung 205
Schmerzensgeld 58f.
Schriftform 41
Schuld 143
– grundsatz 146, 148ff.
– unfähigkeit 155
Schuldner 51
Schuld – recht 46ff., 50ff.
– verhältnis 50f.
Schwerbehindertengesetz 104, 119, 255, 257f.
Selbstverwaltungskörperschaften 215, 237
Sicherungsrechte 62, 64f.
Sicherungs – übereignung 64
– verwahrung 158f.
Sitte 11
Sittenwidrige Geschäfte 39
Sollkaufmann 79
Sorgerecht 68f.
Sozialbindung des Eigentums 61
Soziale Gesetzgebung 229ff.
Sozial – fürsorge 234, 253ff.
– gerichtsbarkeit 251, 263ff.
– gesetzbuch 230f.
– hilfegesetz 231, 234, 253, 259f.
– staatsgebot 180, 188f., 231
– versicherungen 230, 232ff. 236ff.
Sozialisationsfunktion 140
Sozialpartner 111
Spezialprävention 145
Staats – anwalt(schaft) 161f., 163ff.
– gebiet 176
– gewalt 176
– organe 189ff.
– recht 175ff.
– volk 176
Stellvertretung 42ff.

Stiftung
- des Privatrechts 31
- des öffentl. Rechts 213
Straf - antrag 151
- arten 158
- gesetzbuch 138f., 150ff.
- prozeß 160ff.
- recht 138ff.
formelles S. 160ff.
materielles S. 150ff.
- tat 153ff.
- verfahren 163ff.
- zumessung 148f.
- zwecke 141ff., 145f.
Streikrecht 112f.
subsidiär (Subsidiarität) 234, 260
Sühne 142

Tarifvertrag 102, 104, 110ff.
Taschengeldgeschäft 27
Testament 74
Form des T. 42
Testier - fähigkeit 29
- freiheit 74
Tierhalterhaftung 59
Träger der öffentlichen Verwaltung 212ff.

Übertragung des Eigentums 62f.
Unabdingbarkeit 112
unerlaubte Handlung 56ff.
Unfallversicherung 238f., 245ff.
Unmittelbare Staatsverwaltung 215
Unmittelbarkeitsgrundsatz 97f., 165
Unmöglichkeit der Leistung 51ff.
Unterhalt 70
Urabstimmung 114
Urteil
- im Zivilprozeß 95

Verbrechen 151
Verfahrensrecht 91ff.
Verfassungsrecht 176f., 179ff.
Verfügungs - grundsatz 97
- vertrag 37f.
Vergehen 151
Vergeltung 142, 144f.
Verhandlungsgrundsatz 96f., 165
Verjährung (Strafrecht) 151f.
Verlöbnis 65f.
Vermittlungsausschuß 198ff.

Vernehmung 167f.
Verpflichtungs - klage 226
- vertrag 37
Versäumnisurteil 94
Verschulden 57f.
Versorgungsanwartschaften 251
Vertrag 35ff.
Vertrags - abschluß 35ff.
- einigung 36f.
- freiheit 38
Vertrauensschaden 34
Verwaltungs - arten 203ff.
Verwaltungsgerichte 227, 263ff.
- gerichtsordnung 225ff.
- recht 201ff.
- verfahrensgesetz 210
- vorschrift 209
Verwandtschaftsrecht 68f.
Verzug des Schuldners 53f.
Völkerrecht 176f.
Vollmacht 43f.
Vorbehalt des Gesetzes 210
Vormundschaft 71
Vorrang des Gesetzes 209
Vorruhestandsgesetz 243
Vorsatz (Strafrecht) 155
Vorverfahren (Strafprozeß) 163f.

Wahlen 194ff.
Wandelung 48
Wehrpflicht 119, 185ff.
Widerruf eines Verwaltungsaktes 222
Widerspruch gegen einen Verwaltungsakt 221, 225
Willenserklärung 32ff.
Wohngeldgesetz 255, 258f.

Zeuge 94, 167ff.
Zivilprozeß 91ff.
- ordnung 92
Zivilrecht 20ff.
Zugewinn - ausgleich
- nach Scheidung 66f.
- nach Tod des Ehegatten 74
- gemeinschaft 66
Zuständigkeit im Zivilverfahren 93
- im Strafverfahren 166
Zwangs - mittel 163, 168
- vollstreckung 98
Zwingendes Recht 39
Zwischenverfahren 164

Reihe Grundwissen bei Klett

Grundwissen Grundgesetz

Neu bearbeitete Auflage von 1984. Enthält sämtliche Artikel mit zusätzlichen Erläuterungen.

Grundwissen Gesetze und Verträge

Eine Sammlung von Gesetzen, Verträgen und Parteiprogrammen sowie einem Kartenanhang.

Grundwissen Politik

Enthält einen Überblick über die wichtigsten politischen Daten und Zusammenhänge, Schaubilder, Tabellen, Stichwortregister und ein Begriffslexikon.

Grundwissen Wirtschaft

Enthält Problemkreise wie strukturelle Arbeitslosigkeit, Wirtschaftswachstum, Schattenwirtschaft und Staatsverschuldung, die im Vordergrund der wirtschaftspolitischen Diskussion stehen.

Grundwissen Geschichte

Ausgabe von 1985, bis zur Gegenwart fortgeschrieben.